ORIGAMI
PARA NIÑOS

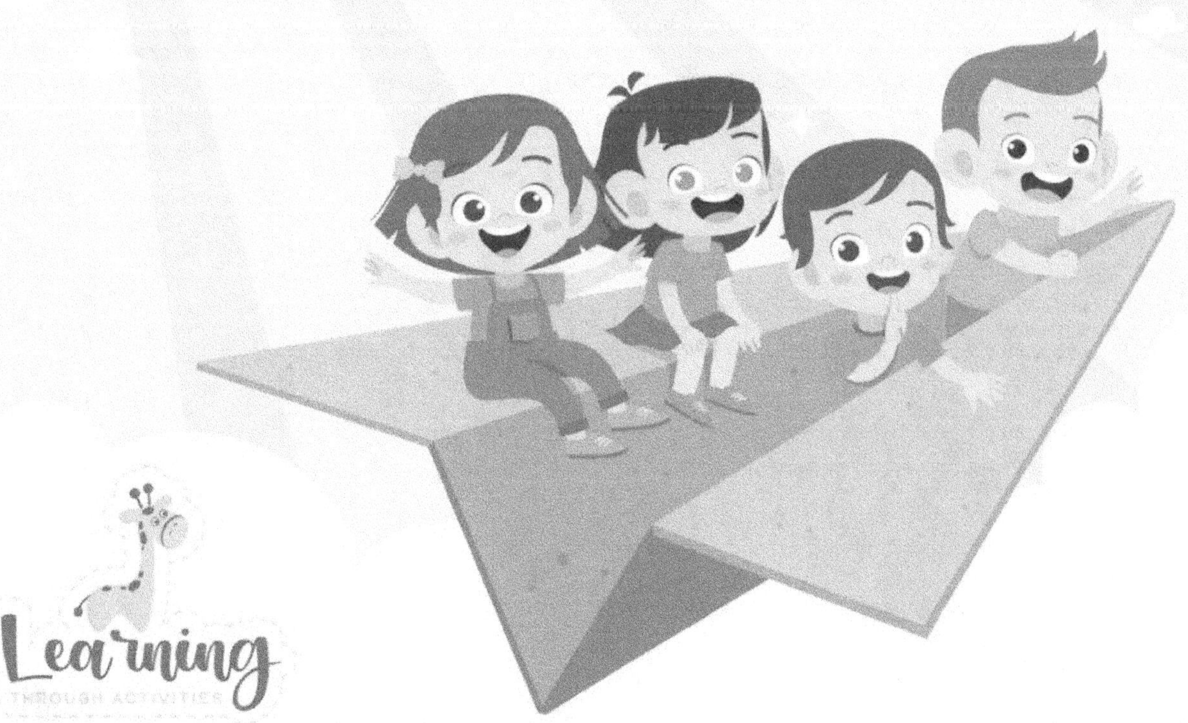

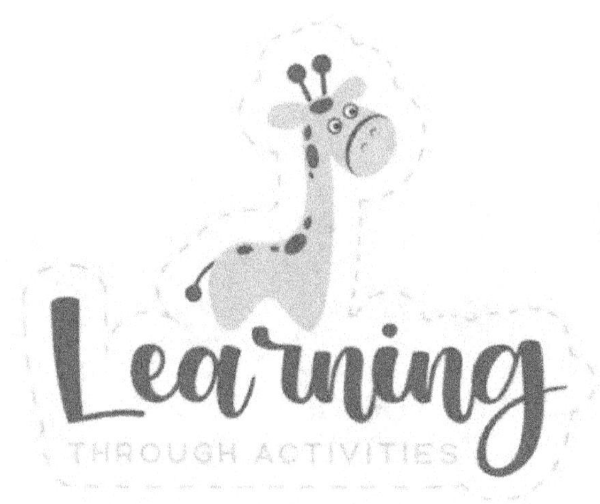

¡BONUS ESPECIAL!

¿Quieres los videotutoriales GRATIS?

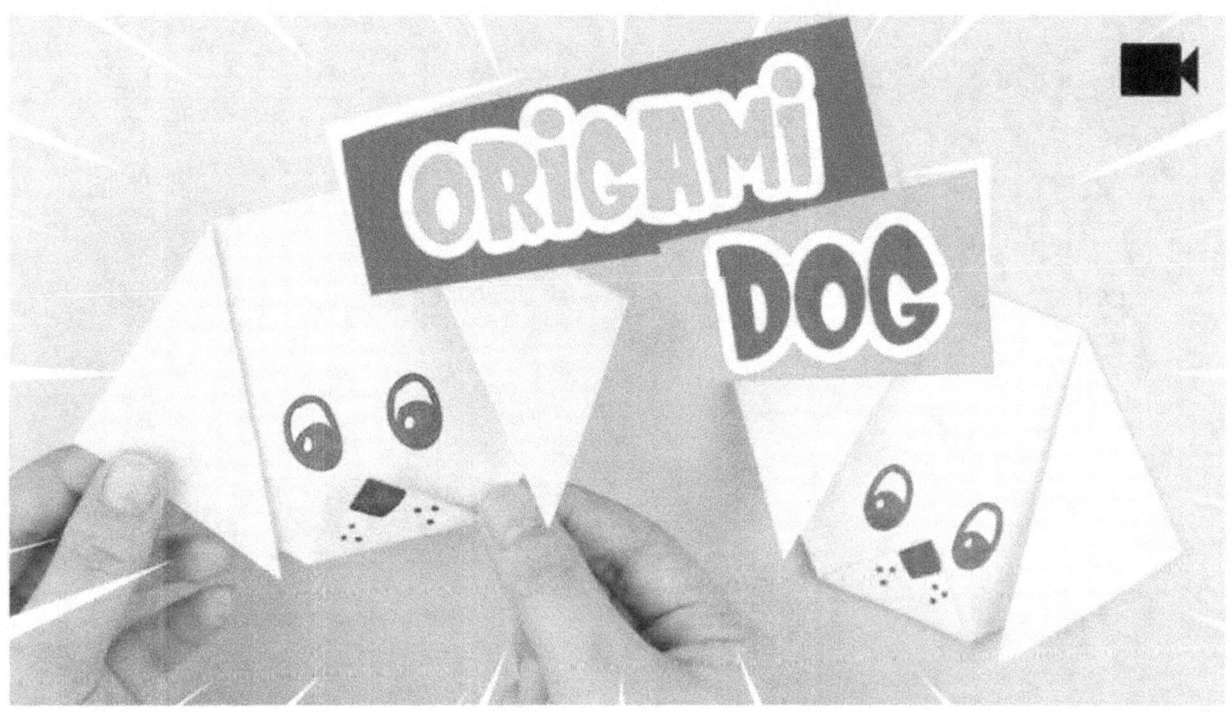

¡Consigue acceso **GRATIS** a los videotutoriales de todos los diseños al unirte a nuestra comunidad!

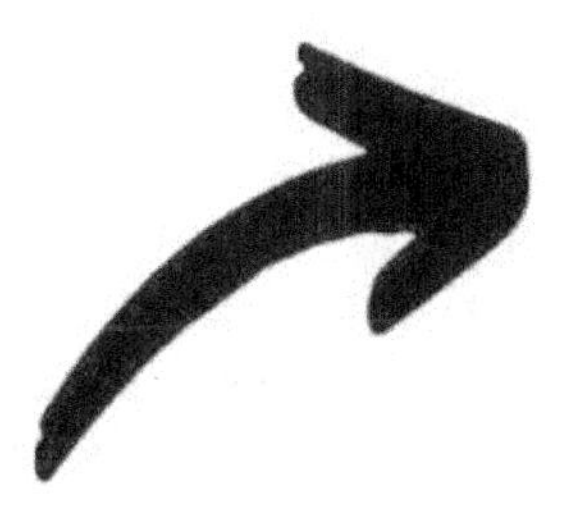

Índice

Índice

¡CREZCAMOS JUNTOS!

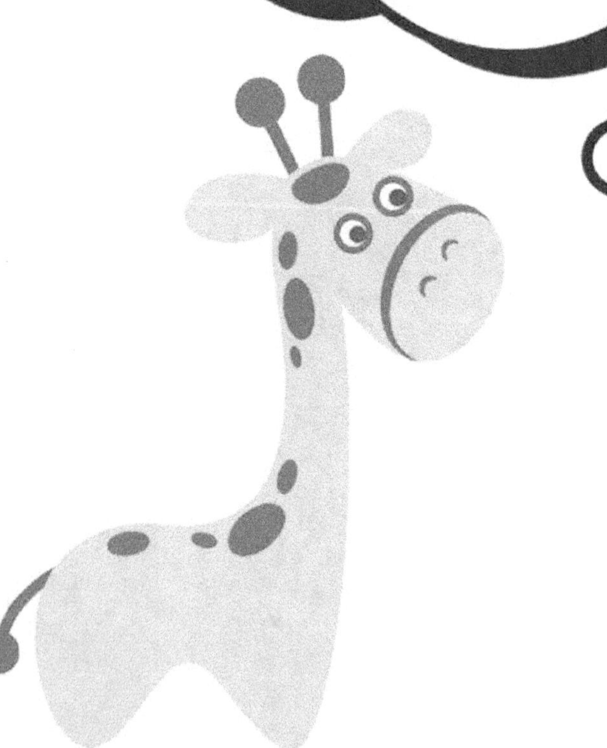

Origami o papiroflexia es el arte de transformar una hoja de papel, normalmente cuadrada, pero también rectangular, en una escultura sin usar ningún otro instrumento, como tijeras o pegamento.

Esta técnica ayuda a mejorar la concentración, el pensamiento abstracto, las habilidades motoras finas y la coordinación mano-ojo, además de fomentar la creatividad. Emocionalmente hablando, es una gran actividad para relajarse y mejorar la paciencia.

En 'Origami para Niños' encontrarás 50 impresionantes diseños para sumergirte en este nuevo y maravilloso pasatiempo que es la papiroflexia. Empezando con diseños sencillos, darás pasos de gigante hasta convertirte en todo un experto capaz de abordar diseños cada vez más complejos. ¡Incluso aprenderás a hacer figuras que necesitan más de una hoja de papel!

¿Estás listo para descubrir este nuevo mundo? ¡Que empiece la diversión!

Símbolos

---------- Pliegue o doblez valle, doblar hacia delante.

············ Pliegue o doblez montaña, doblar hacia atrás.

__________ Marca o línea de pliegue.

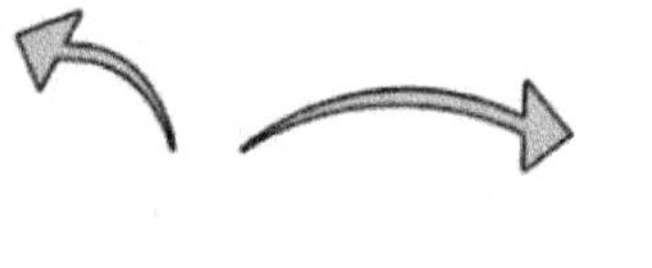

Dobla en esta dirección.

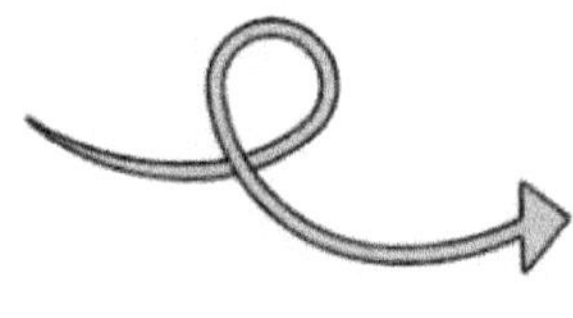

Dale la vuelta a la figura.

Indica el resultado después de cada paso.

Hoja cuadrada

Hoja rectangular

Todas las hojas tienen dos colores para mostrar mejor cada paso

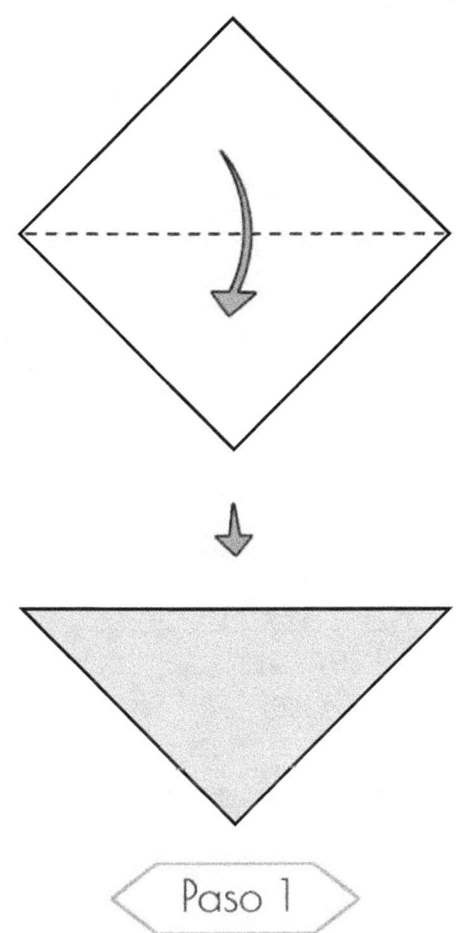

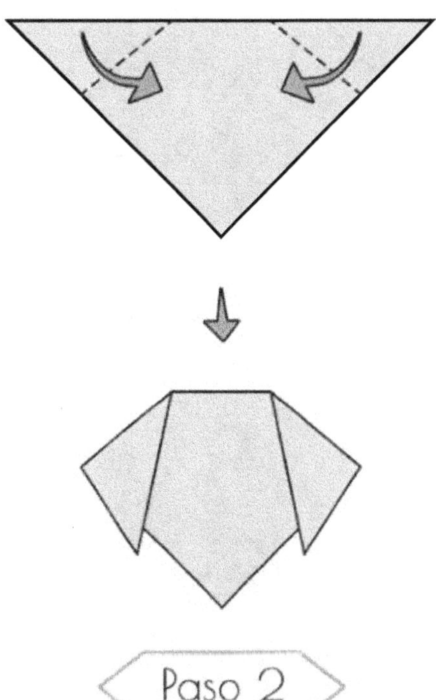

Paso 1

Dobla la hoja hacia abajo a lo largo de una de sus diagonales.

Paso 2

Dobla las esquinas laterales con cierto ángulo, de forma que sobresalgan por debajo.

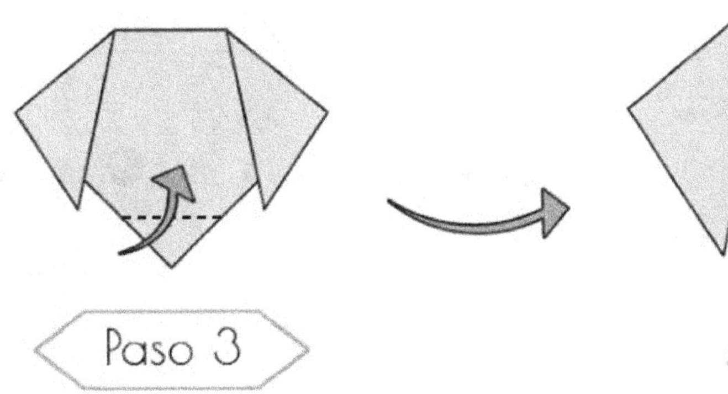

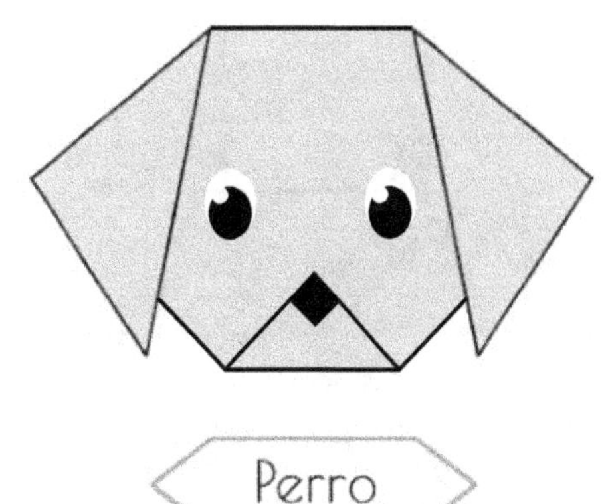

Paso 3

Dobla la esquina inferior hacia arriba (las dos capas de papel a la vez).

Perro

Zorro

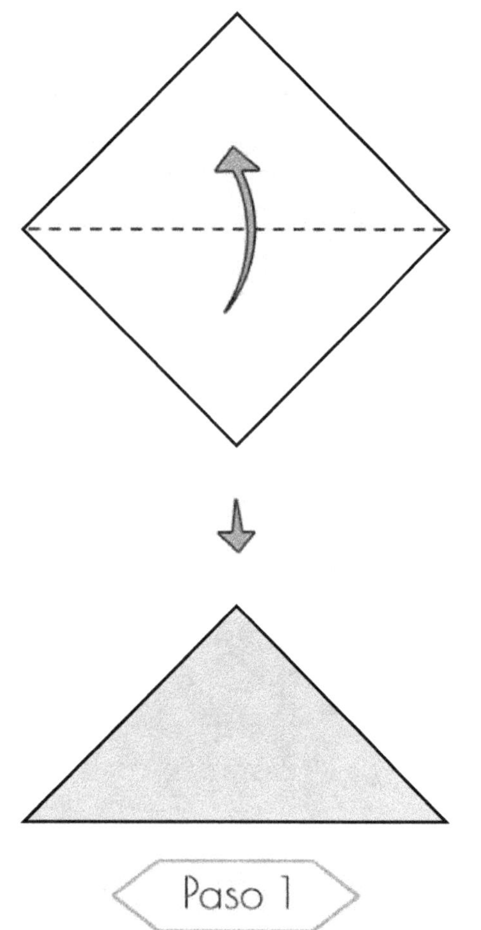

Paso 1

Dobla la hoja hacia arriba a lo largo de una de sus diagonales.

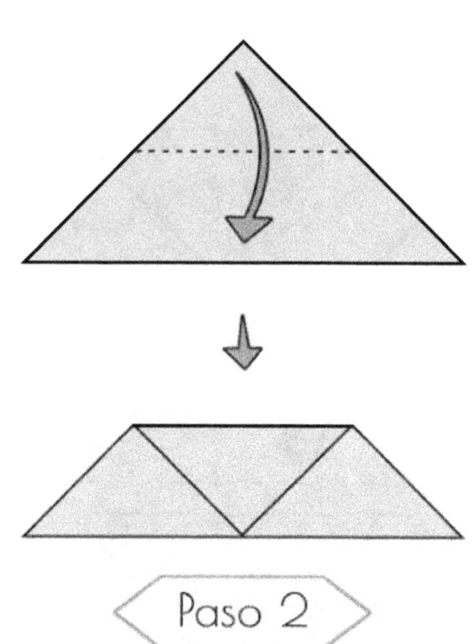

Paso 2

Dobla la esquina superior hacia abajo hasta que toque el borde inferior.

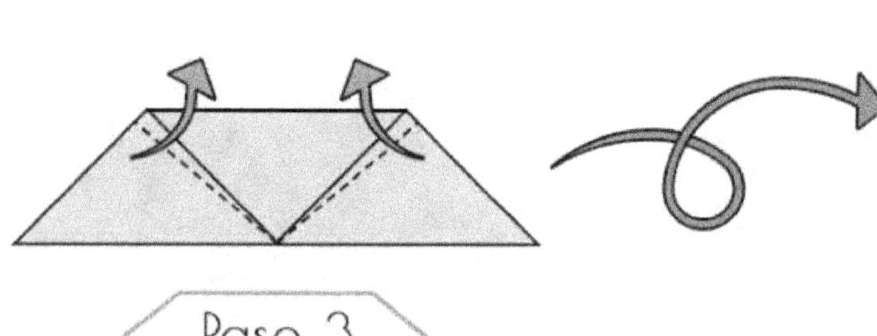

Paso 3

Dobla las esquinas laterales de forma que sus vértices apunten hacia arriba.

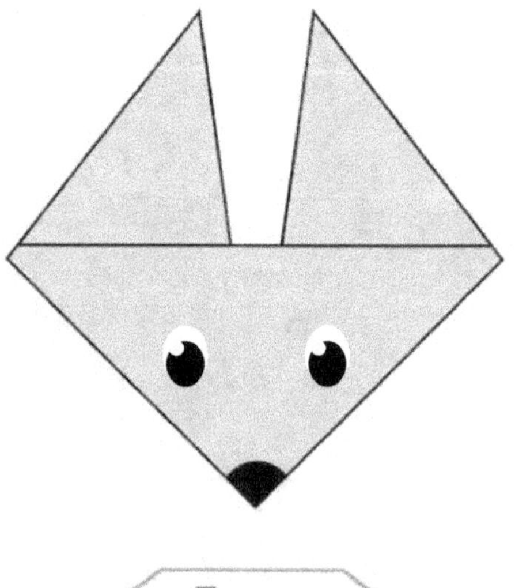

Zorro

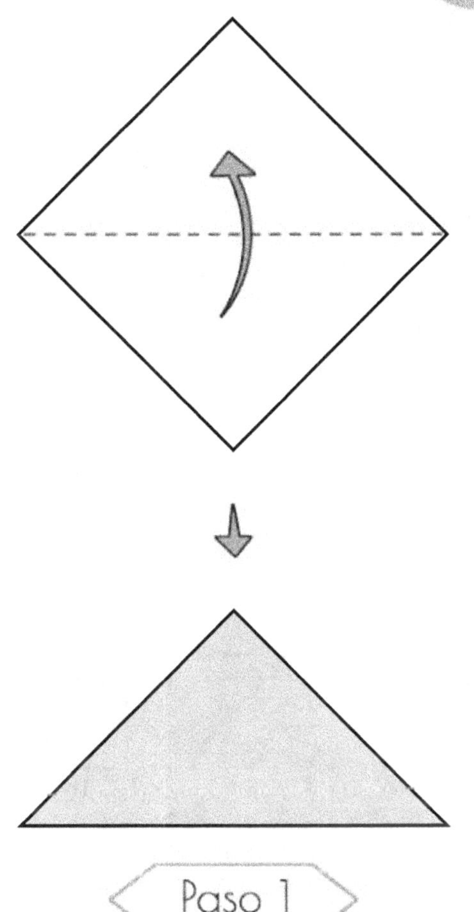

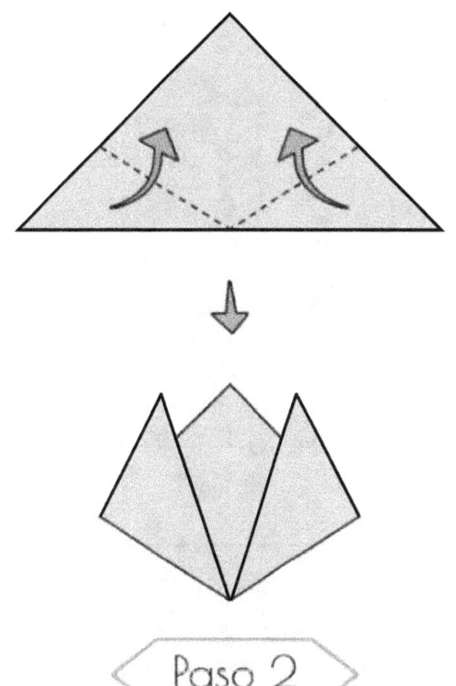

Paso 1

Dobla la hoja hacia arriba a lo largo de una de sus diagonales.

Paso 2

Dobla las esquinas laterales de forma que sus vértices apunten hacia arriba y quede algo de espacio entre ellas.

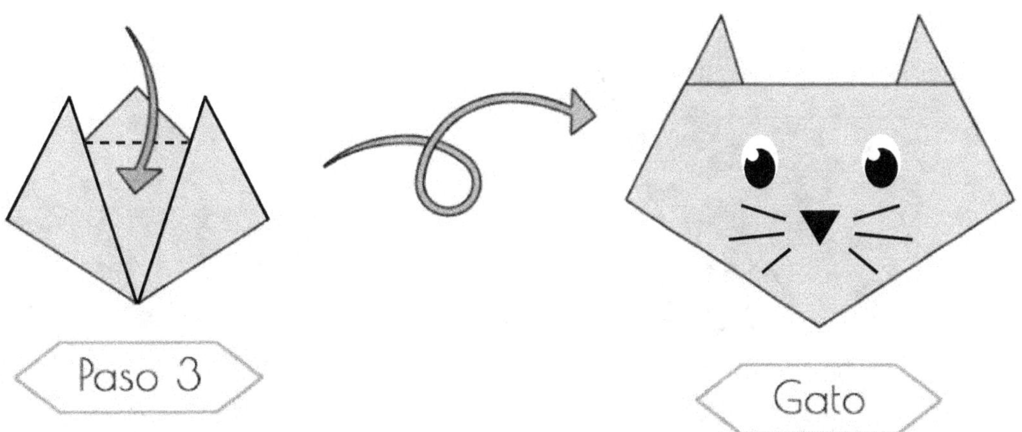

Paso 3

Dobla la esquina superior hacia abajo hasta que toque los pliegues que hiciste en el paso anterior.

Gato

Ratón

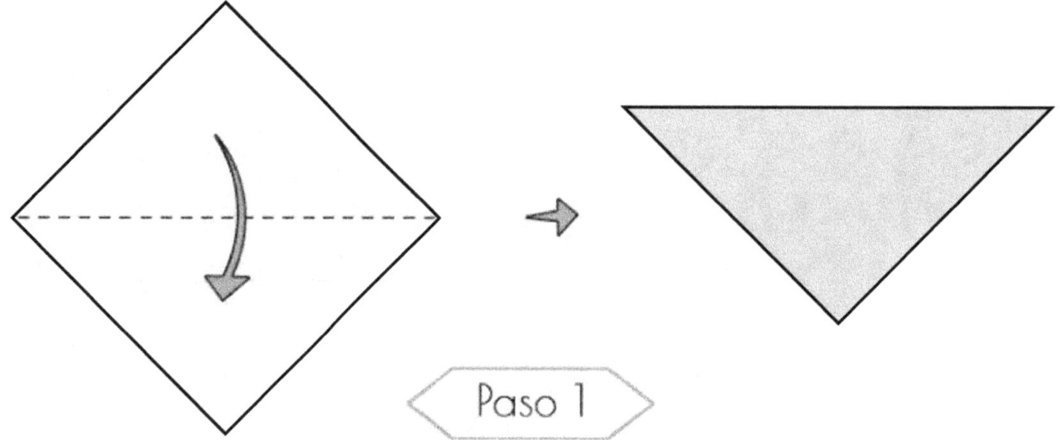

Dobla la hoja hacia abajo a lo largo de una de sus diagonales.

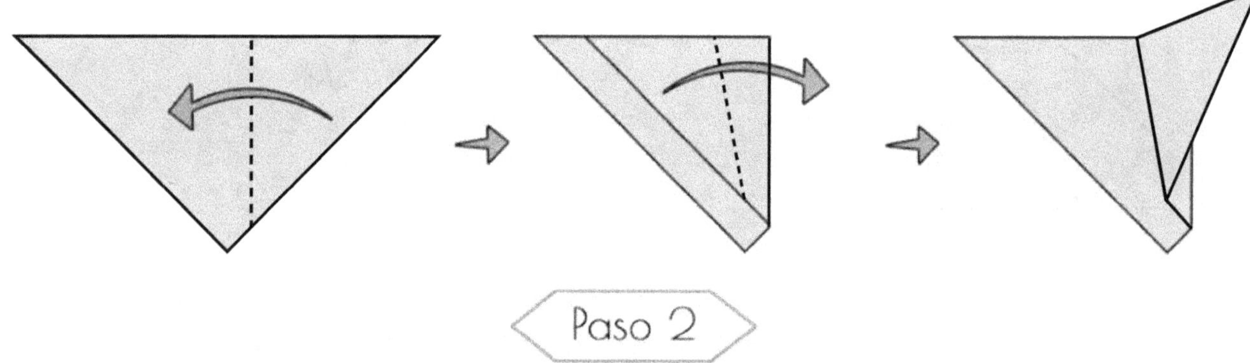

Dobla un poco menos de la mitad derecha del triángulo hacia dentro.
Después, dobla una parte de ese pliegue de nuevo hacia fuera, pero
con un pequeño ángulo esta vez.

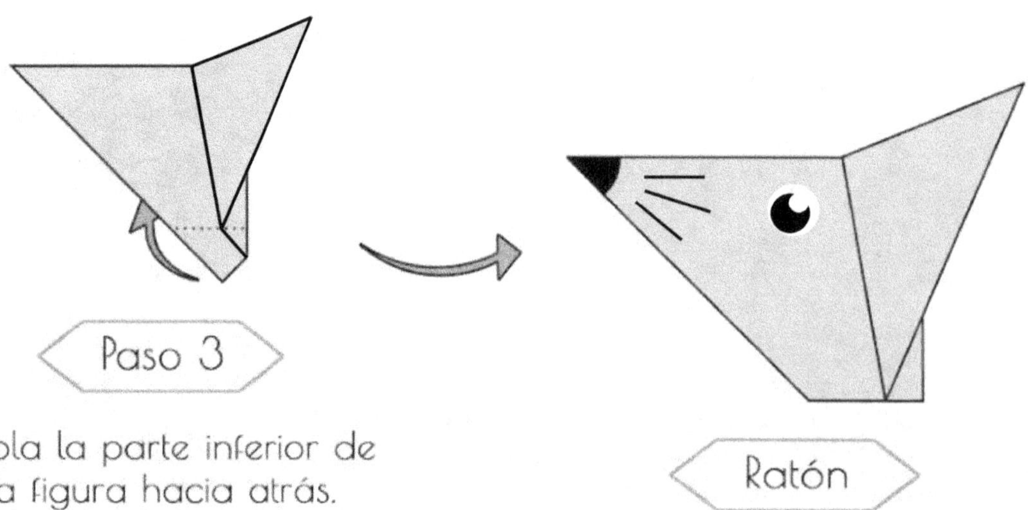

Dobla la parte inferior de
la figura hacia atrás.

Barco

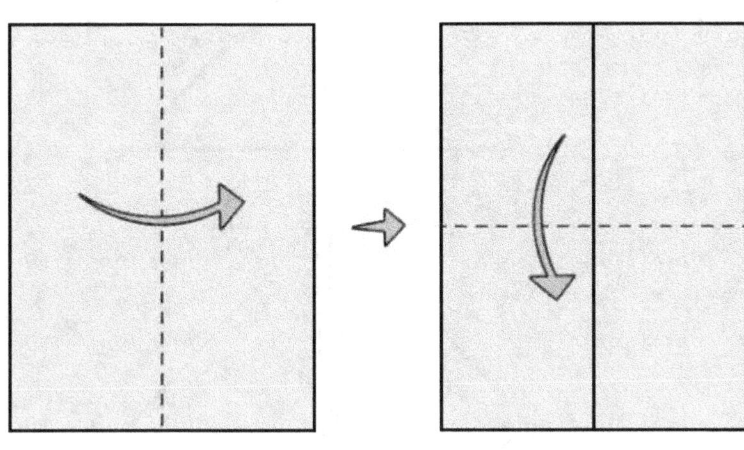

Paso 1

Dobla por la mitad verticalmente y desdobla. Después dobla por la mitad horizontalmente.

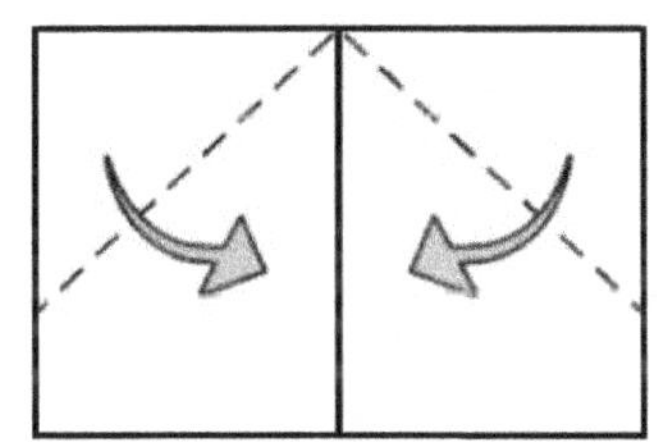

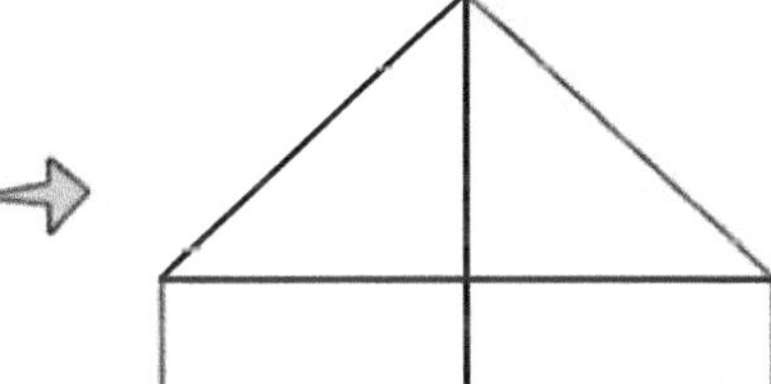

Paso 2

Dobla ambas esquinas superiores hacia delante.

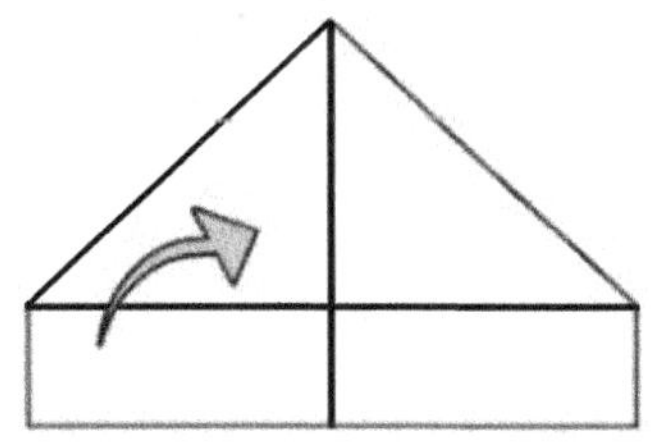

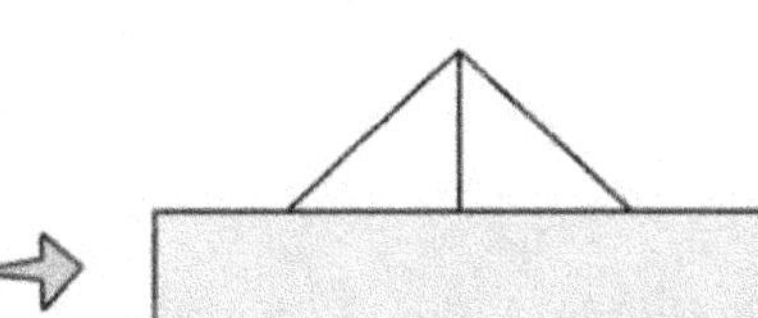

Paso 3

Dobla el borde inferior a ambos lados de la figura hacia arriba.

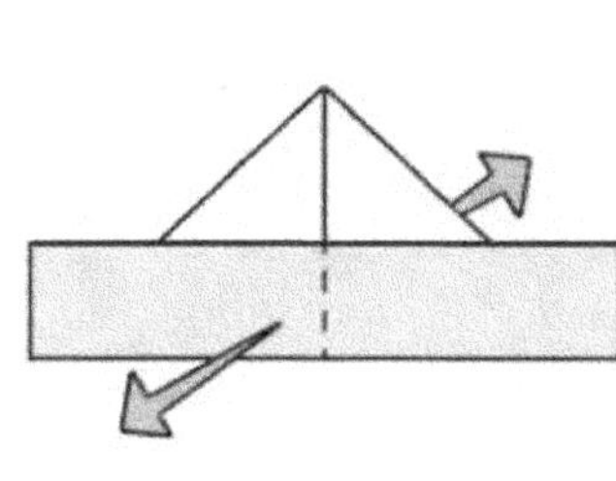

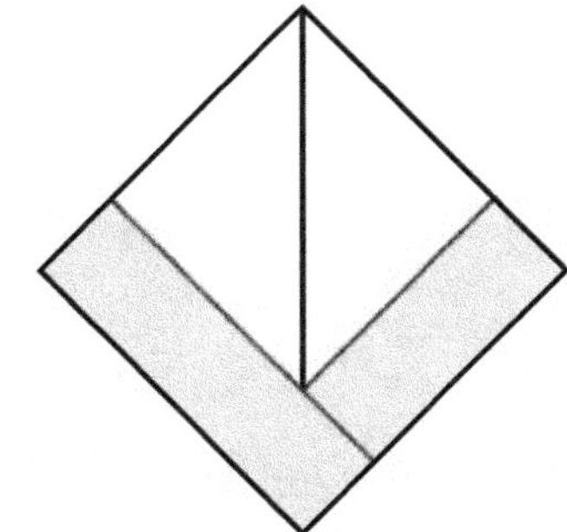

Paso 4

Desde el centro de la figura, tira en sentidos opuestos para abrirla y presiona para obtener un rombo.

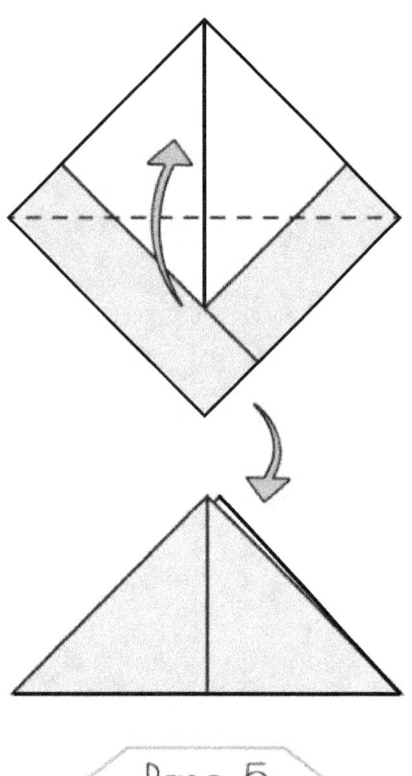

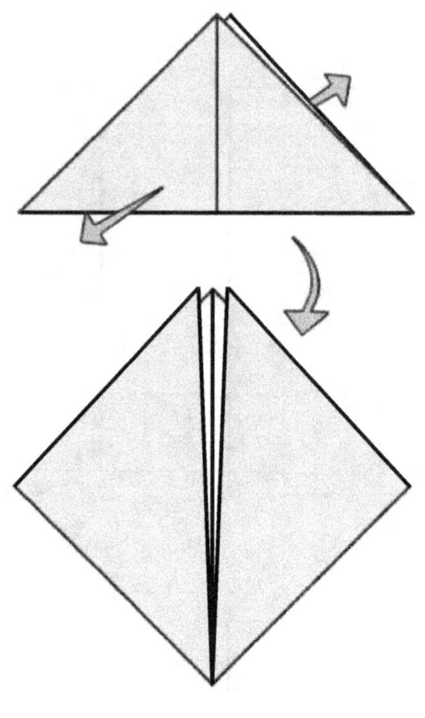

Paso 5

Dobla hacia arriba la mitad inferior a ambos lados de la figura para formar un triángulo.

Paso 6

Vuelve a tirar en sentidos opuestos desde el centro de la figura y aplana para obtener otro rombo con una solapa a cada lado.

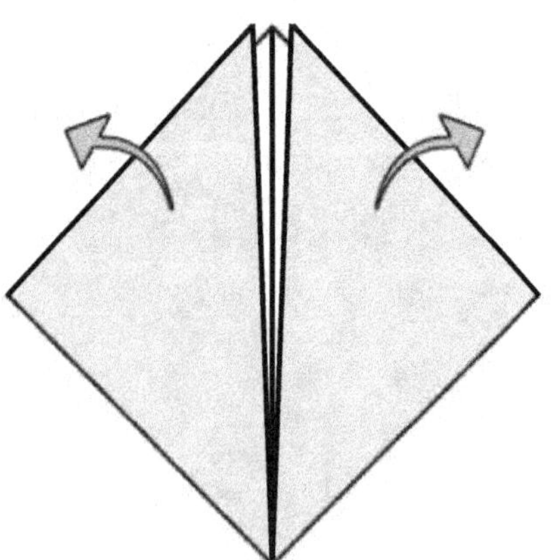

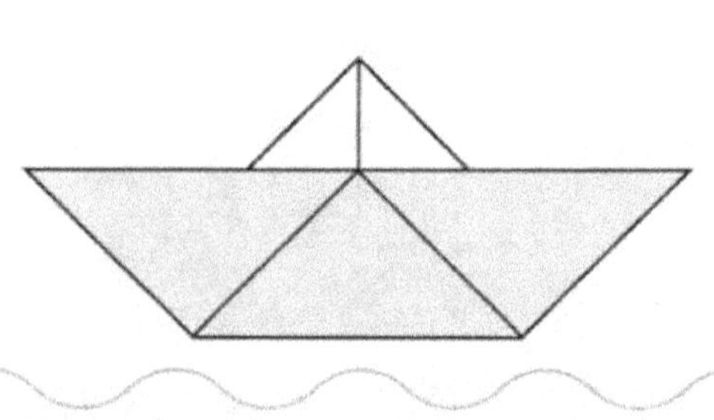

Paso 7

Tira de esas solapas hacia los lados y aplana la figura.

Barco

Conejo

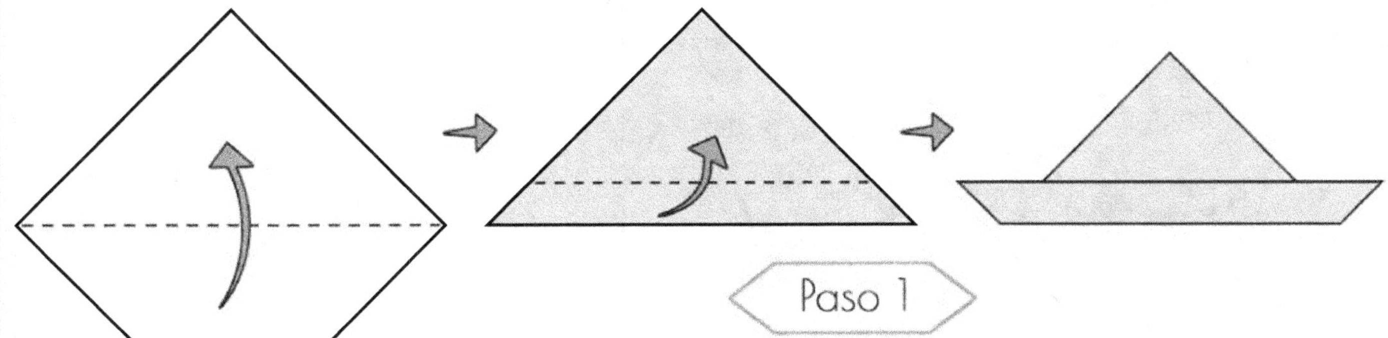

Dobla la hoja hacia arriba a lo lago de una de sus diagonales, después dobla el borde inferior hacia arriba.

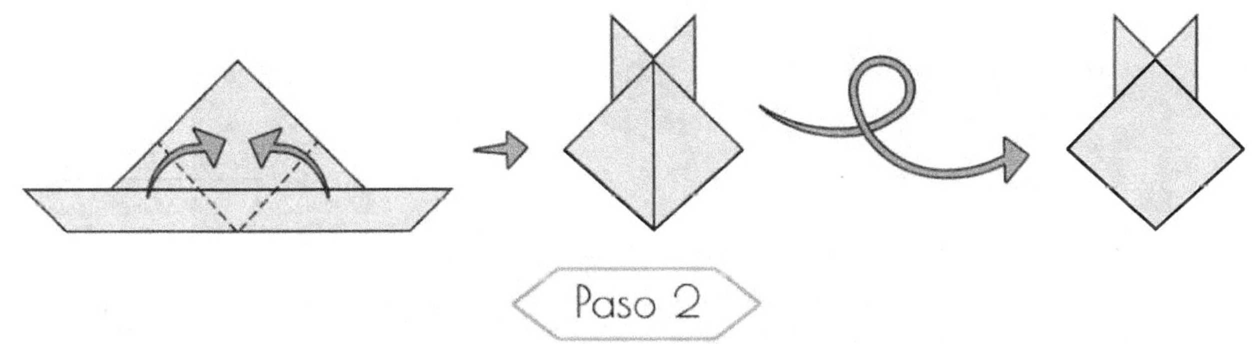

Dobla ambos lados hacia la línea media y dale la vuelta a la figura.

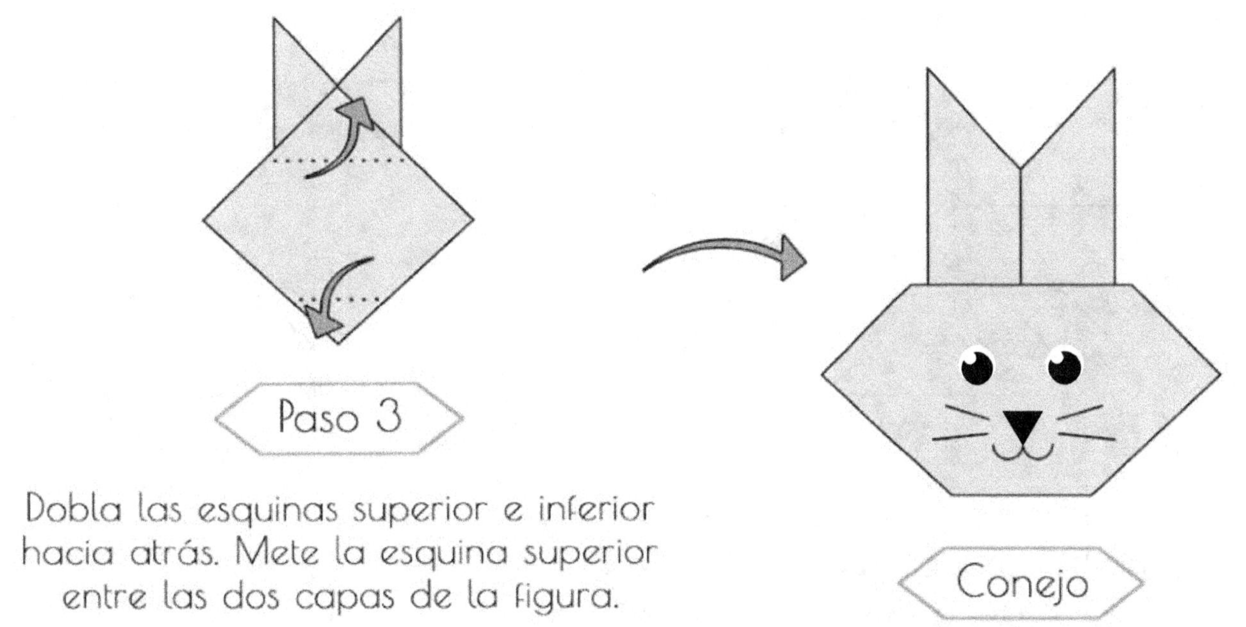

Dobla las esquinas superior e inferior hacia atrás. Mete la esquina superior entre las dos capas de la figura.

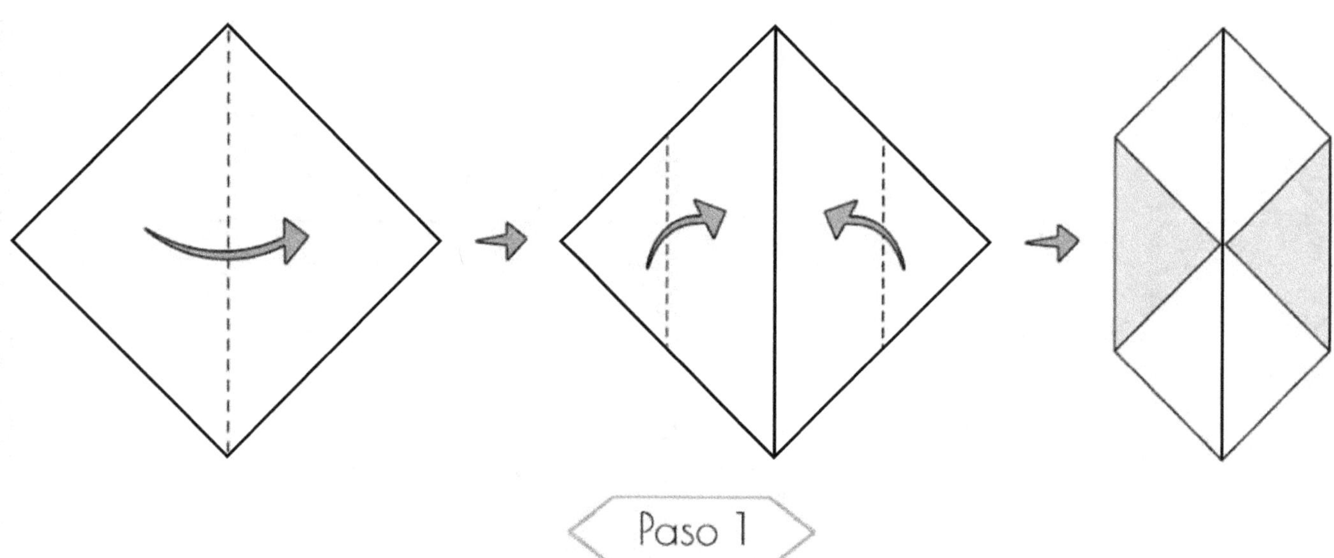

Dobla a lo largo de una diagonal y desdobla. Después lleva las esquinas laterales hasta la línea media.

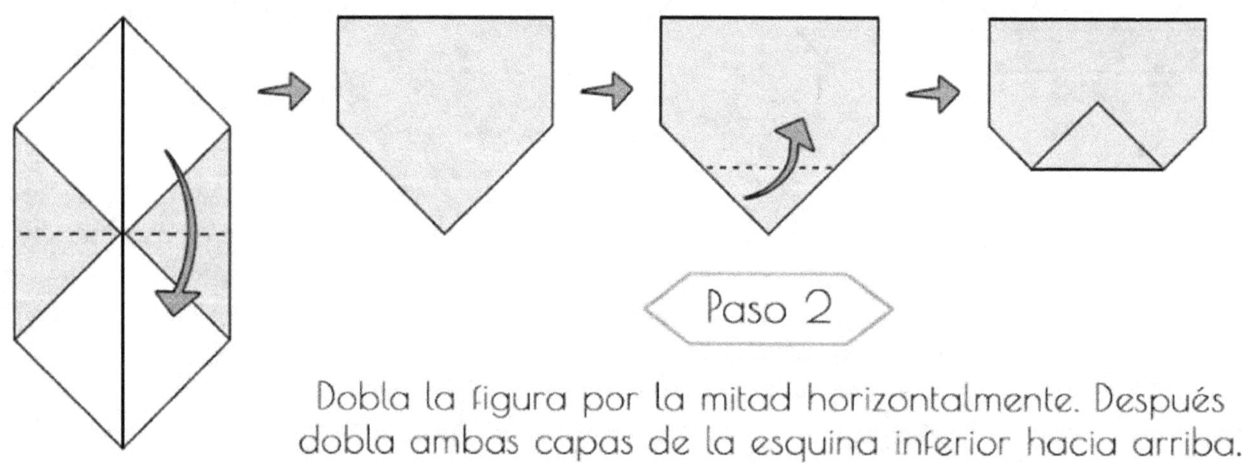

Dobla la figura por la mitad horizontalmente. Después dobla ambas capas de la esquina inferior hacia arriba.

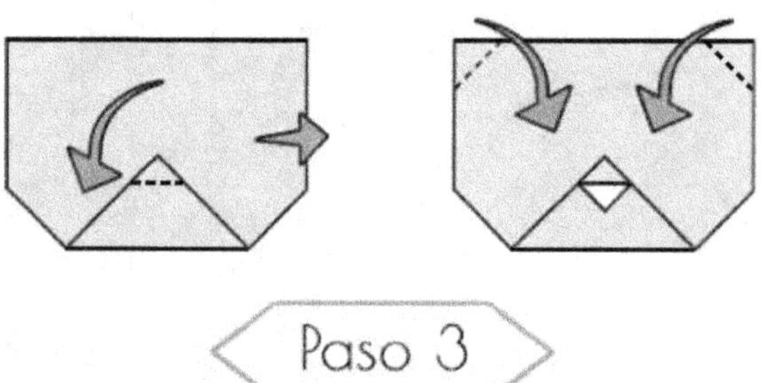

Dobla la capa superior de esa misma esquina hacia abajo. Después dobla las esquinas superiores, como se muestra.

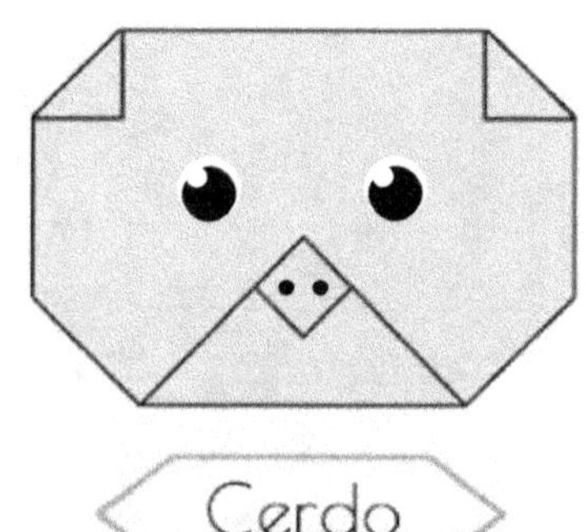

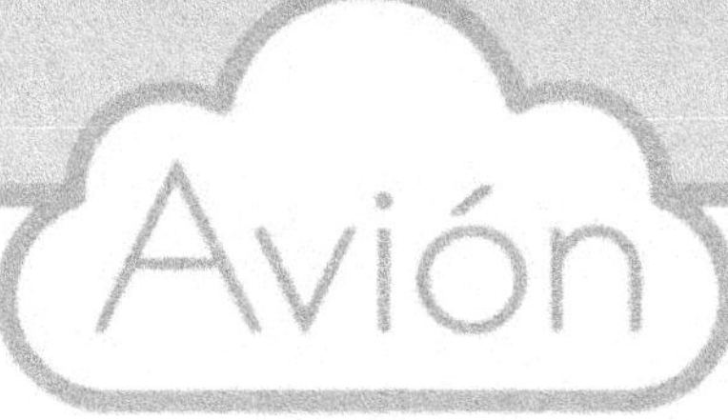

Avión

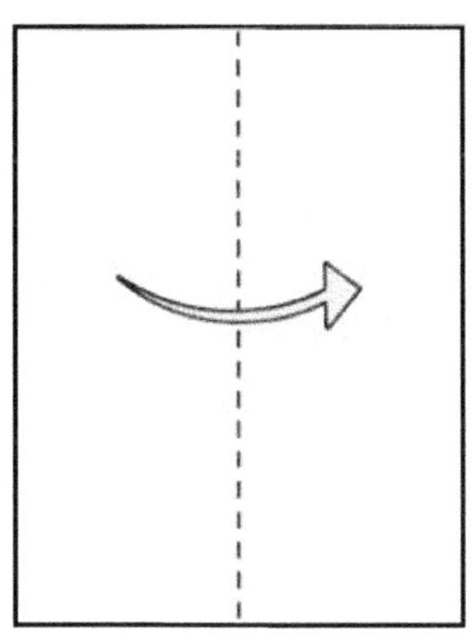
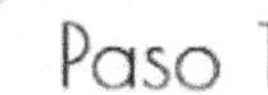
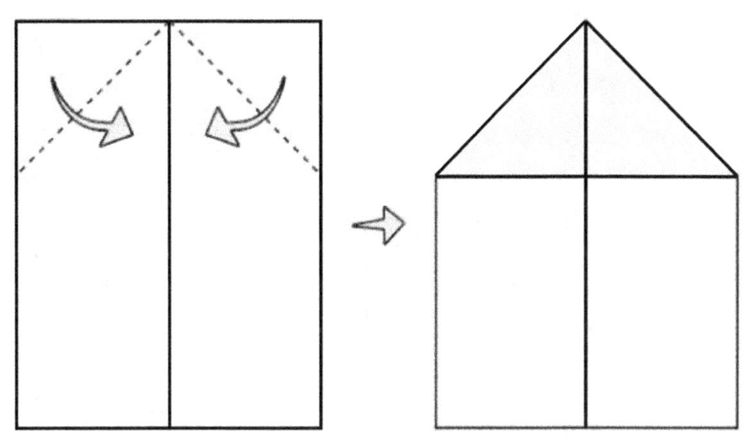

Paso 1

Dobla la hoja por la
mitad verticalmente
y después desdóblala.

Paso 2

Lleva las esquinas superiores
hacia abajo hasta la línea
vertical que acabas de hacer.

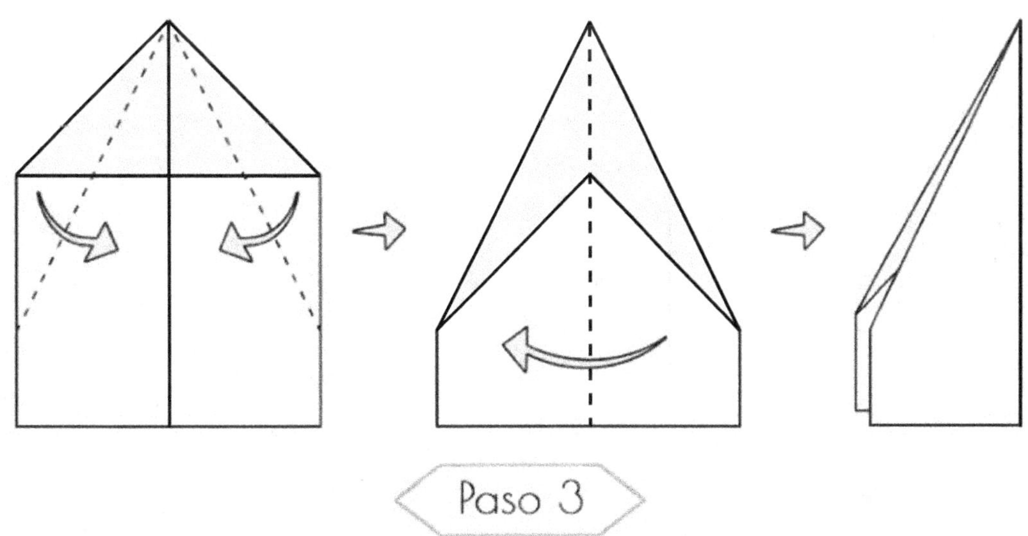

Paso 3

Lleva las esquinas superiores de nuevo hasta esa línea media.
Después dobla la figura por la mitad a lo largo de esa línea
vertical que hiciste en el primer paso.

Avión

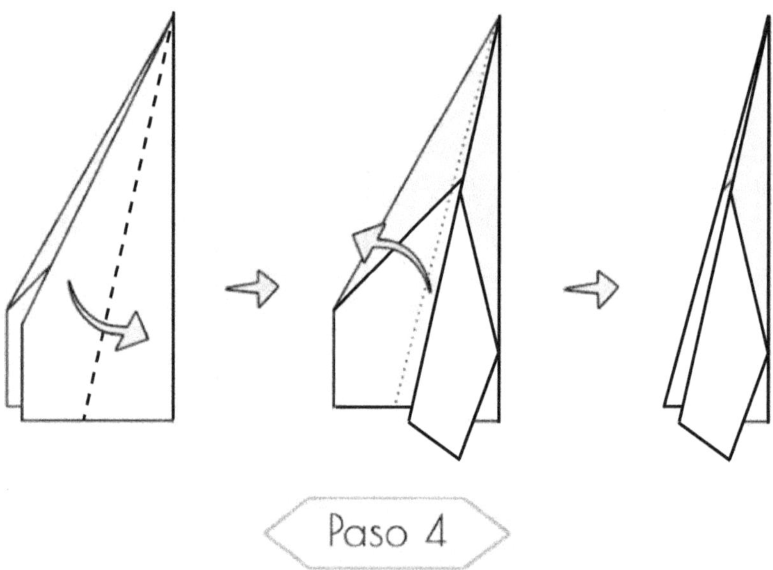

Dobla la capa superior aproximadamente por la mitad para hacer una de las alas, después repite con la capa inferior para hacer la otra y presiona.

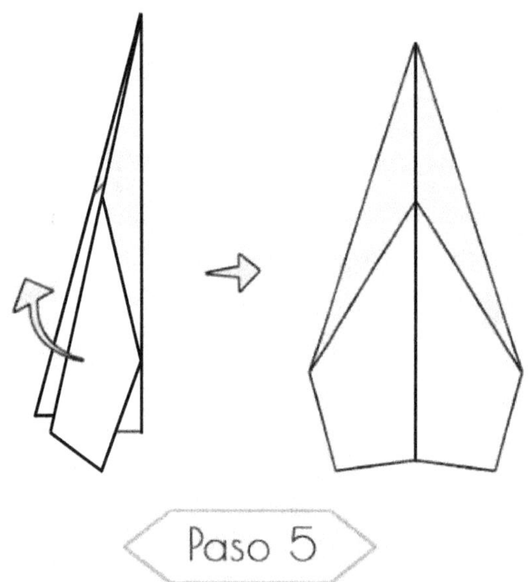

Desdobla un poco las alas para que queden perpendiculares al avión.

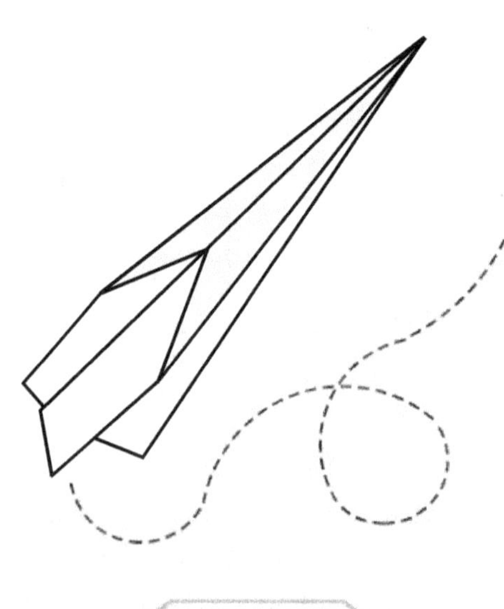

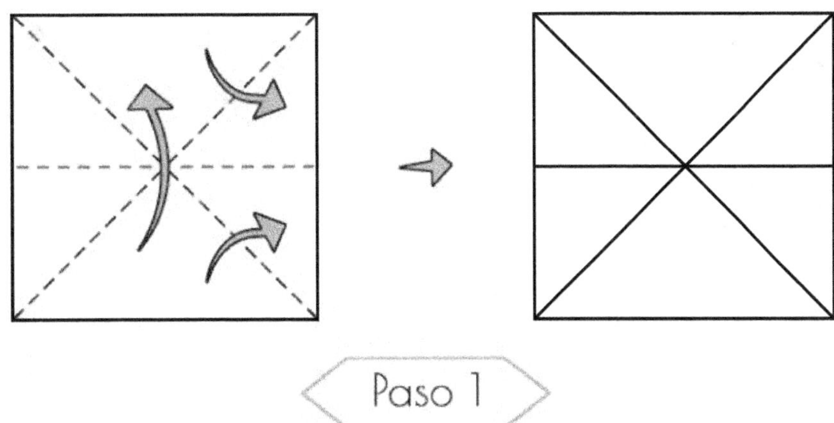

Paso 1

Dobla por la mitad horizontalmente y a lo largo
de ambas diagonales, después desdobla.

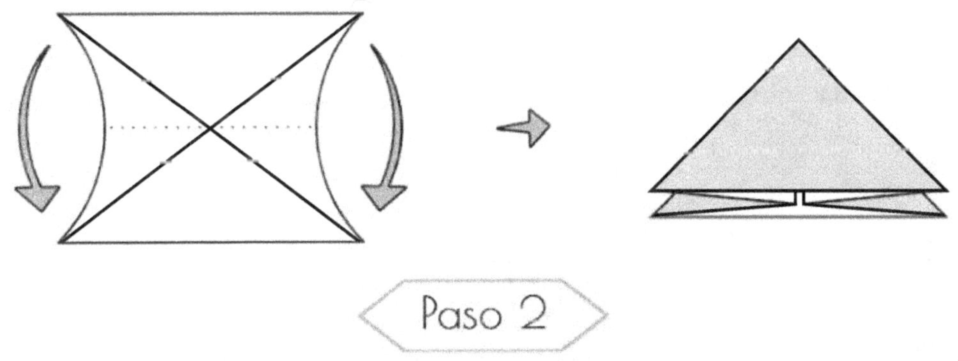

Paso 2

Lleva el borde superior hacia el inferior mientras doblas los
lados hacia el centro de la figura para formar un triángulo.

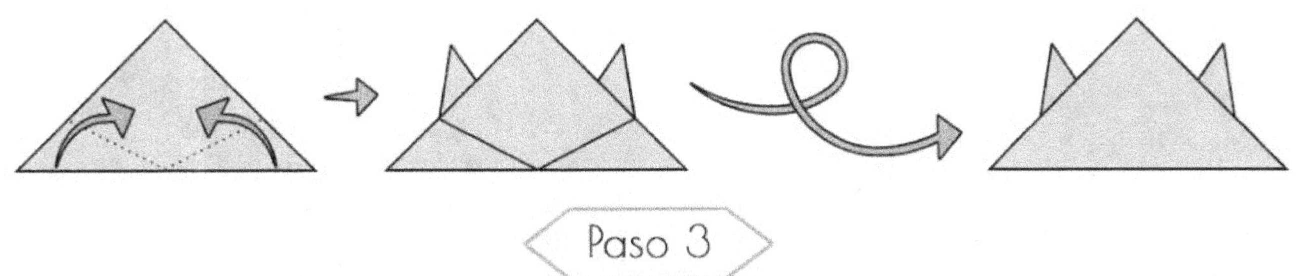

Paso 3

Dobla las esquinas laterales de la capa superior hacia
atrás con un pequeño ángulo y dale la vuelta a la figura.

Cangrejo

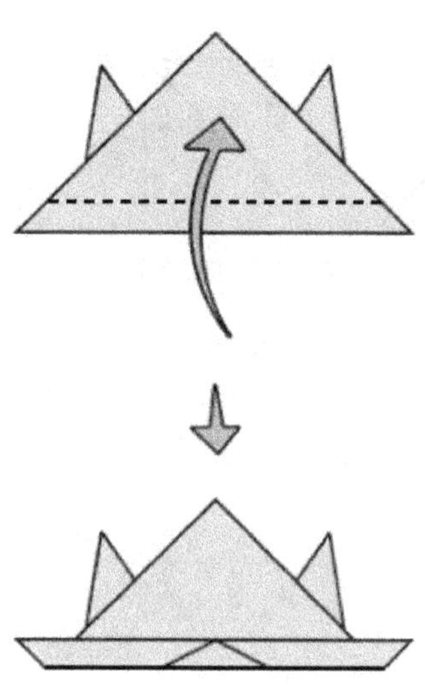

Paso 4

Dobla el borde inferior hacia arriba.

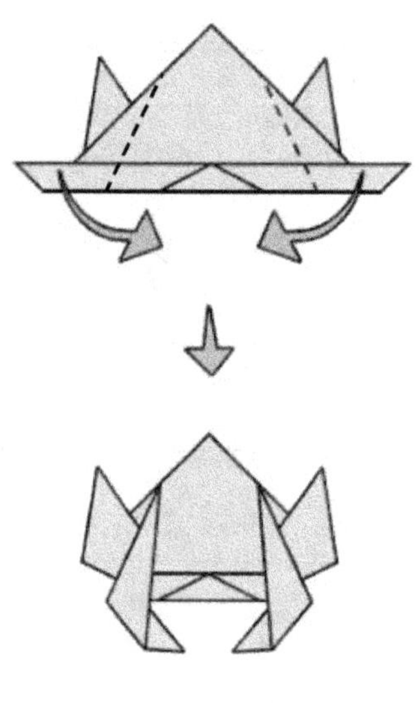

Paso 5

Dobla los lados de la capa superior hacia abajo como se muestra.

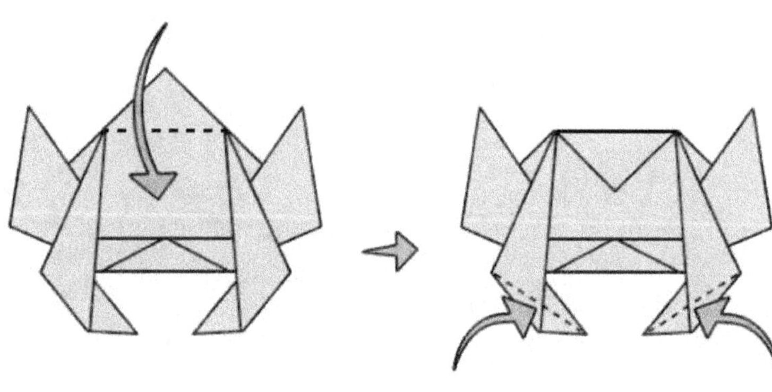

Paso 6

Dobla la esquina superior hacia abajo, después dobla las patas inferiores por la mitad y dale la vuelta a la figura.

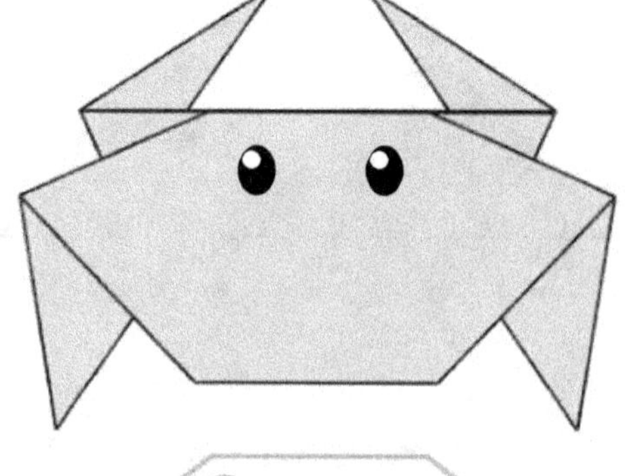

Cangrejo

Corazón

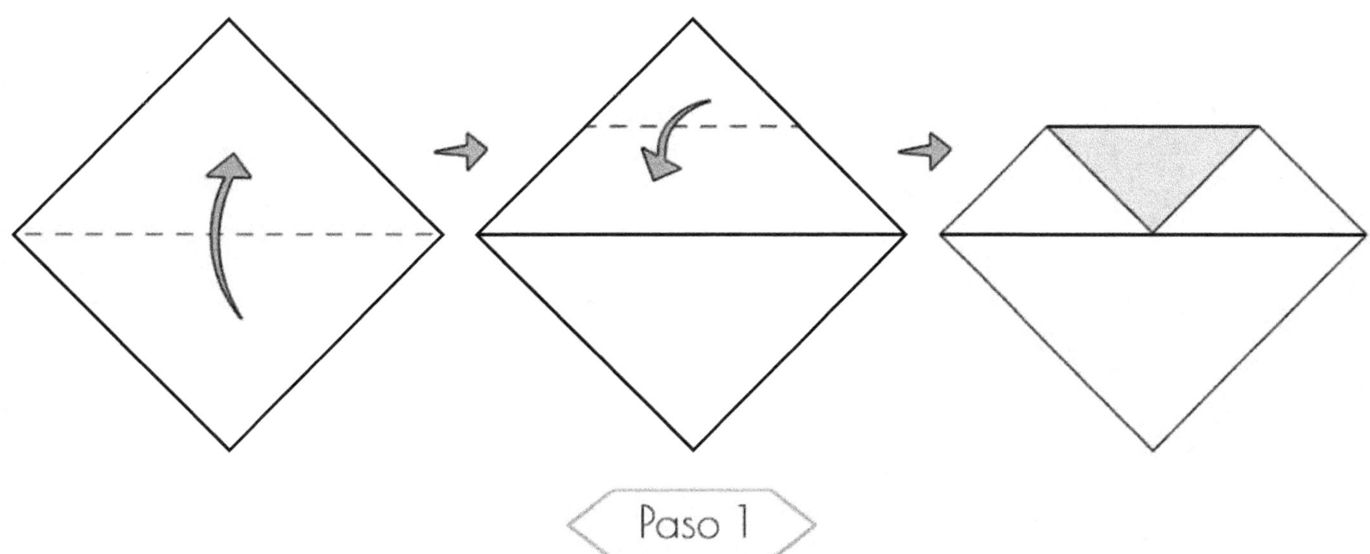

Dobla la hoja a lo largo de una de sus diagonales y desdobla.
Después lleva la esquina superior hasta esa línea.

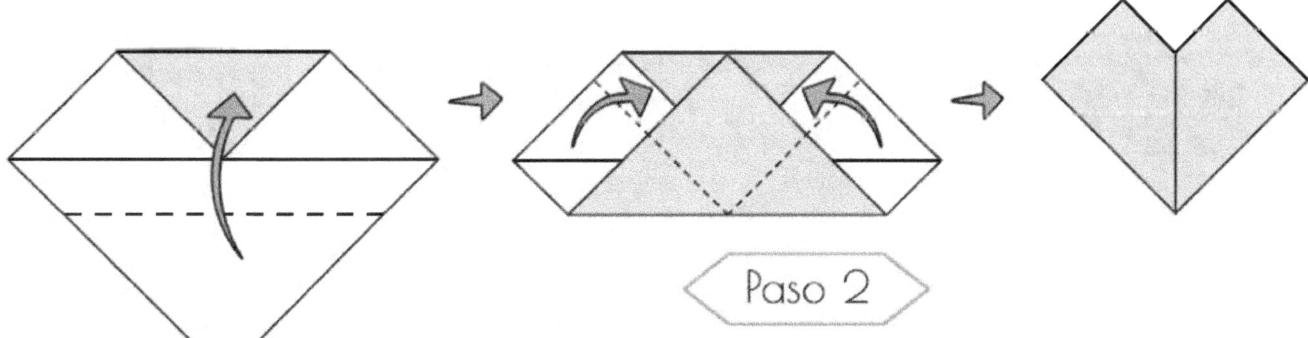

Lleva la esquina inferior hasta el borde superior. Después
dobla ambos lados hacia arriba hasta la línea media.

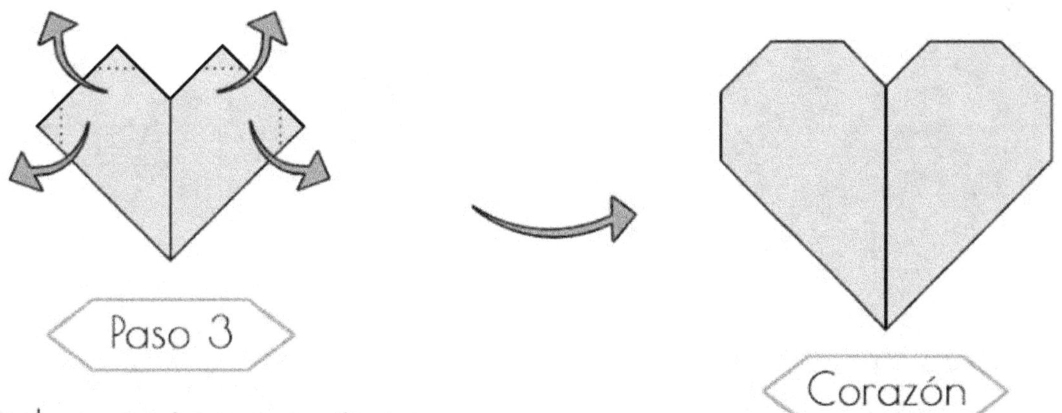

Dobla las esquinas superiores
y laterales hacia atrás.

Pingüino

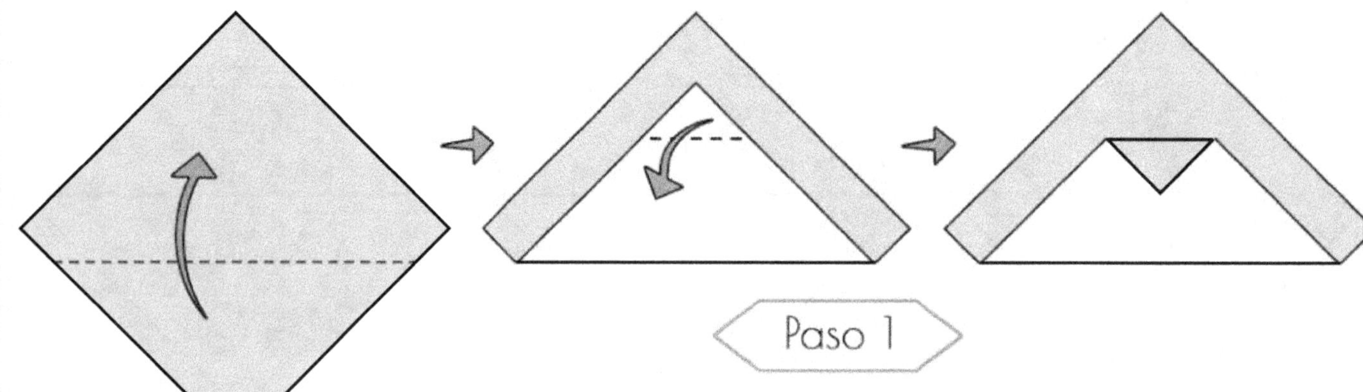

Dobla un poco menos de la mitad de la hoja hacia arriba, después dobla la punta de esa misma sección hacia abajo.

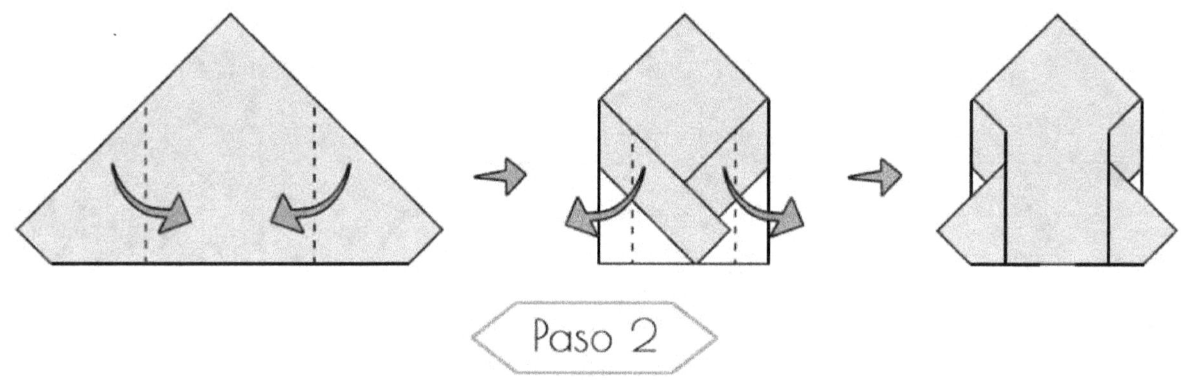

Dale la vuelta a la figura y dobla las esquinas laterales hacia dentro de forma que se solapen, después vuelve a doblarlas hacia fuera por la mitad.

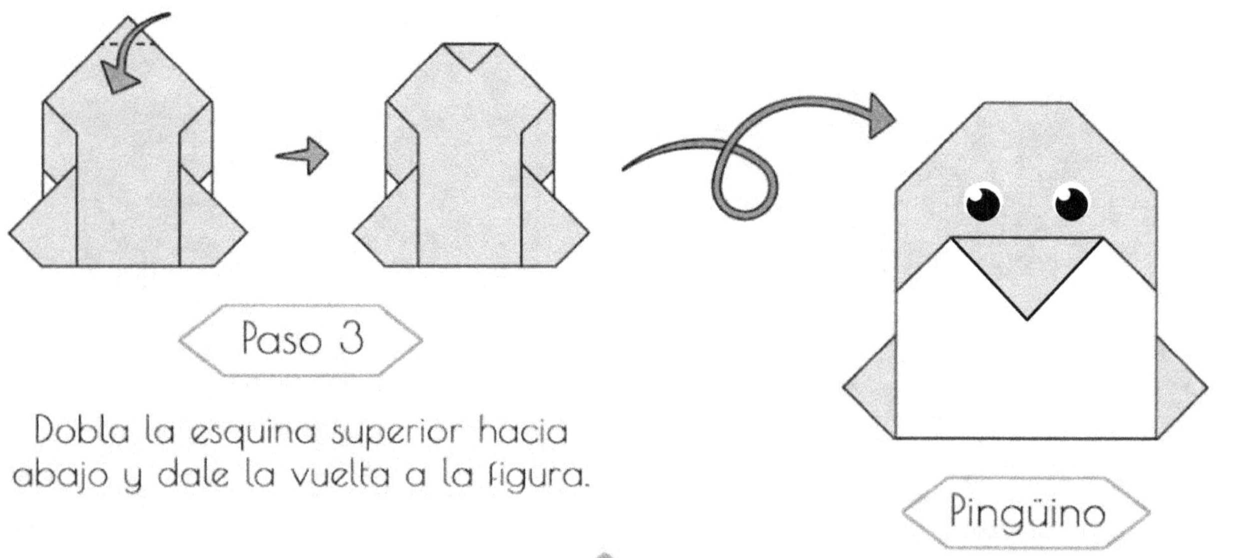

Dobla la esquina superior hacia abajo y dale la vuelta a la figura.

Mariquita

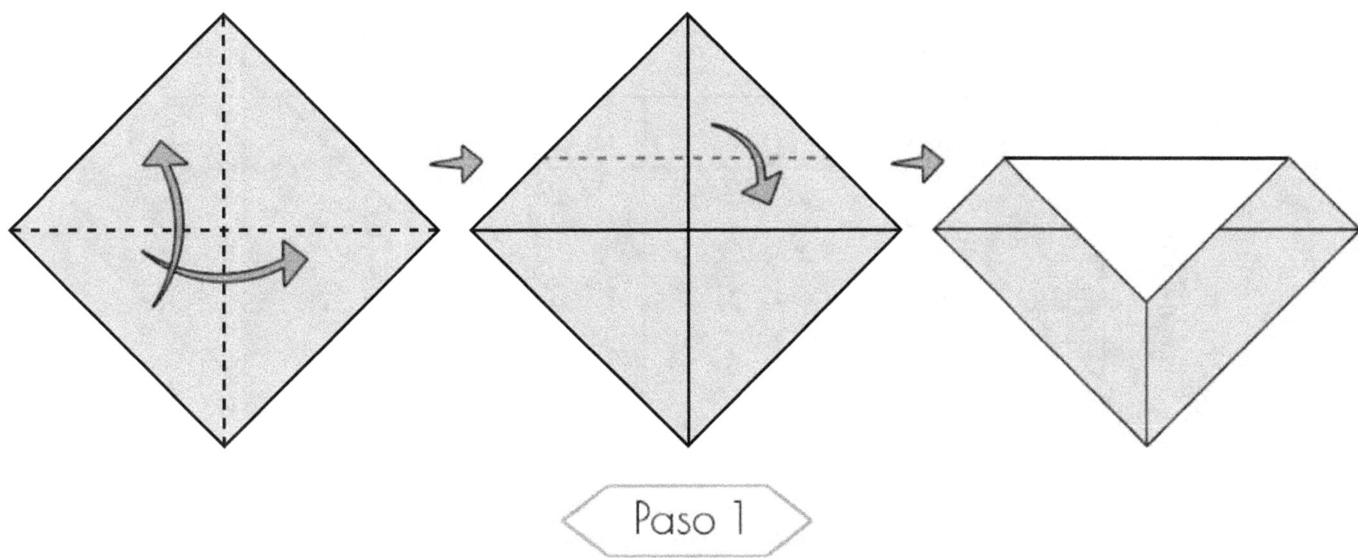

Dobla a lo largo de ambas diagonales y desdobla. Después, dobla la esquina superior hasta un poco más abajo de la línea media.

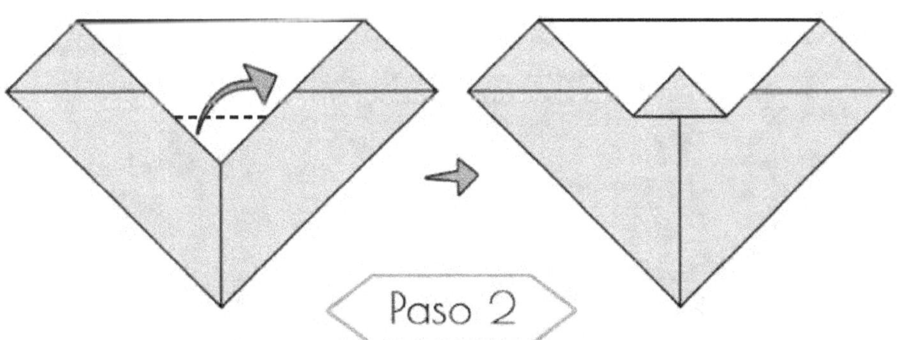

Dobla la punta de esa misma esquina hacia arriba.

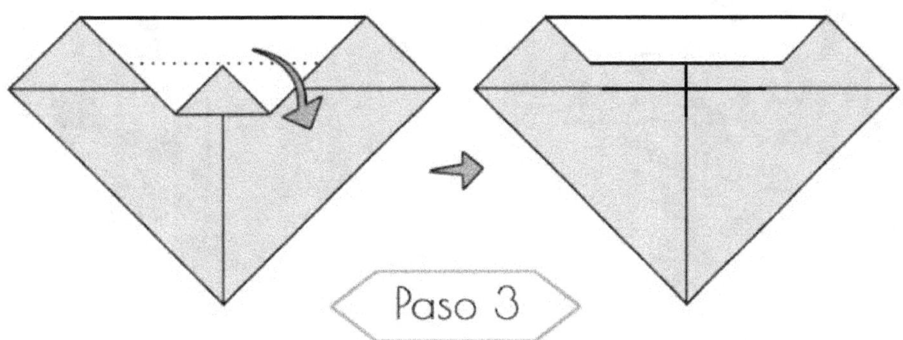

Dobla de nuevo esa sección hacia arriba, pero hacia atrás esta vez.

Mariquita

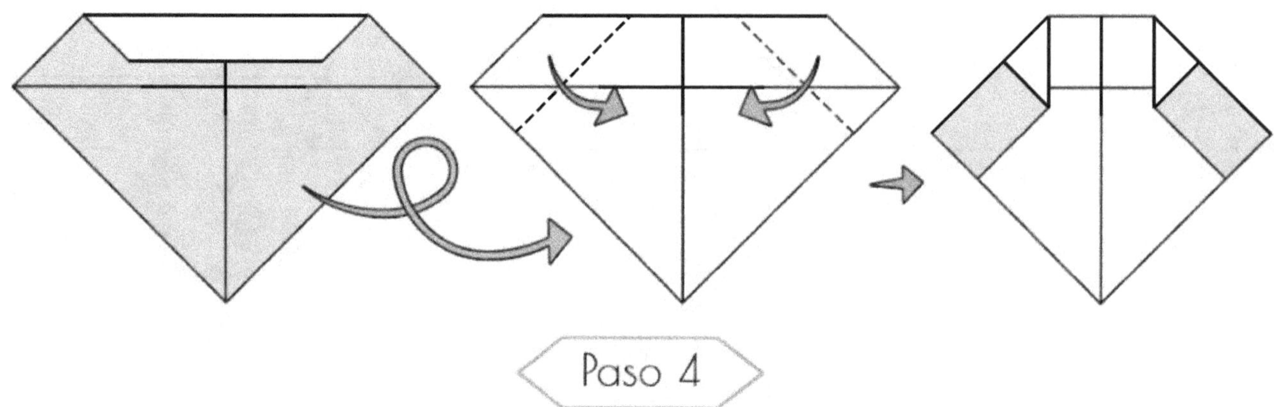

Dale la vuelta a la figura y dobla ambos lados de forma que su borde superior termine estando paralelo a la línea media.

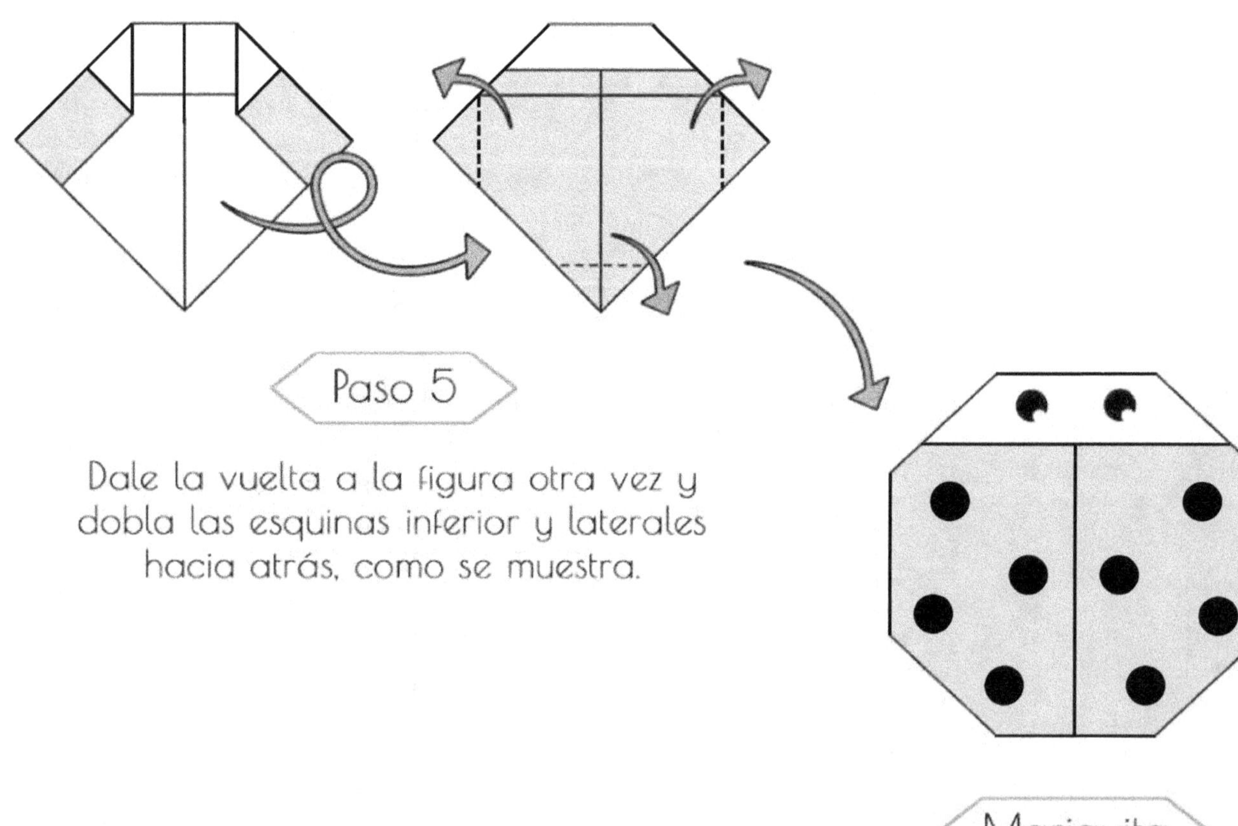

Dale la vuelta a la figura otra vez y dobla las esquinas inferior y laterales hacia atrás, como se muestra.

Tortuga

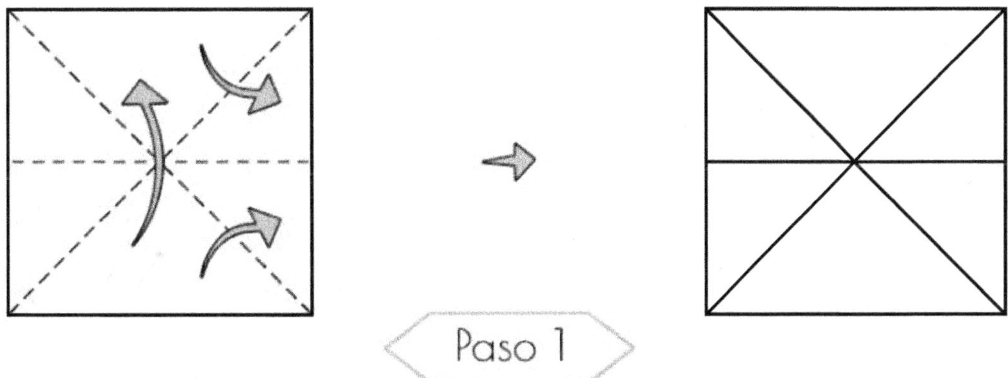

Dobla por la mitad horizontalmente y a lo largo
de ambas diagonales, después desdobla.

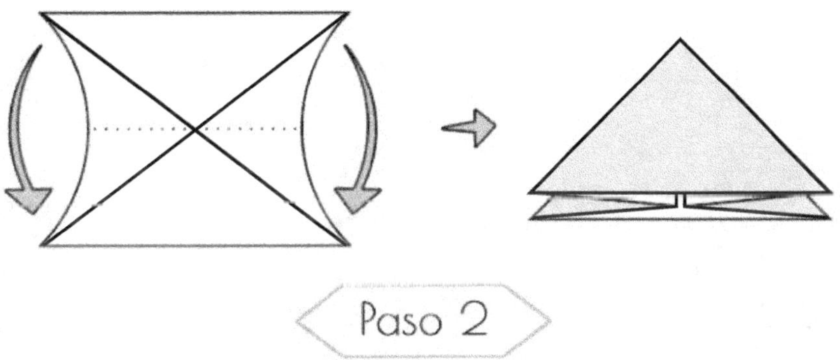

Lleva el borde superior hacia el inferior mientras doblas los
lados hacia el centro de la figura para formar un triángulo.

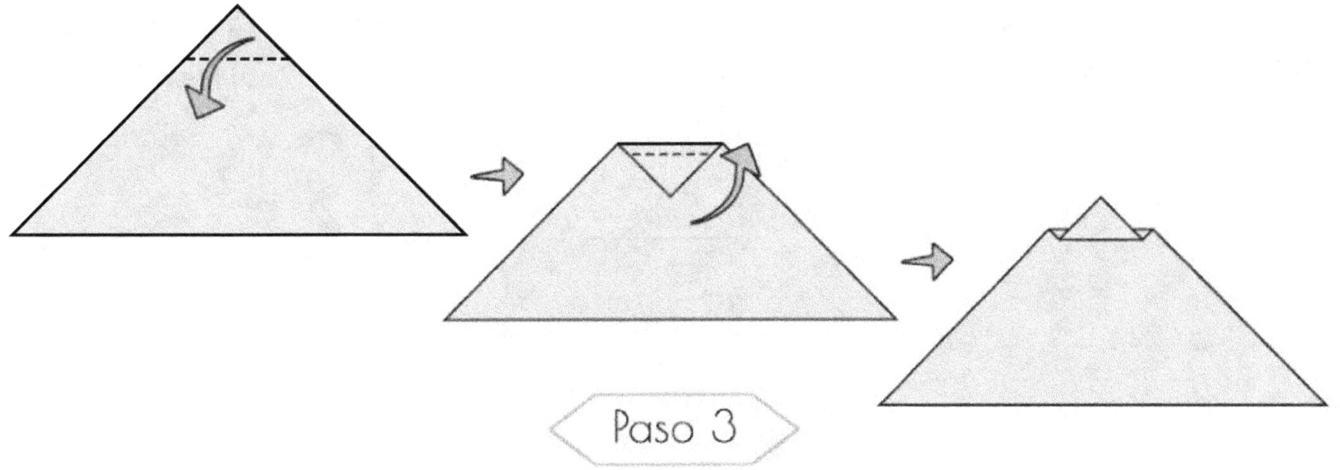

Dobla la esquina superior hacia abajo y de
nuevo hacia arriba para hacer la cabeza.

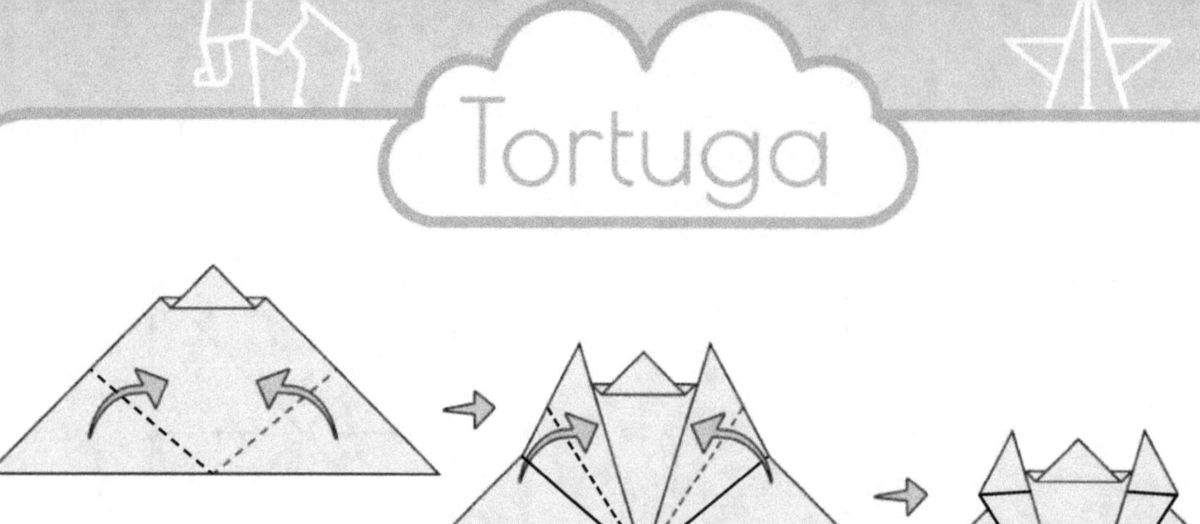

Dobla los lados de la capa superior del triángulo hacia la cabeza. Vuelve a doblarlos hacia la cabeza, esta vez por la mitad. Estas son las patas delanteras.

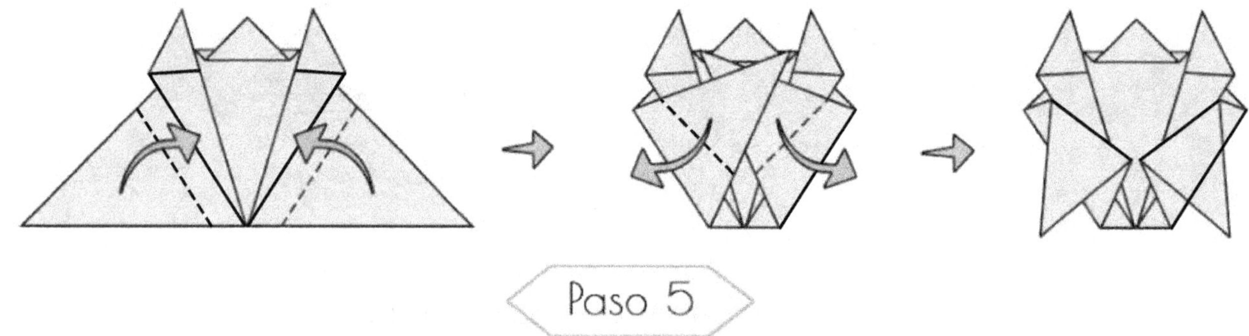

Dobla los lados de la capa inferior hacia arriba, paralelos a las patas que acabas de hacer. Después dobla la punta de esas secciones de nuevo hacia abajo para que sobresalgan a los lados. Estas son las patas traseras.

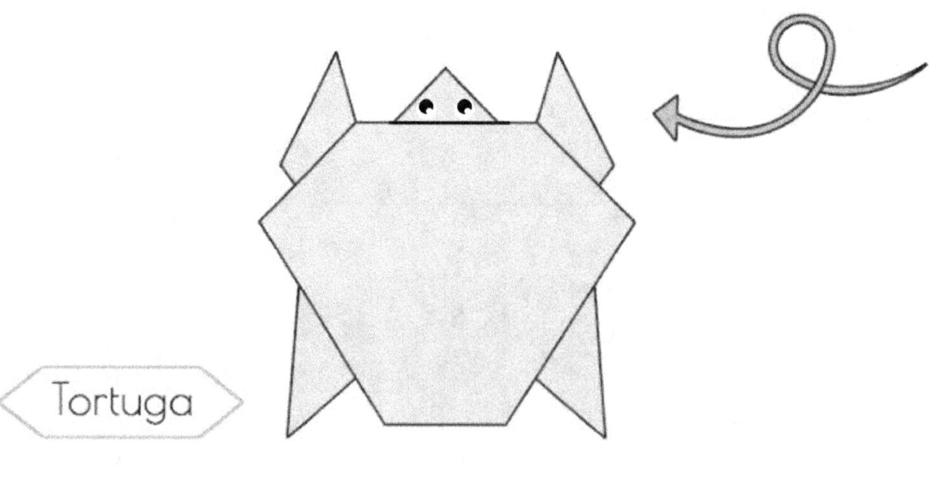

Pez

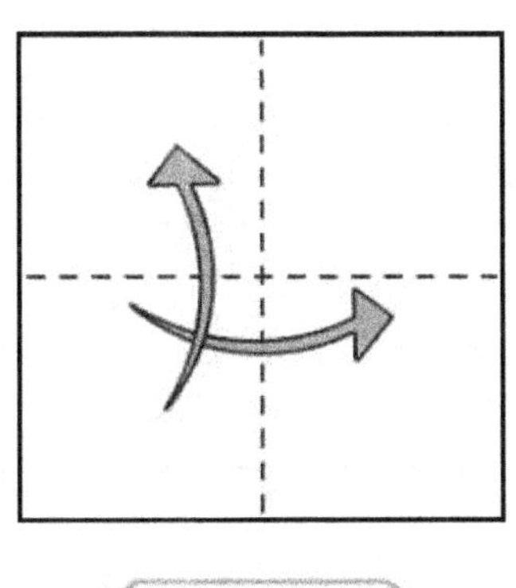

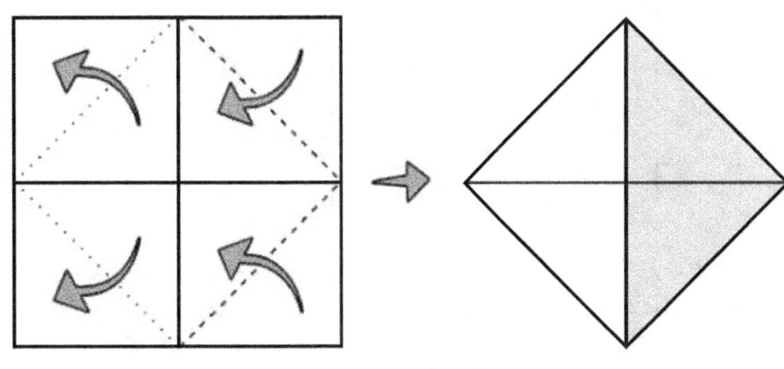

Dobla por la mitad vertical y horizontalmente y desdobla.

Dobla las dos esquinas izquierdas hacia atrás y las dos esquinas derechas hacia delante, después presiona los bordes.

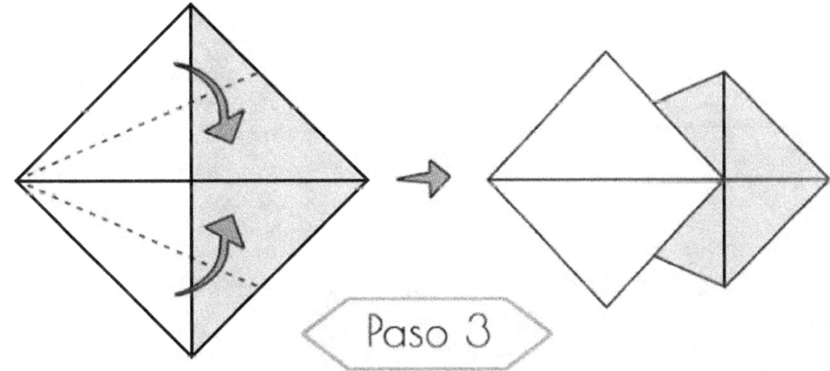

Lleva las esquinas superior e inferior hacia la línea media horizontal. Verás que las esquinas que doblaste hacia atrás ahora sobresalen a los lados.

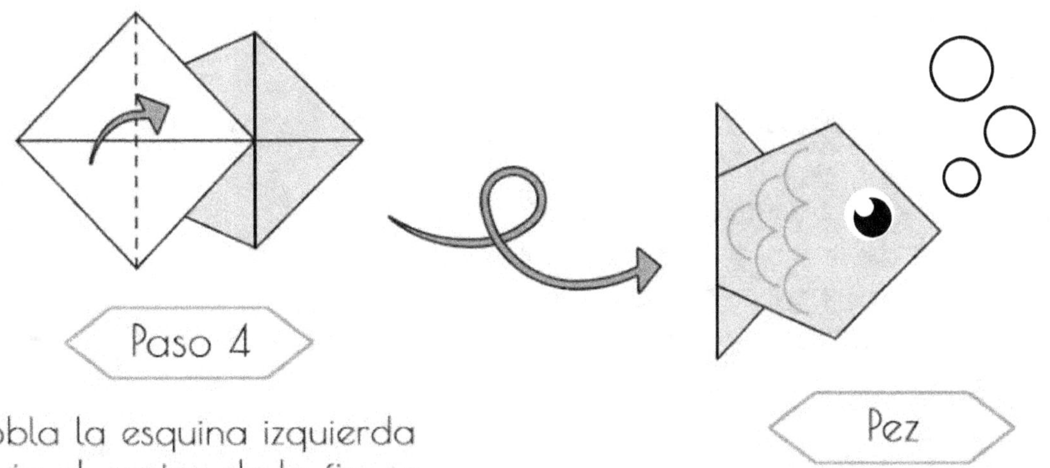

Dobla la esquina izquierda hacia el centro de la figura.

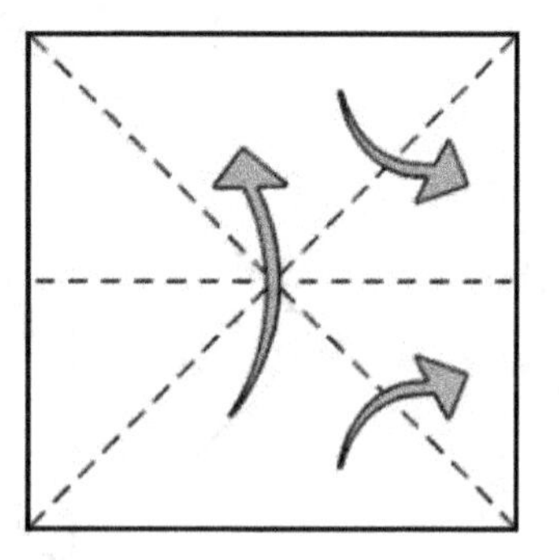  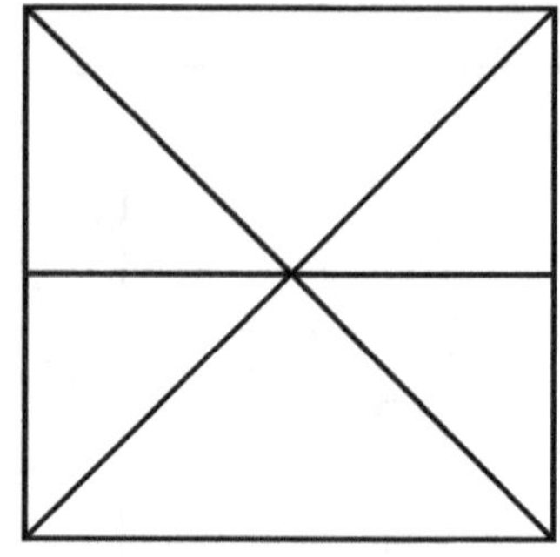

Paso 1

Dobla por la mitad horizontalmente y a lo largo
de ambas diagonales, después desdobla.

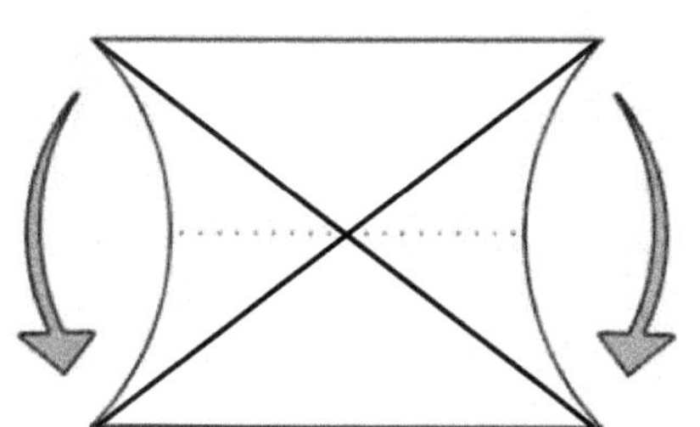  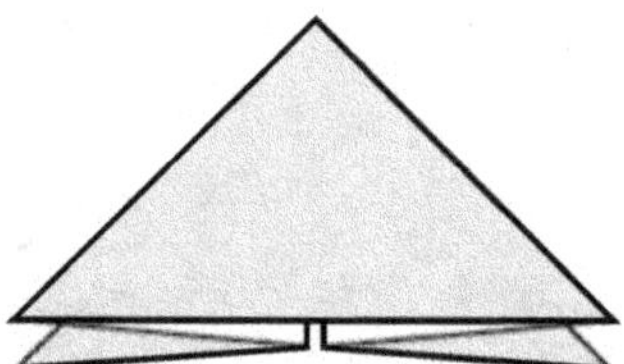

Paso 2

Lleva el borde superior hacia el inferior mientras doblas los
lados hacia el centro de la figura para formar un triángulo.

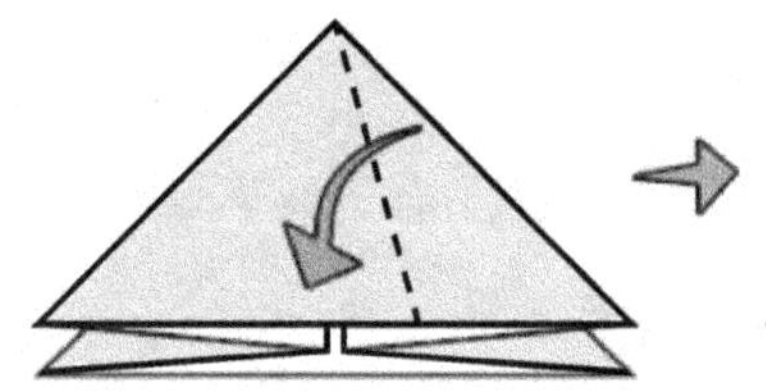 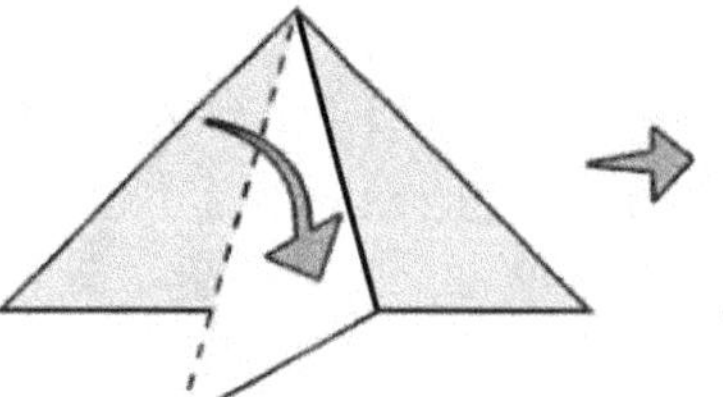 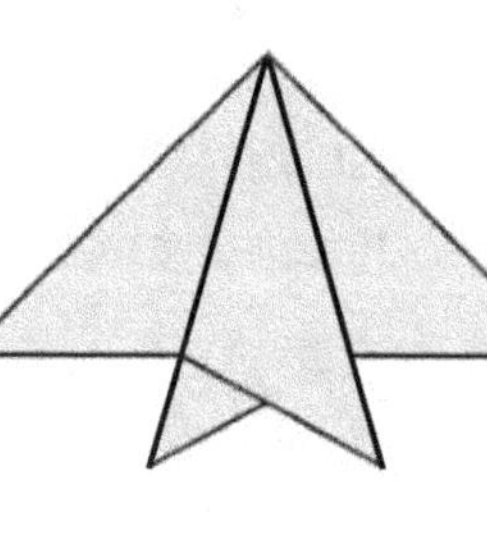

Paso 3

Dobla la esquina derecha de la capa
superior hacia el centro de la figura
en un pequeño ángulo, como se muestra.
Después, repite para el lado izquierdo.

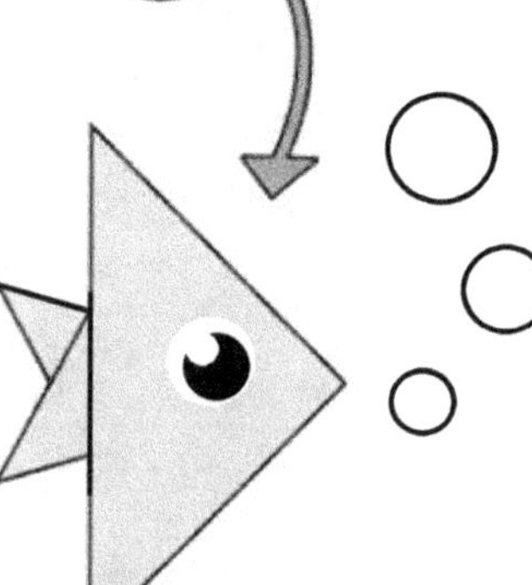

Pez

Estrella

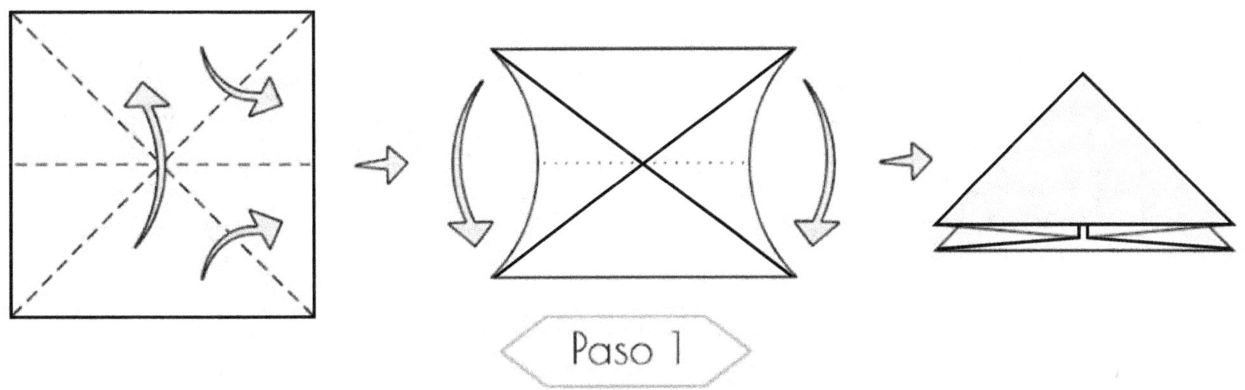

Dobla por la mitad horizontalmente y a lo largo de ambas diagonales y desdobla. Después lleva ambos lados hacia el centro de la figura y presiona los bordes para formar un triángulo

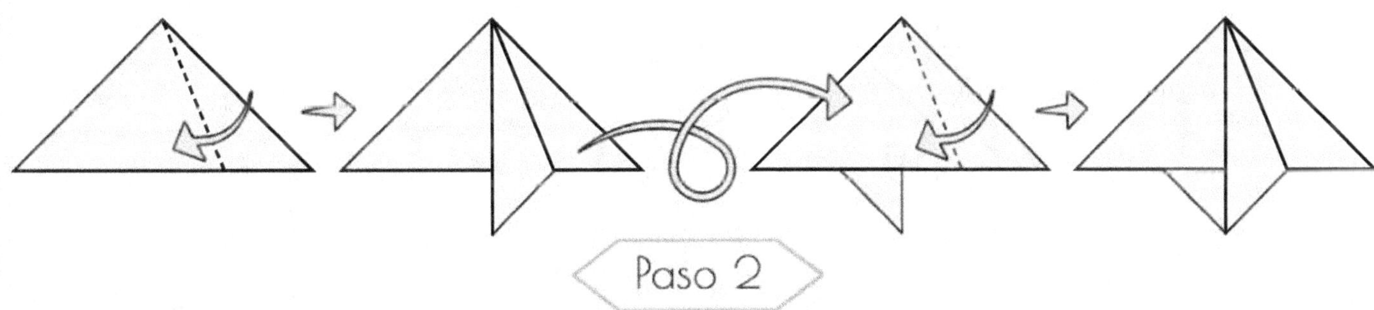

Dobla la esquina derecha de la capa superior hacia la línea media y presiona. Dale la vuelta a la figura y repite el mismo movimiento en la esquina trasera derecha.

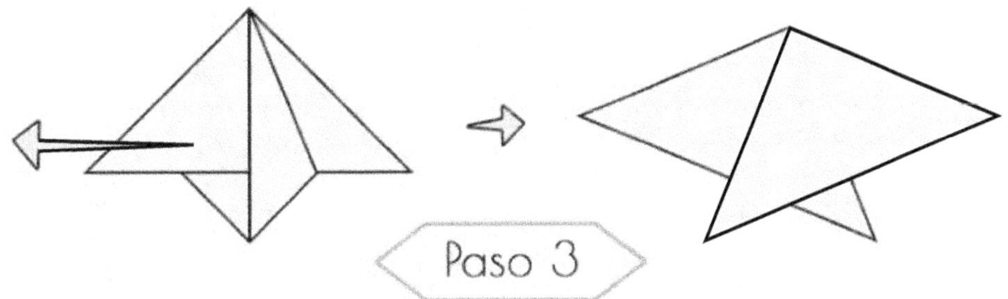

Tira de la esquina izquierda para expandir la figura hasta que las dos solapas que hiciste en el paso anterior intercambien sus posiciones.

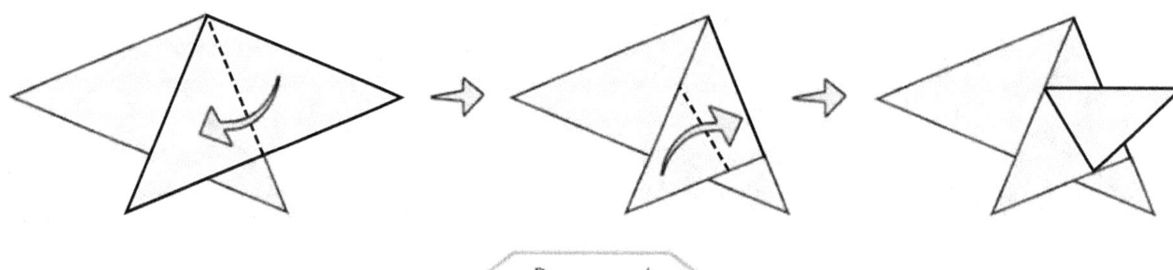

Dobla la capa superior (esquina derecha) por la mitad para que coincida con la esquina inferior izquierda. Después dóblala de nuevo hacia arriba de forma que su borde superior quede horizontal.

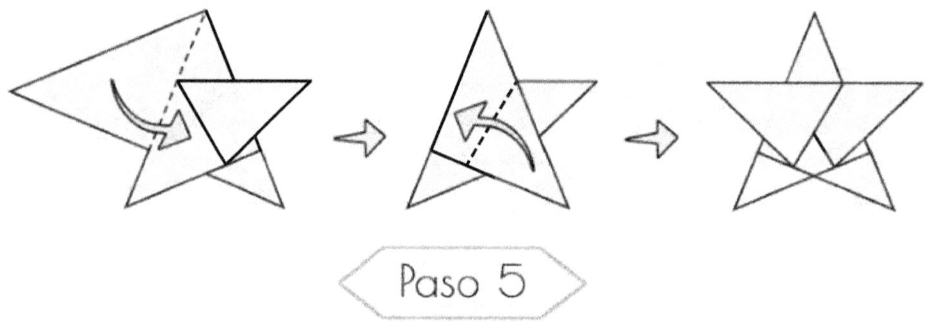

Repite el paso anterior en la capa inferior (esquina izquierda) y dale la vuelta a la figura.

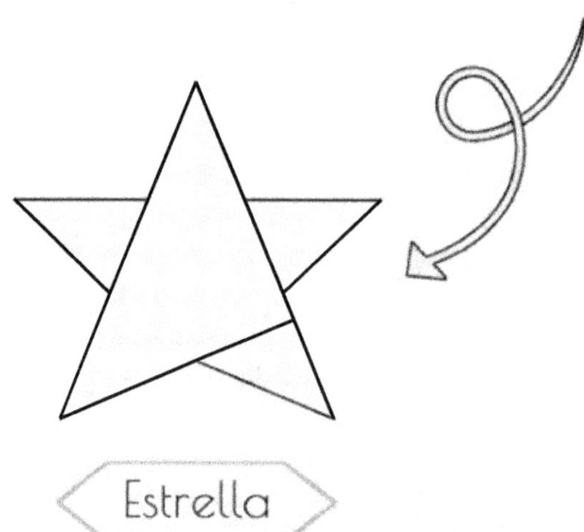

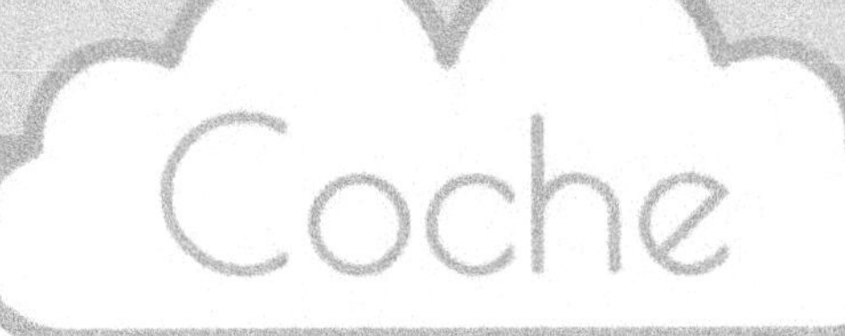

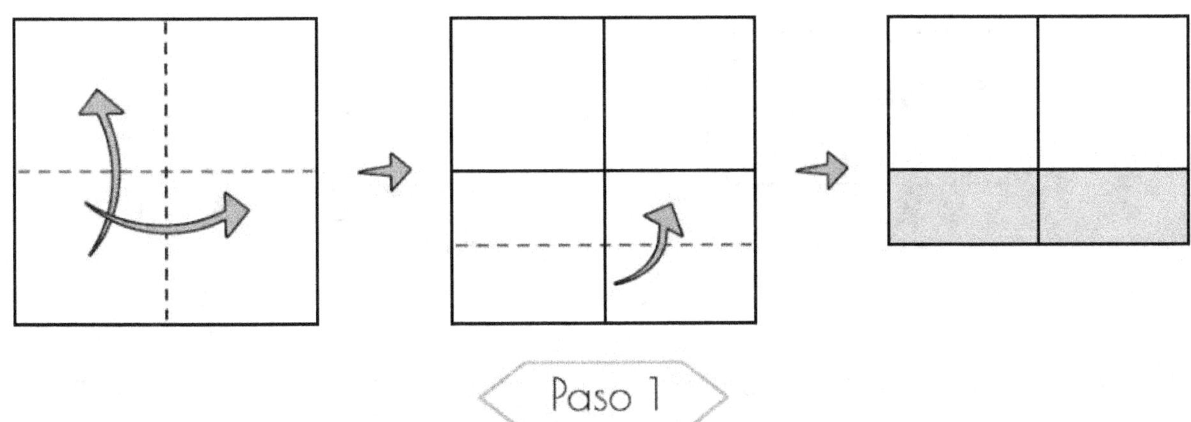

Paso 1

Dobla por la mitad vertical y horizontalmente y desdobla.
Después lleva el borde inferior hasta la línea media horizontal.

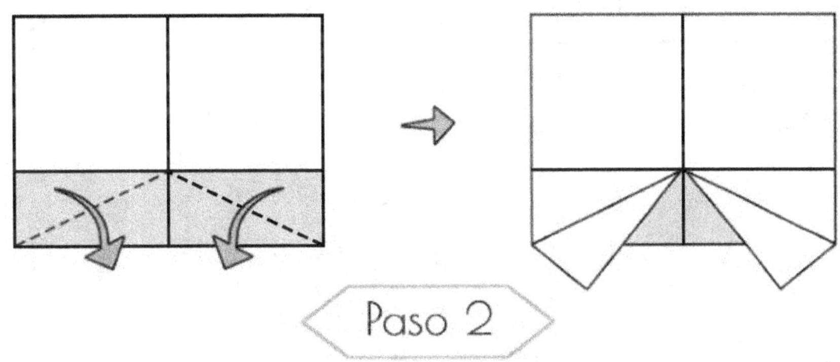

Paso 2

Dobla hacia abajo las esquinas superiores del pliegue que acabas de hacer.

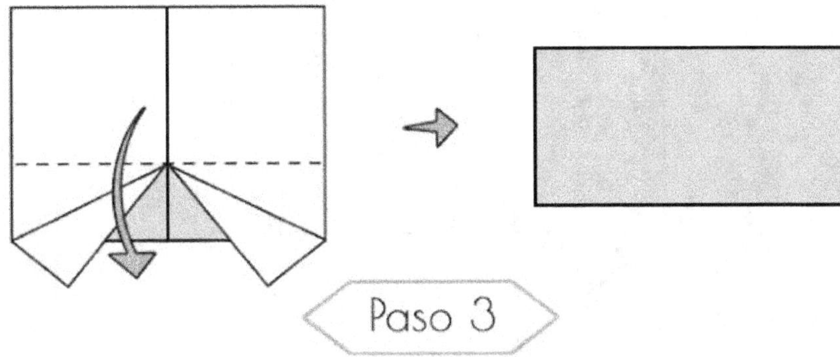

Paso 3

Dobla la mitad superior hacia abajo para que cubra la parte inferior.

Coche

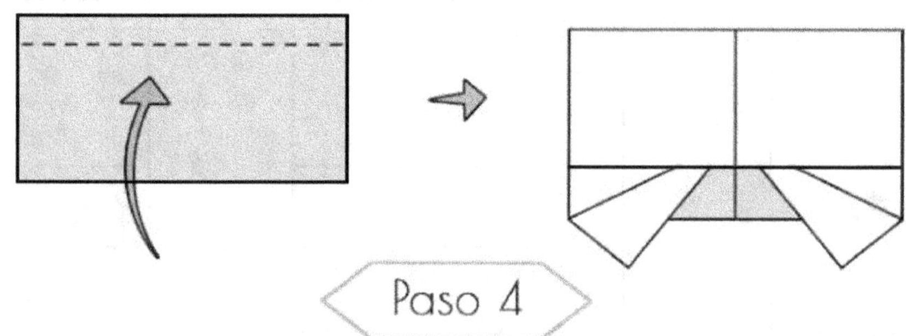

Ahora dobla unos 3/4 de ese mismo pliegue de nuevo hacia arriba.

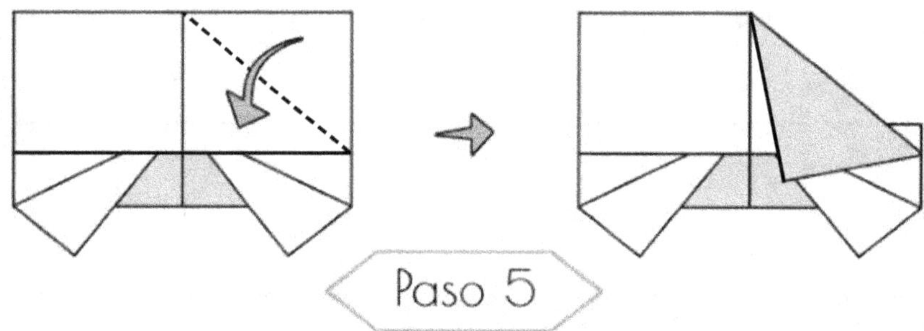

Dobla la esquina superior derecha hacia abajo y dale la vuelta a la figura.

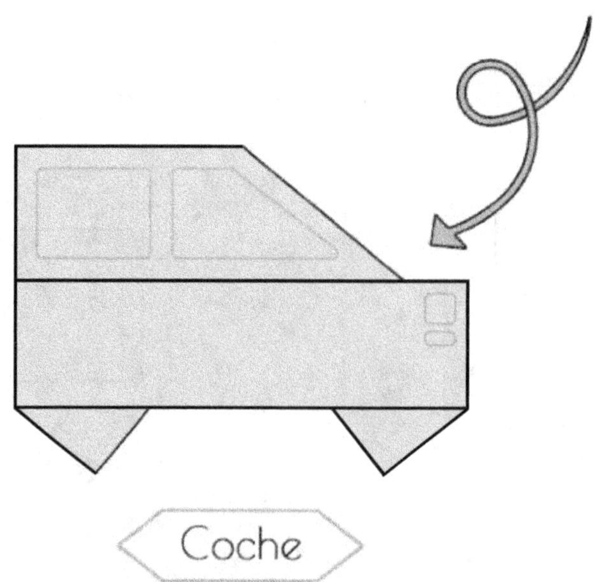

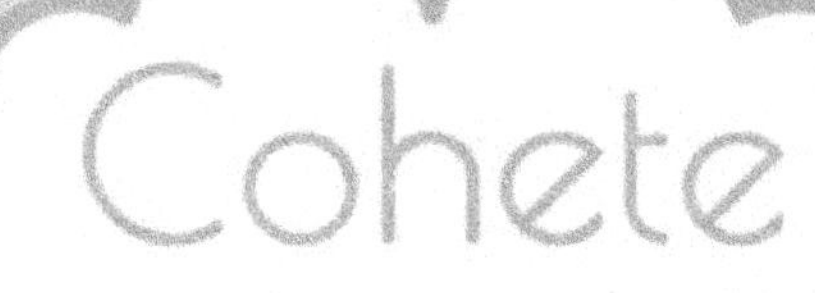

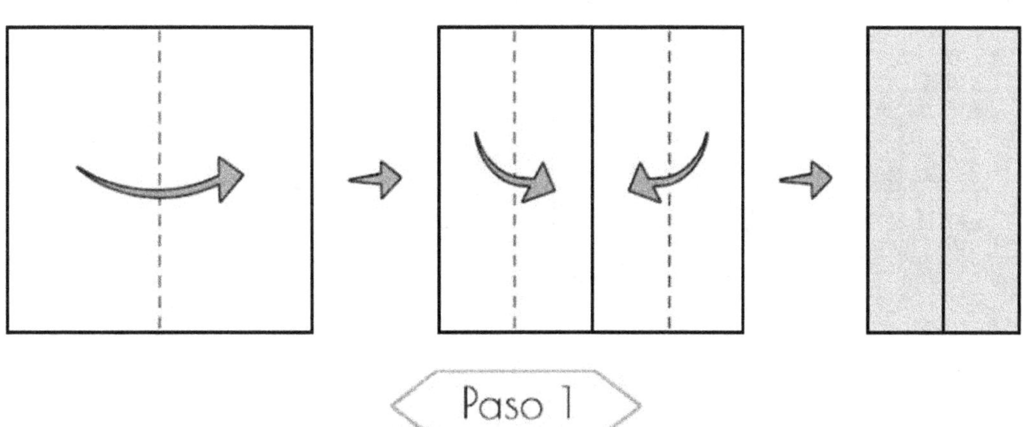

Dobla por la mitad verticalmente y desdobla. Después dobla cada lado de nuevo por la mitad hacia dentro.

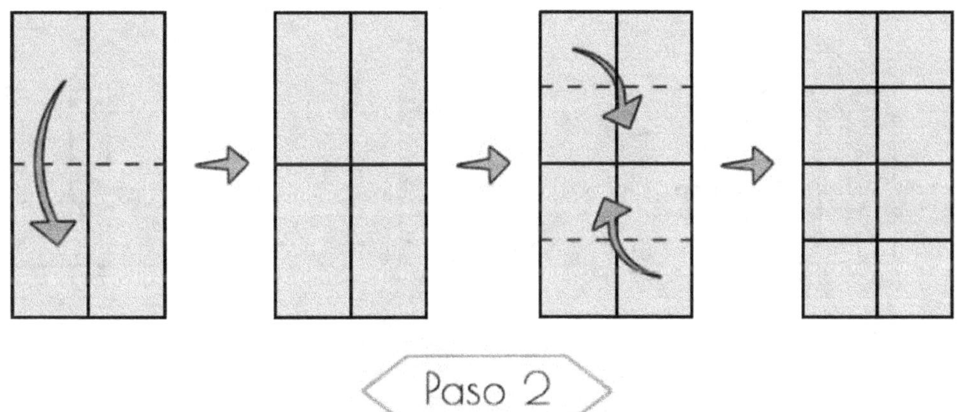

Dobla por la mitad horizontalmente y desdobla. Lleva los bordes superior e inferior hasta esa línea horizontal y desdobla de nuevo.

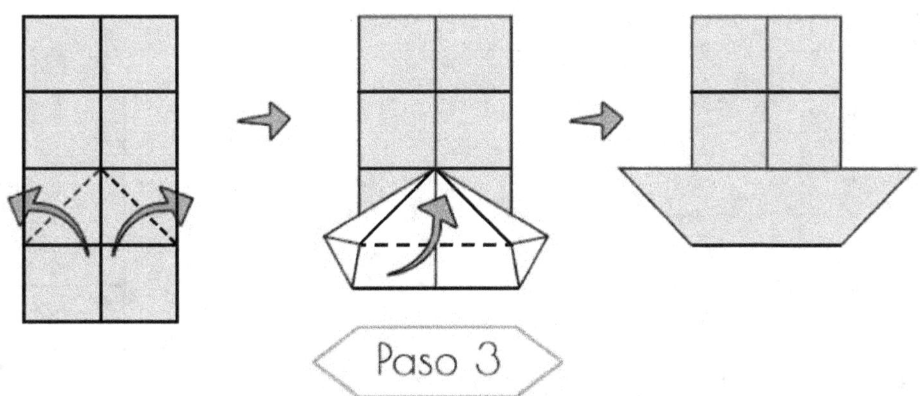

Empezando por abajo, dobla la 2ª sección diagonalmente hacia fuera. Verás que, al hacerlo, la capa inferior se dobla hacia arriba, así que presiónala para que el borde superior quede horizontal.

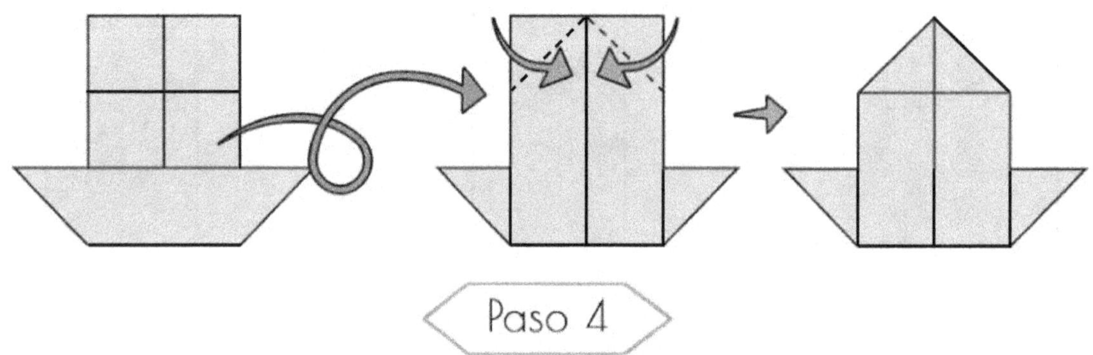

Paso 4

Dale la vuelta a la figura y dobla las esquinas
superiores hacia la línea media vertical.

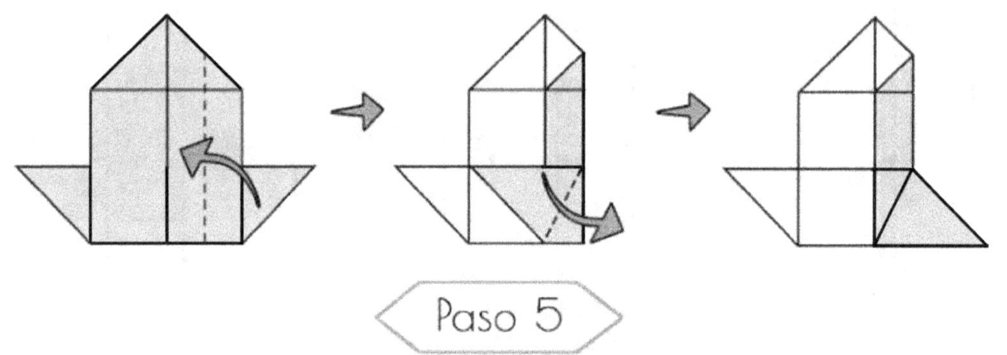

Paso 5

Lleva el lado derecho hacia la línea media vertical y dobla su esquina
hacia fuera de forma que su borde inferior termine siendo horizontal.

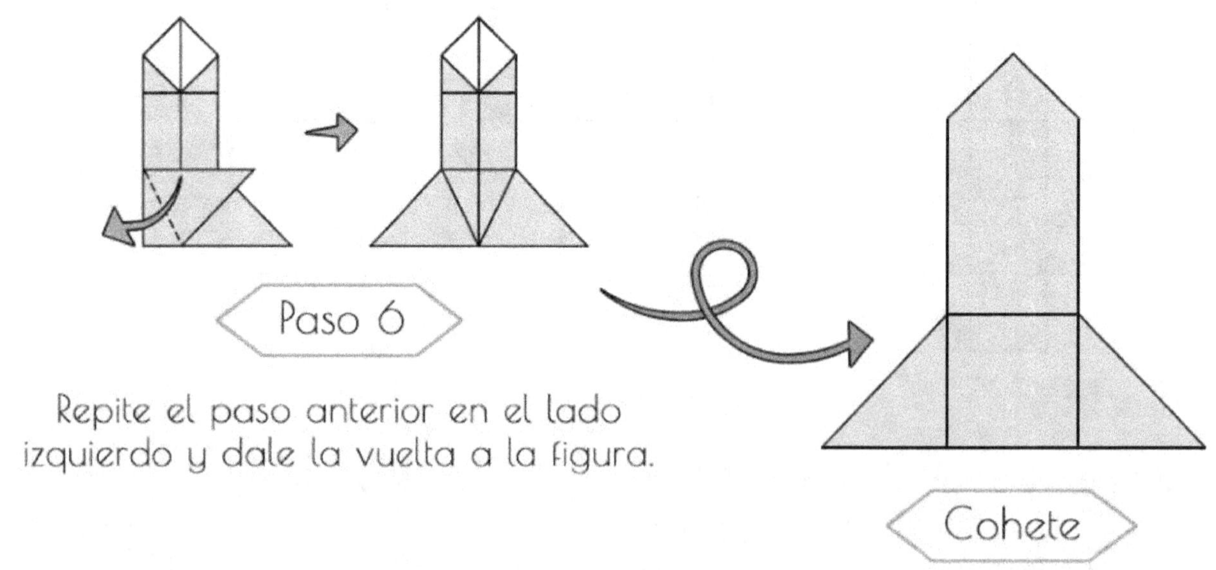

Paso 6

Repite el paso anterior en el lado
izquierdo y dale la vuelta a la figura.

Cohete

Camisa

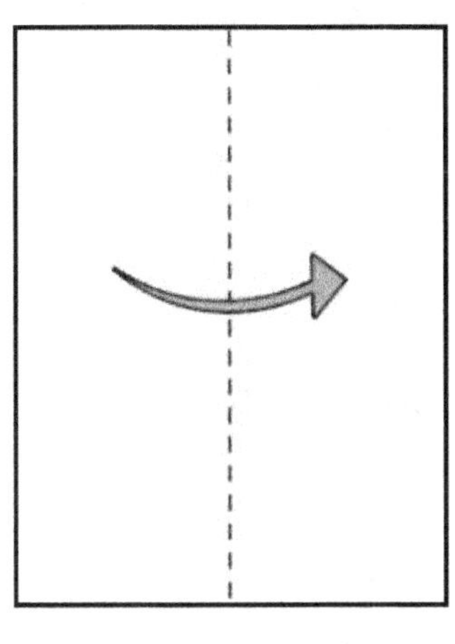

Paso 1

Dobla la hoja por la
mitad verticalmente
y después desdóblala.

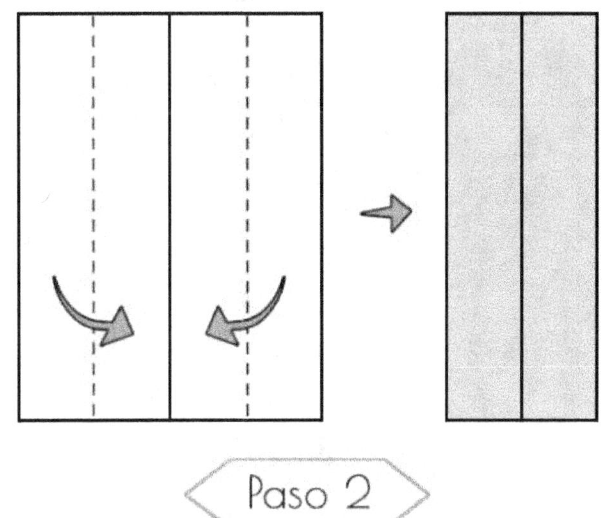

Paso 2

Dobla esas secciones por la mitad
longitudinalmente para obtener dos
solapas y déjalas dobladas esta vez.

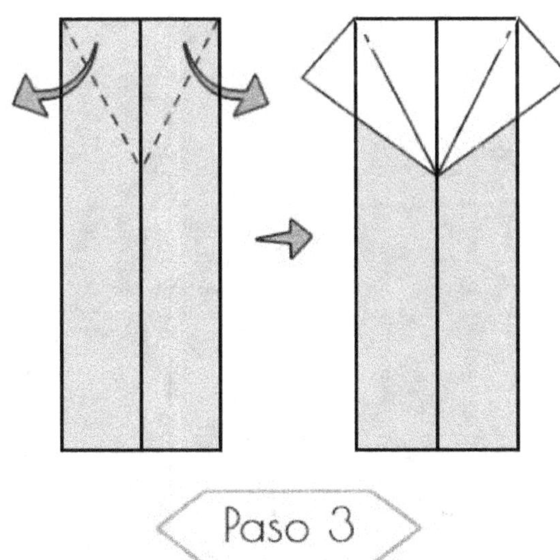

Paso 3

Dobla el tercio superior de esas
solapas hacia fuera de manera
que se forme una V entre ellas.
Estas son las mangas de la camisa.

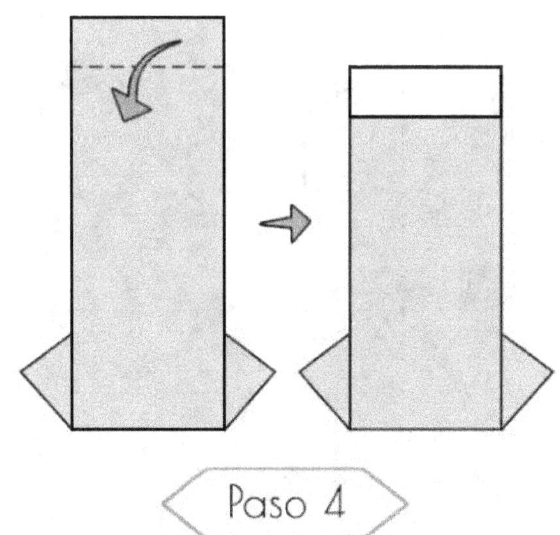

Paso 4

Dale la vuelta a la figura de forma
que la V quede mirando a tu mesa.
En el borde opuesto a la V dobla
unos 2 cm de papel hacia abajo.

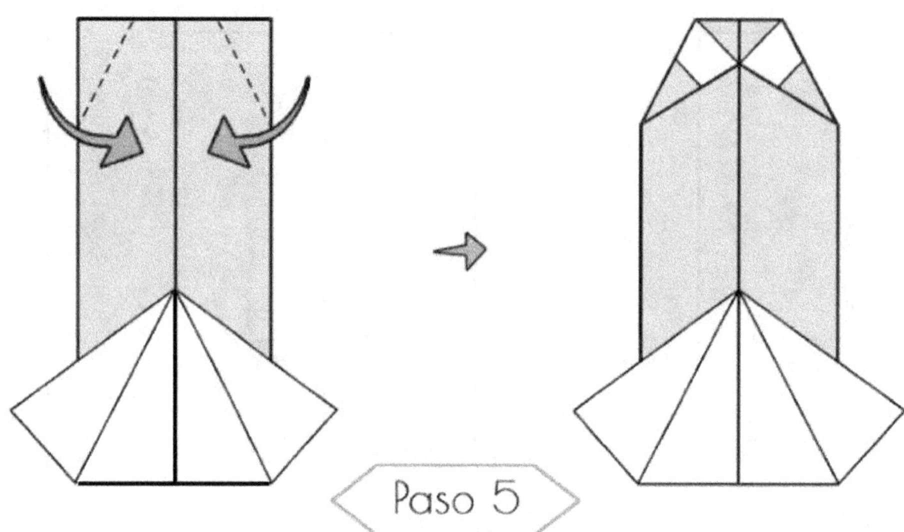

Vuelve a darle la vuelta a la figura como se muestra. Dobla las esquinas del mismo borde que doblaste en el paso anterior hacia el centro de la figura en un pequeño ángulo que haga que se toquen en la línea media. Este es el cuello de la camisa.

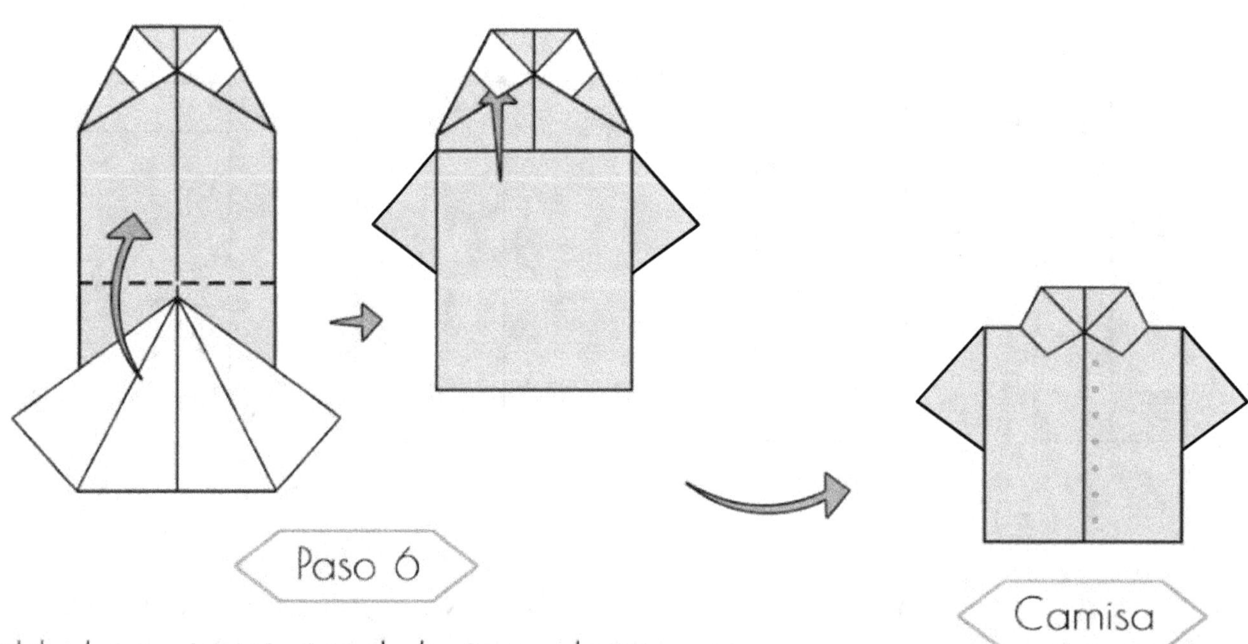

Dobla la parte inferior de la figura hasta que el borde con la V encaje debajo del cuello de la camisa y presiona el borde inferior.

Serpiente

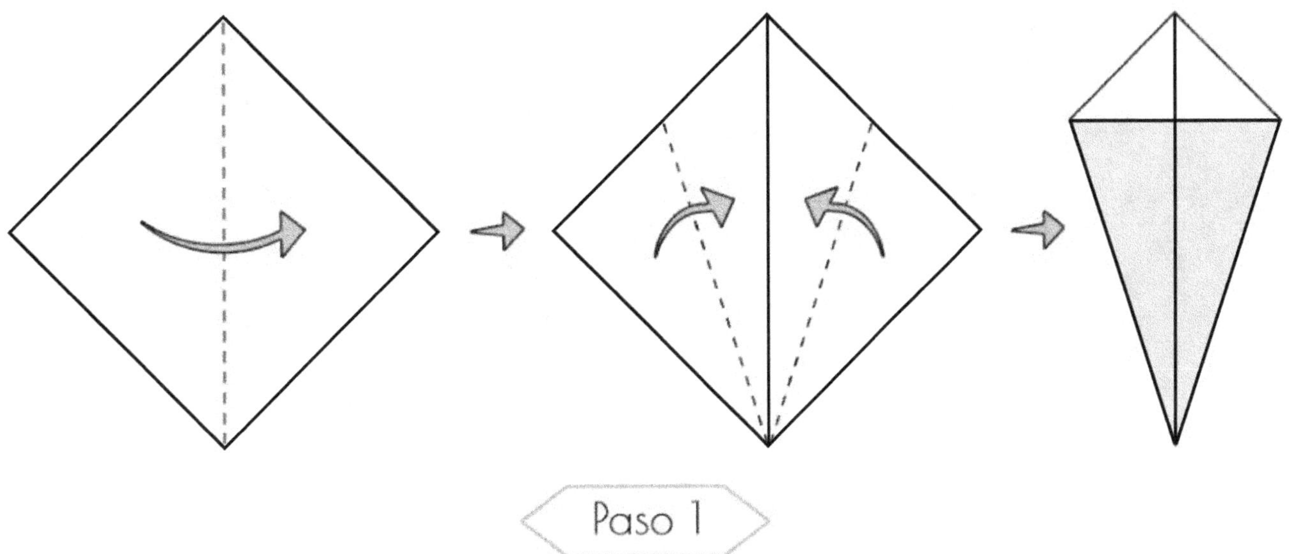

Dobla a lo largo de una diagonal y desdobla. Después lleva la parte inferior de las esquinas laterales hasta esa línea que acabas de hacer.

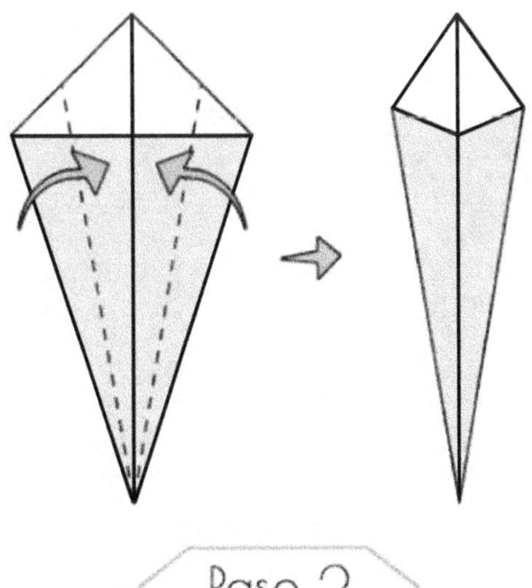

Vuelve a llevar la parte inferior de las esquinas laterales hasta esa línea.

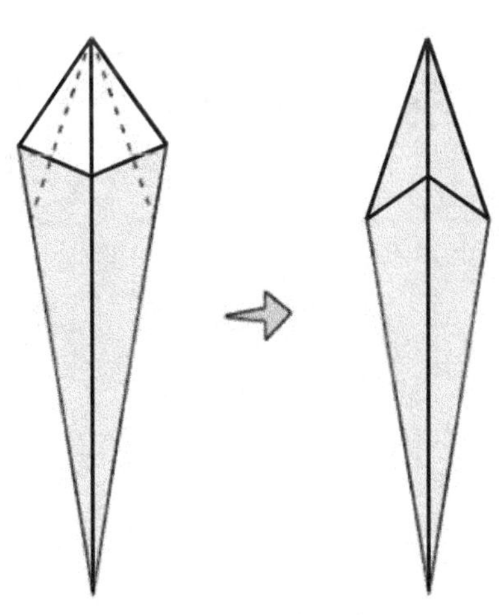

Ahora dobla la parte superior de las esquinas laterales hacia la misma línea.

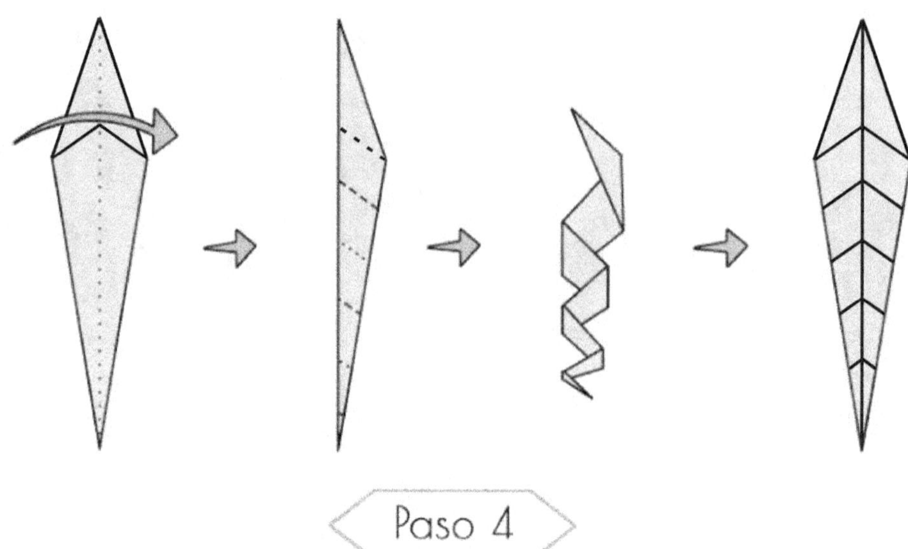

Dobla por la mitad hacia atrás y alterna dobleces valle y montaña, desde la cabeza hasta llegar a la cola. Cuando termines, desdobla.

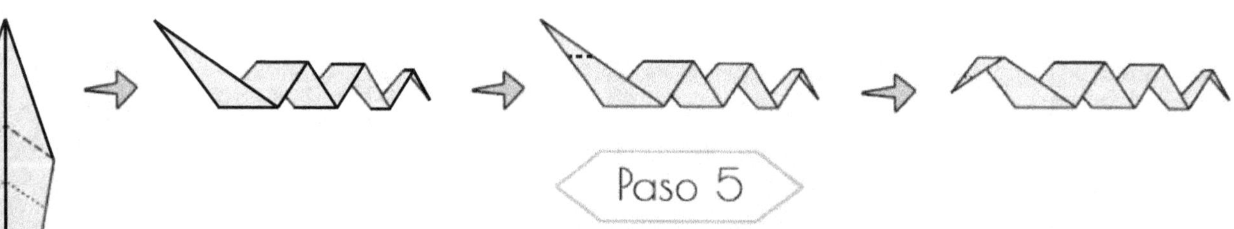

Sigue los pliegues que acabas de hacer y alterna dobleces valle y montaña como se muestra. Después dobla la cabeza hacia abajo con un doblez valle y la punta hacia dentro con uno montaña.

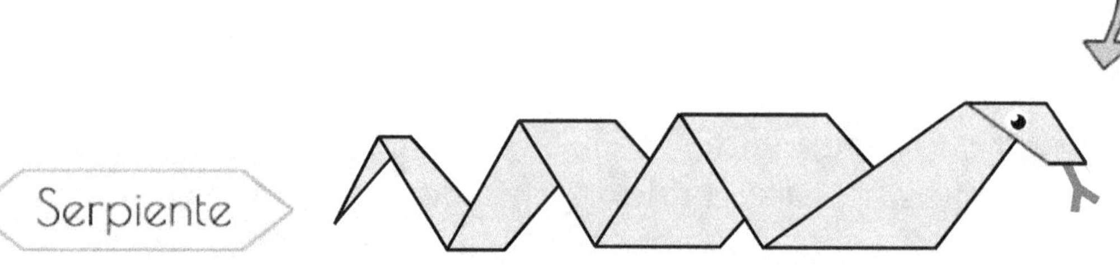

Helado

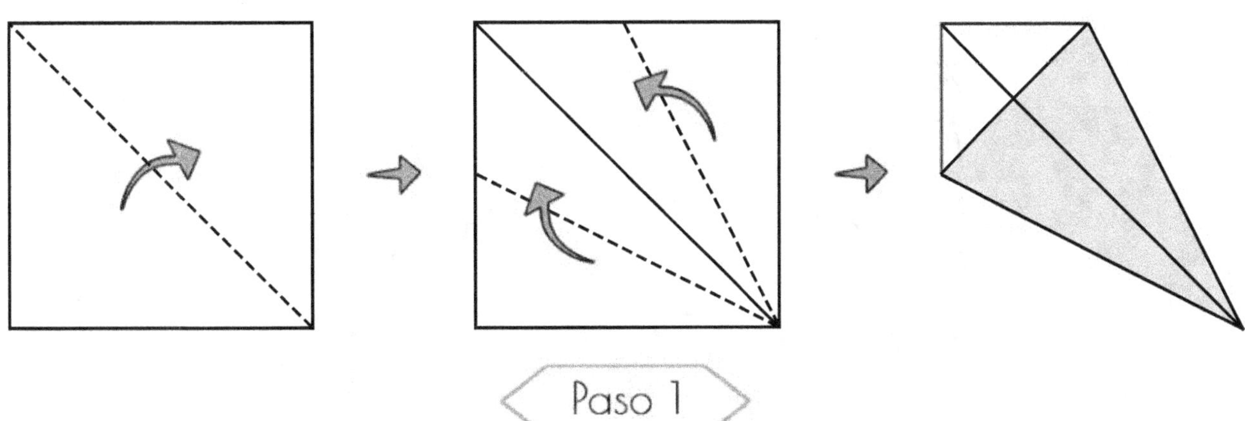

Dobla a lo largo de una diagonal y desdobla, después lleva las esquinas superior derecha e inferior izquierda hacia esa diagonal.

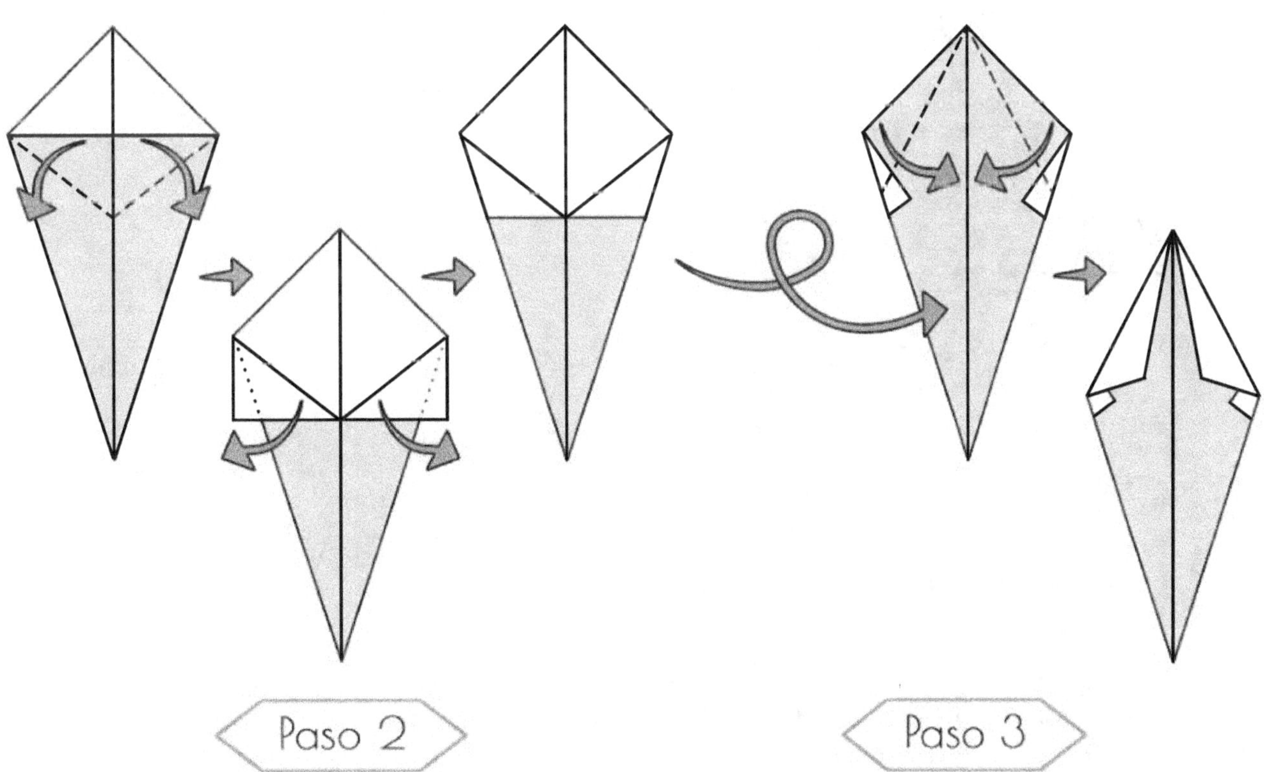

Dobla las esquinas de ambas solapas hacia fuera, de forma que sus bordes inferiores terminen estando horizontales. Después dobla la parte que sobresale a los lados hacia atrás.

Dale la vuelta a la figura y dobla las esquinas laterales hacia la línea media, pero sin llegar a tocarla, como se muestra.

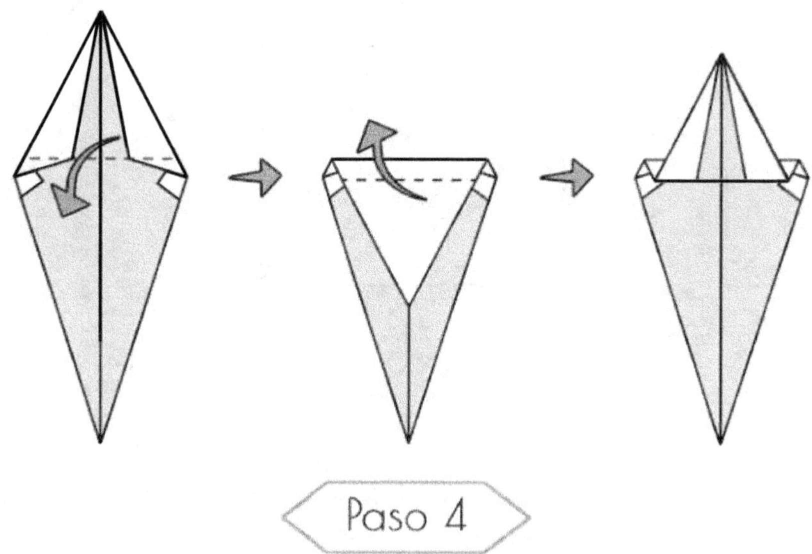

Paso 4

Dobla la parte superior de la figura hacia
abajo y después de nuevo hacia arriba.

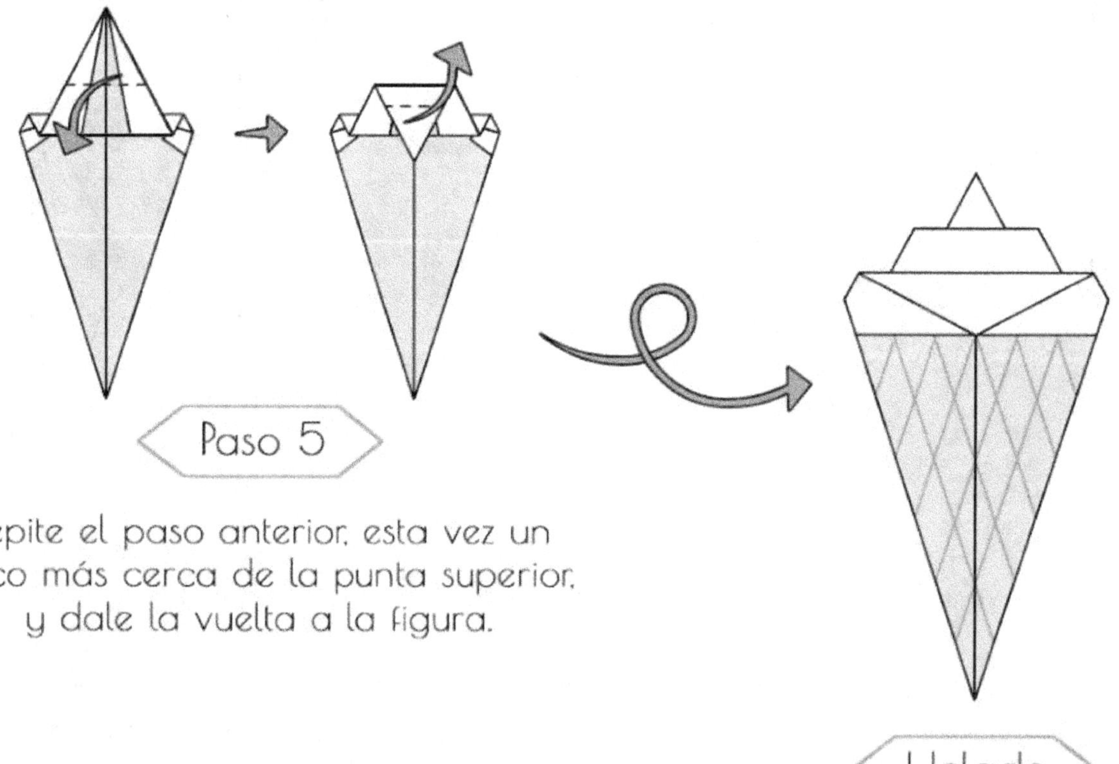

Paso 5

Repite el paso anterior, esta vez un
poco más cerca de la punta superior,
y dale la vuelta a la figura.

Helado

Mariposa

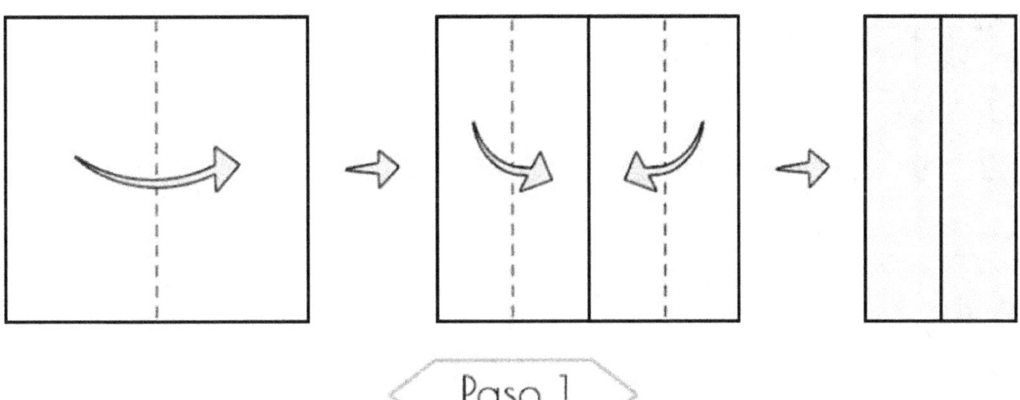

Dobla por la mitad verticalmente y desdobla. Después dobla cada lado de nuevo por la mitad hacia dentro.

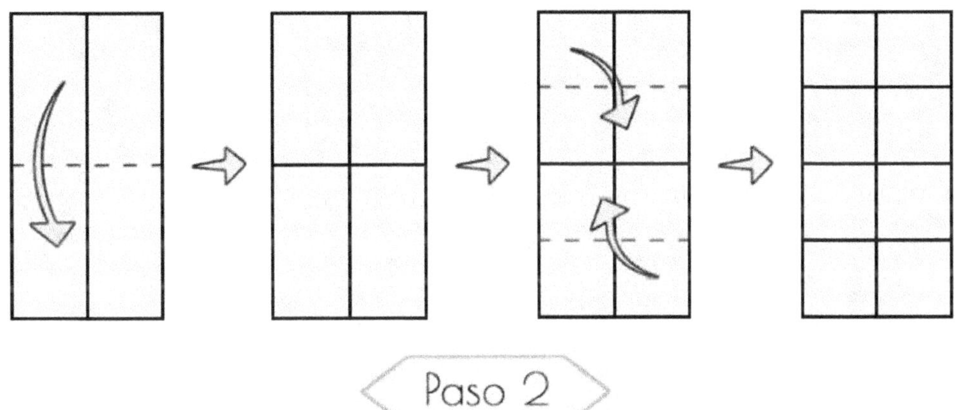

Dobla por la mitad horizontalmente y desdobla. Lleva los bordes superior e inferior hasta esa línea horizontal y desdobla de nuevo.

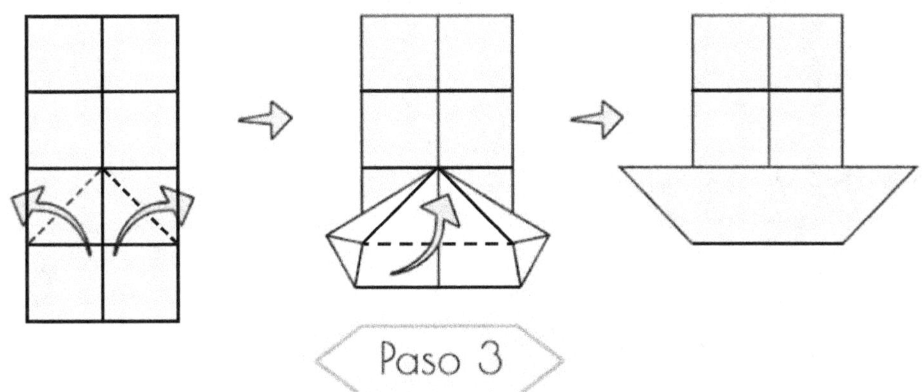

Empezando por abajo, dobla la 2ª sección diagonalmente hacia fuera. Verás que, al hacerlo, la capa inferior se dobla hacia arriba, así que presiónala para que el borde superior quede horizontal.

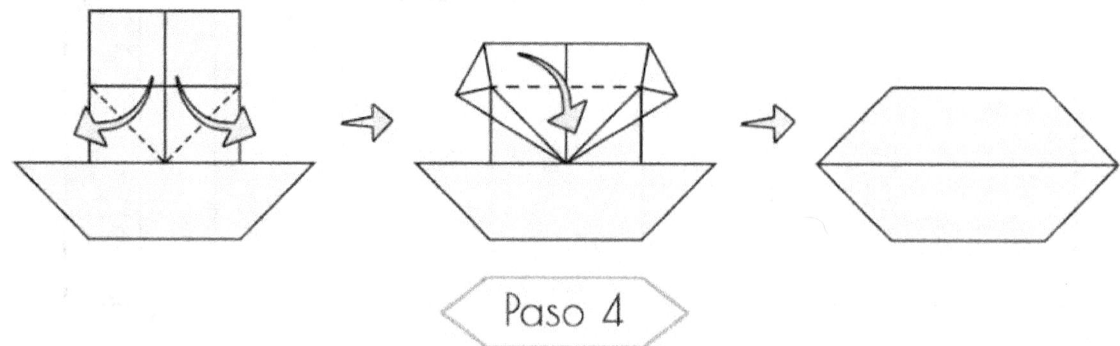

Paso 4

Repite el paso anterior en la parte superior de la figura.

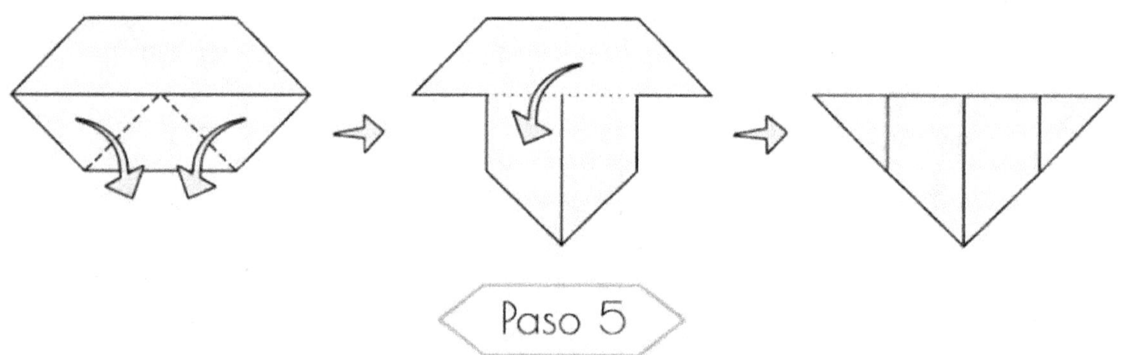

Paso 5

Dobla los lados de la mitad inferior hacia abajo.
Después dobla la mitad superior hacia atrás.

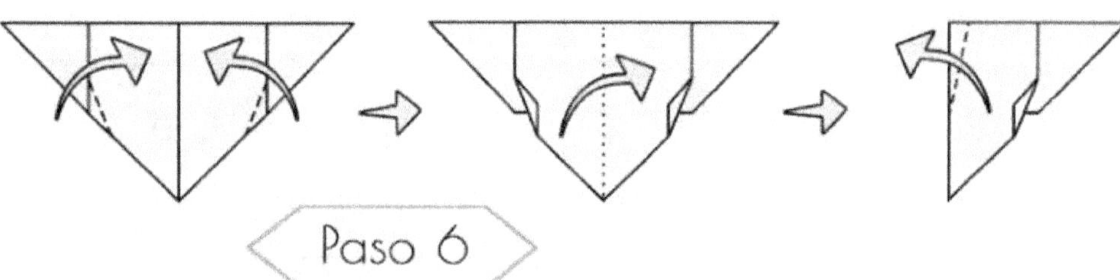

Paso 6

Dobla los lados de la capa superior
hacia dentro. Después dobla la figura
por la mitad y haz un doblez en la
mitad superior como se muestra. Por
último, desdobla ambas mitades, pero
manteniendo ese doblez que acabas
de hacer. Dale la vuelta a la figura.

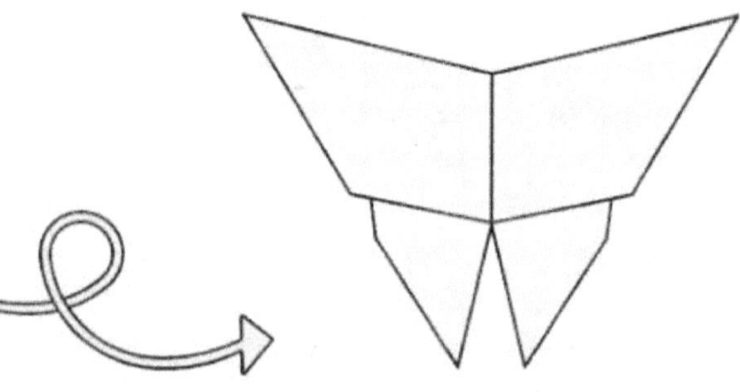

Mariposa

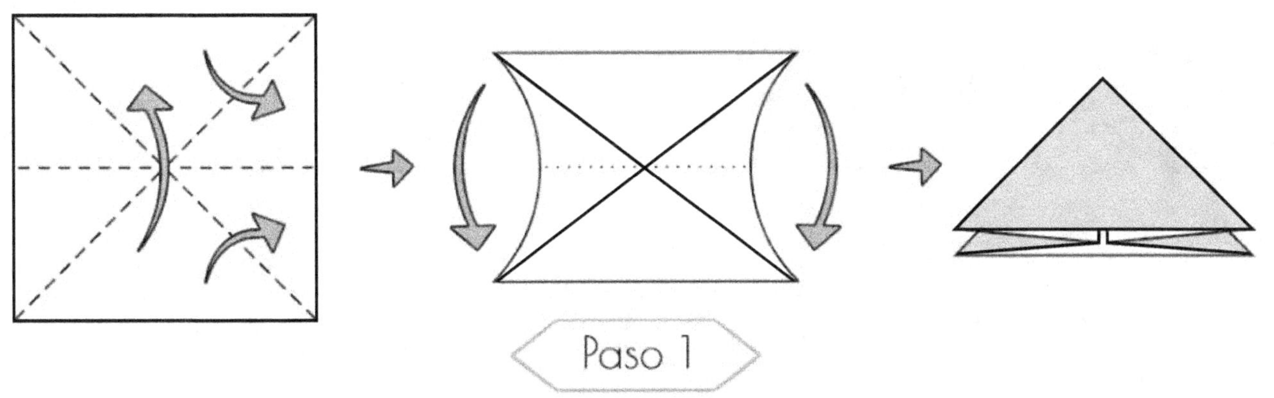

Paso 1

Dobla por la mitad horizontalmente y a lo largo de ambas diagonales y desdobla. Después lleva ambos lados hacia el centro de la figura y presiona los bordes para formar un triángulo

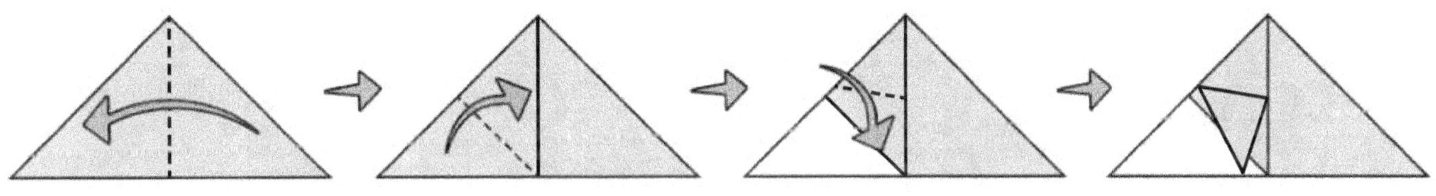

Paso 2

Dobla el lado derecho de la capa superior hacia la izquierda y hacia arriba por la mitad. Después dóblalo hacia abajo en ángulo para que sobresalga la puntita inferior.

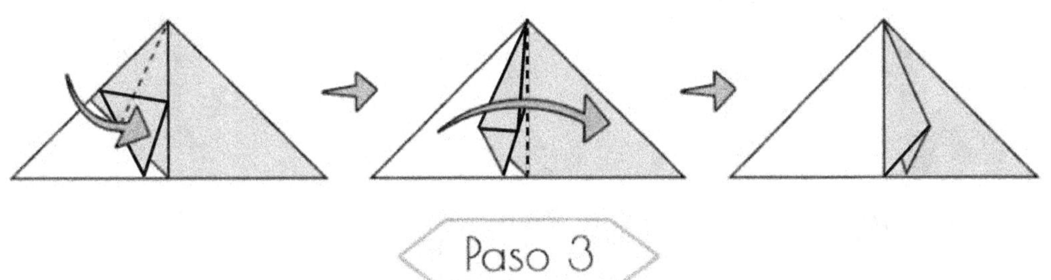

Paso 3

Dobla esa misma sección hasta la línea media y vuelve a llevarla hacia el lado derecho, de manera que vuelva a su posición inicial.

Murciélago

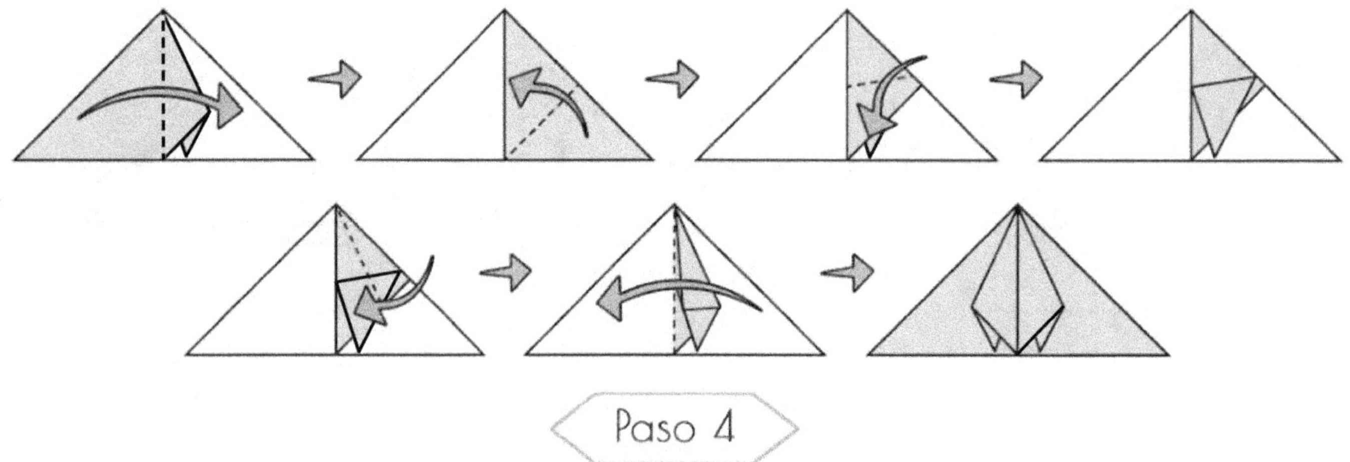

Paso 4

Repite los pasos 2 y 3 en el lado izquierdo.

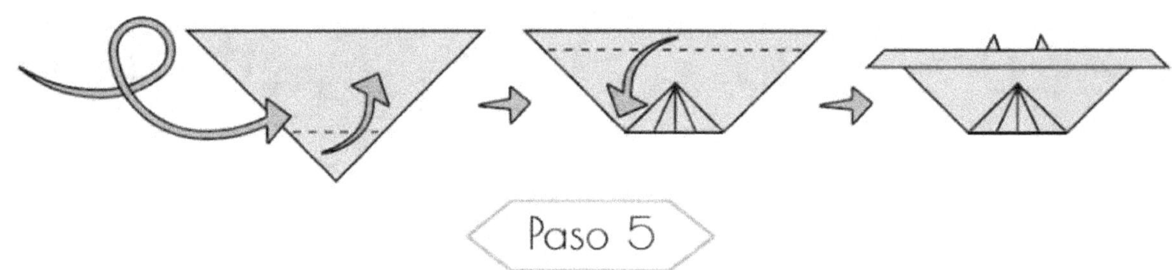

Paso 5

Dale la vuelta a la figura y dobla la esquina inferior hacia arriba. Después dobla el borde superior hacia abajo, dejando las dos puntitas sin doblar.

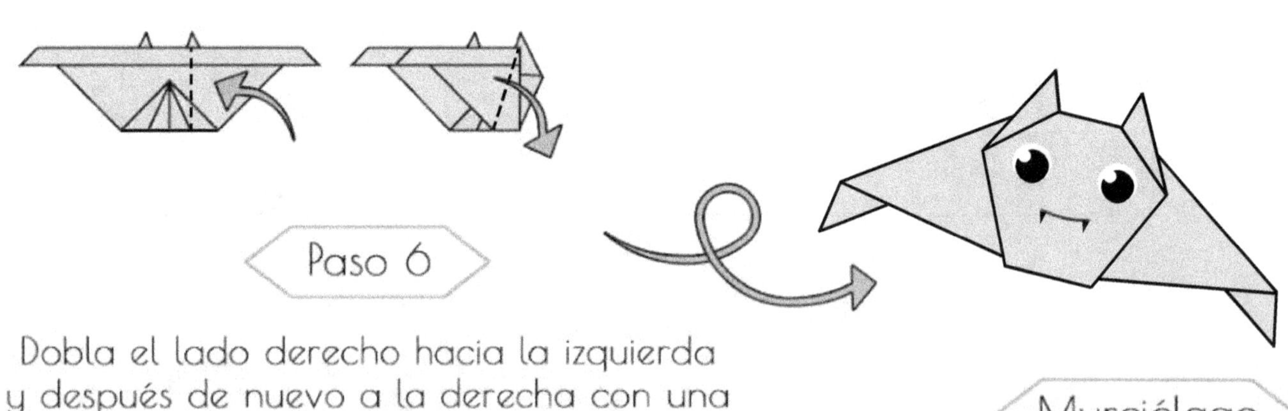

Paso 6

Dobla el lado derecho hacia la izquierda y después de nuevo a la derecha con una pequeña inclinación. Repite en el otro lado y dale la vuelta a la figura.

Murciélago

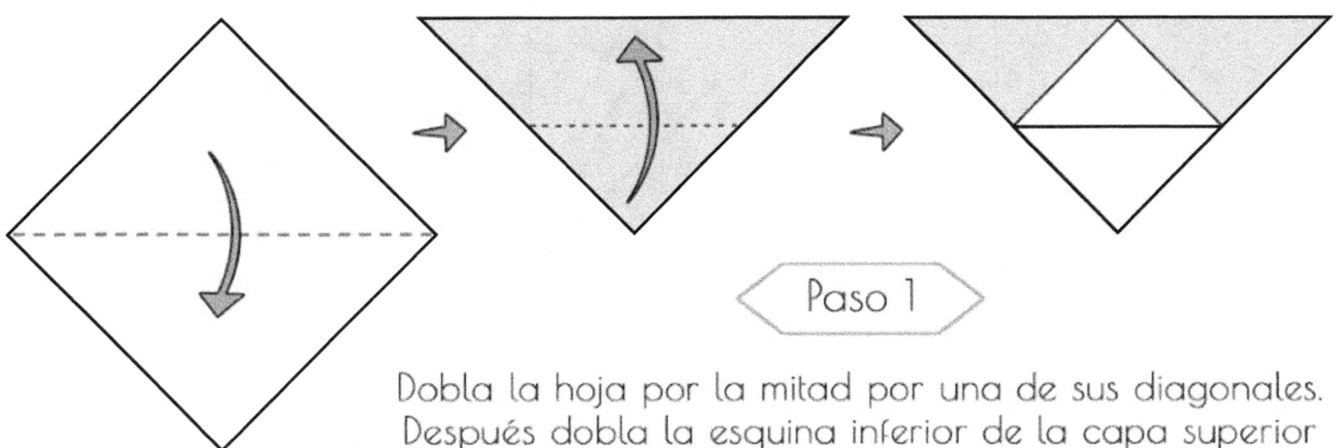

Dobla la hoja por la mitad por una de sus diagonales. Después dobla la esquina inferior de la capa superior hacia arriba hasta llegar al borde superior.

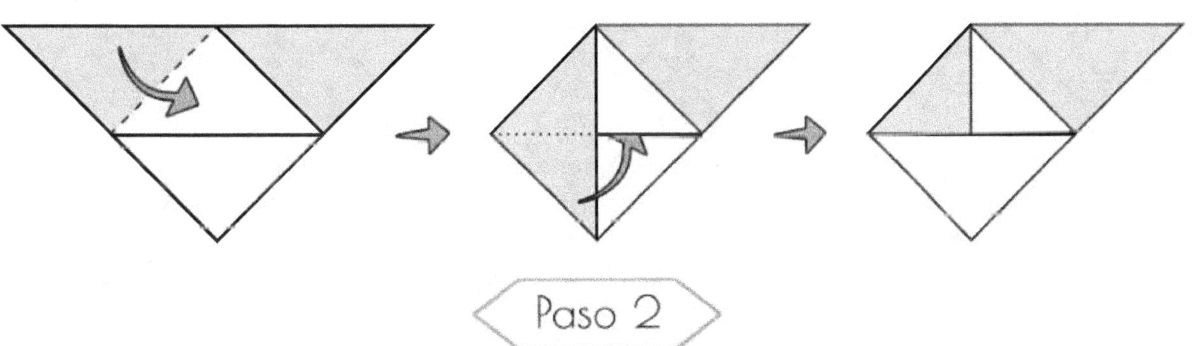

Dobla la esquina izquierda hacia abajo, después dóblala de nuevo hacia arriba e introdúcela por debajo del doblez que hiciste en el paso anterior.

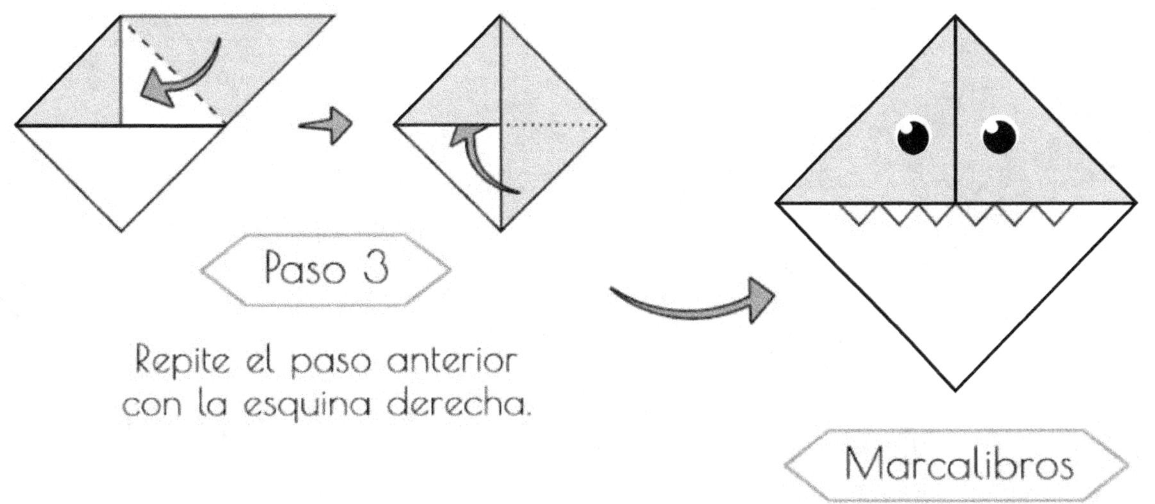

Repite el paso anterior con la esquina derecha.

Ballena

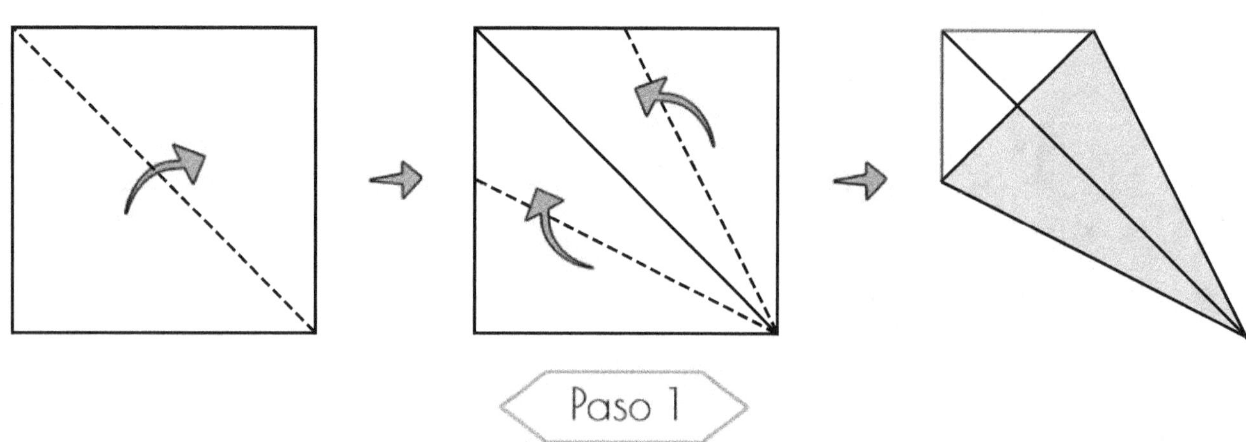

Dobla a lo largo de una diagonal y desdobla, después lleva las esquinas superior derecha e inferior izquierda hacia esa diagonal.

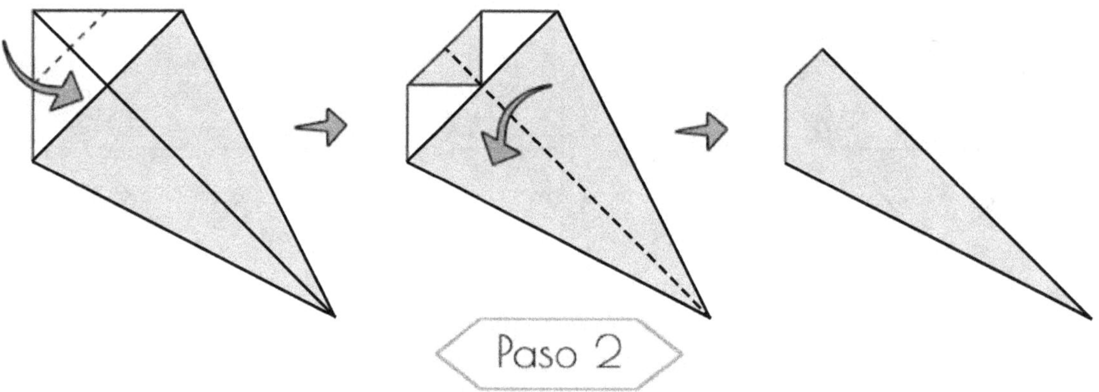

Dobla la esquina superior izquierda hasta el borde de las solapas que doblaste en el paso anterior, después dobla la figura por la mitad.

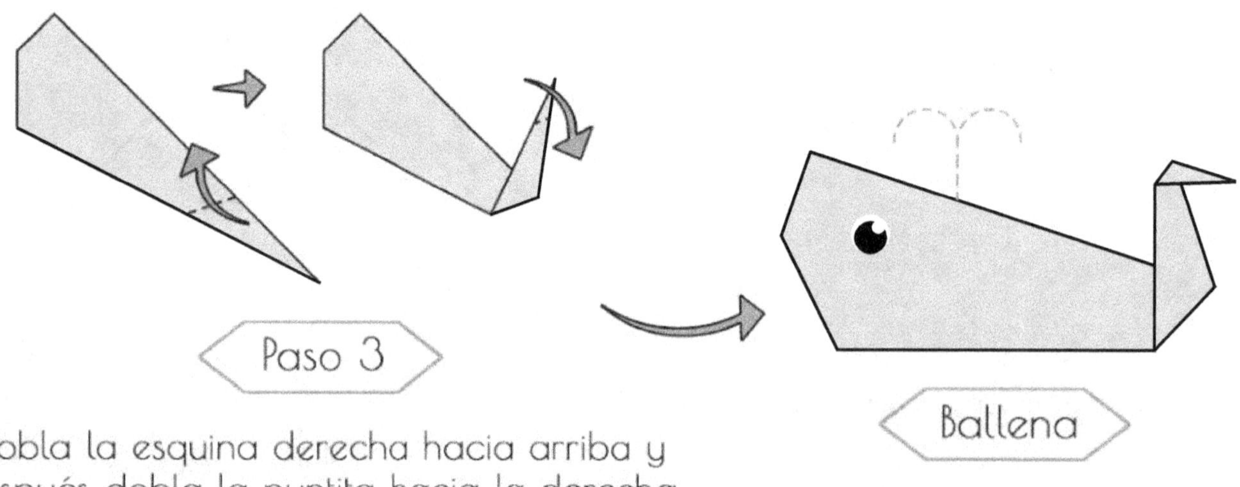

Dobla la esquina derecha hacia arriba y después dobla la puntita hacia la derecha.

Delfín

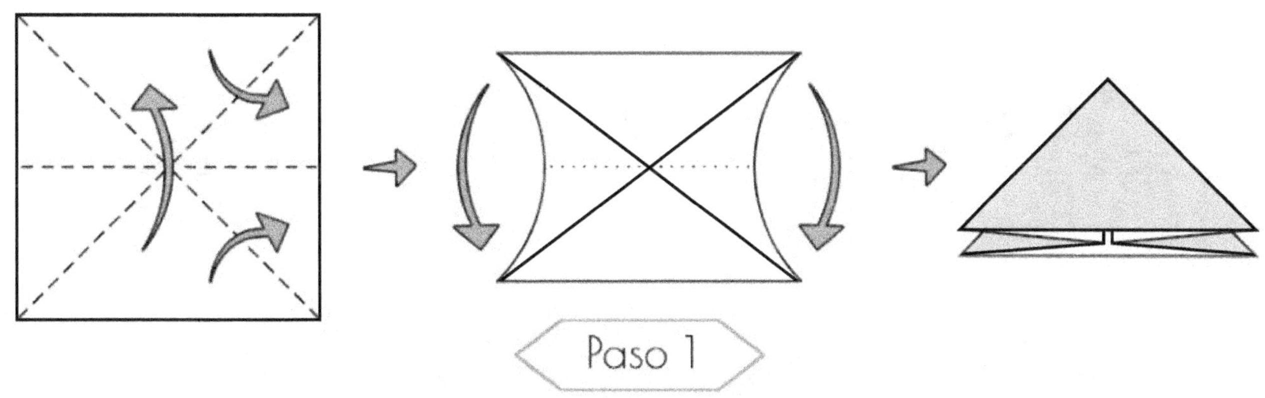

Paso 1

Dobla por la mitad horizontalmente y a lo largo de ambas diagonales y desdobla. Después lleva ambos lados hacia el centro de la figura y presiona los bordes para formar un triángulo.

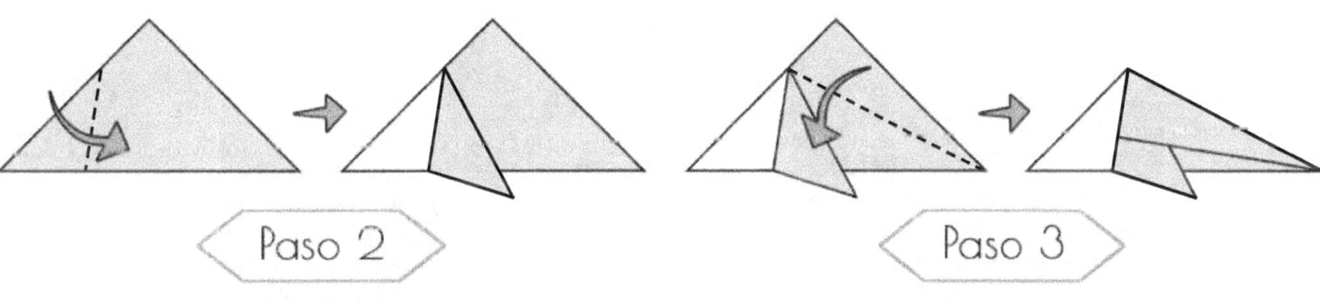

Paso 2

Dobla la esquina izquierda hacia dentro en ángulo, de forma que solo la puntita sobresalga por el borde inferior.

Paso 3

Dobla la parte superior derecha de la figura hacia abajo, por encima de la solapa que acabas de hacer.

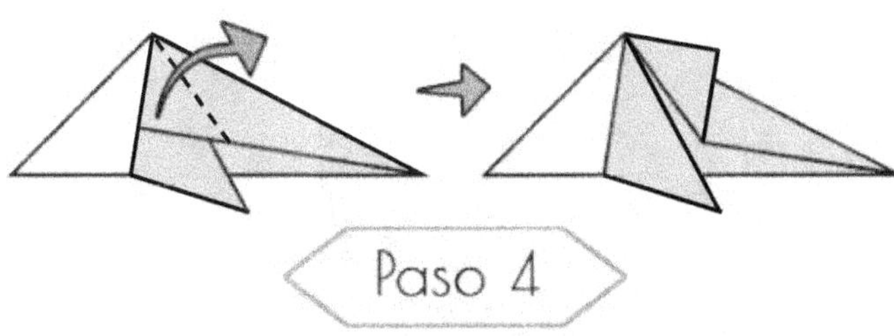

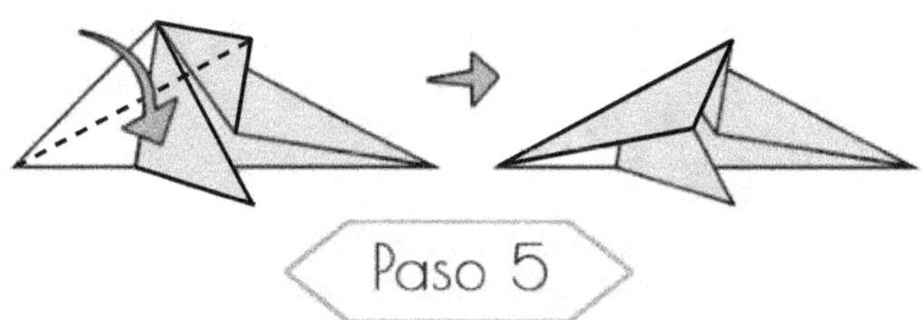

Paso 4

Dobla hacia arriba la esquina izquierda del pliegue del paso anterior para que la punta sobresalga por la parte superior.

Paso 5

Dobla hacia abajo la parte superior izquierda siguiendo la línea que une la esquina izquierda de la figura con la punta que sobresale por el borde superior.

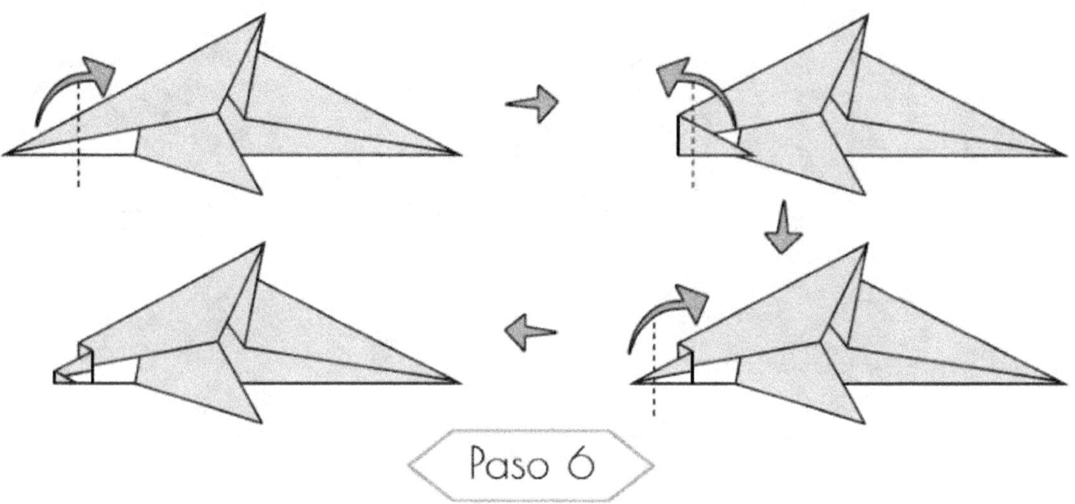

Dobla el extremo izquierdo hacia dentro, hacia fuera y de nuevo hacia dentro para hacer el morro del delfín.

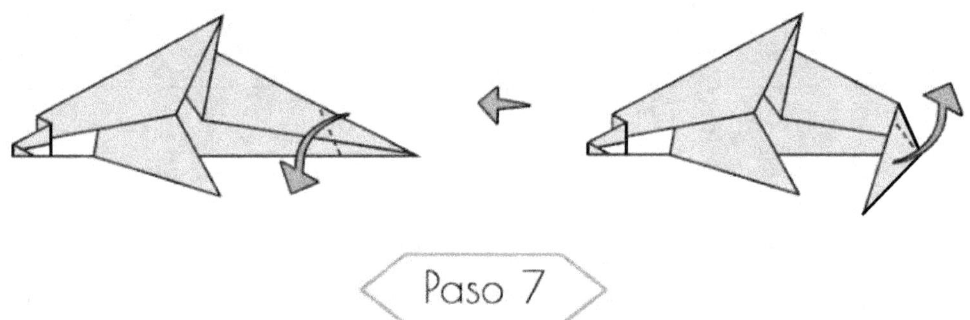

Dobla el extremo derecho hacia abajo para que sobresalga por el borde inferior. Ahora viene la parte más complicada: en esa esquina hay dos capas de papel superpuestas, deja la capa inferior tal como está y dobla hacia arriba solamente la capa superior. Después dale la vuelta a la figura.

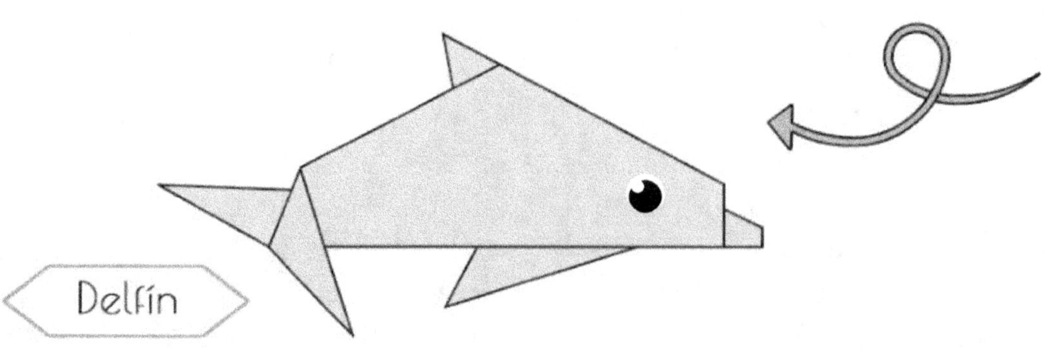

Pájaro

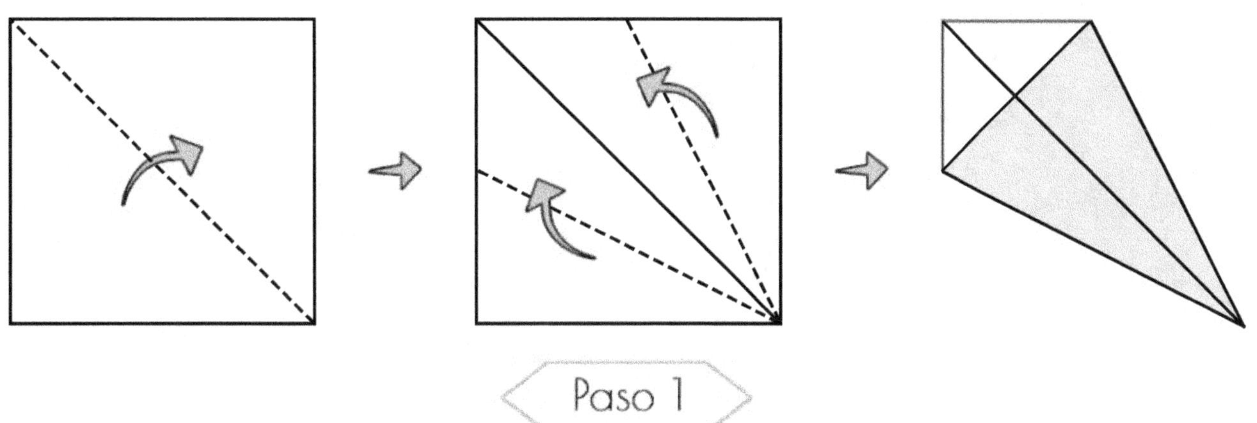

Dobla a lo largo de una diagonal y desdobla, después lleva las
esquinas superior derecha e inferior izquierda hacia esa diagonal.

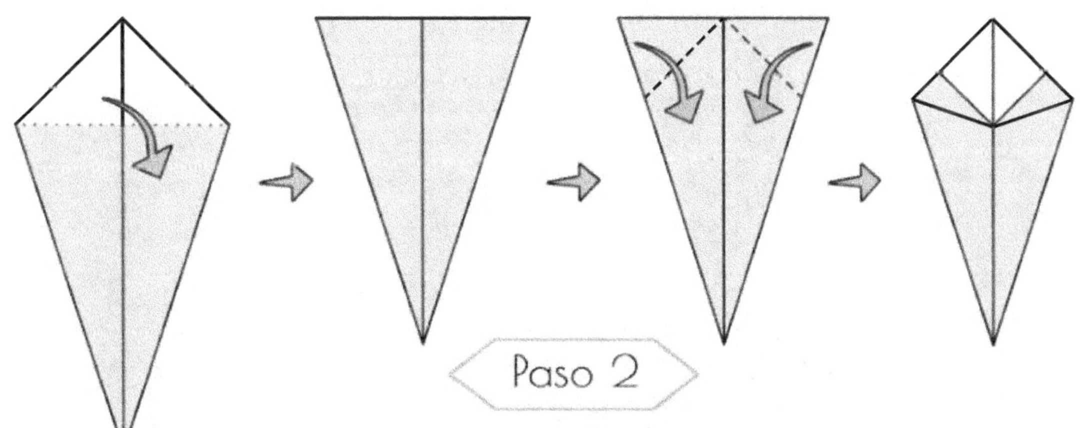

Dobla la esquina superior hacia atrás y
después dobla ambas esquinas laterales hacia delante hasta la línea media.

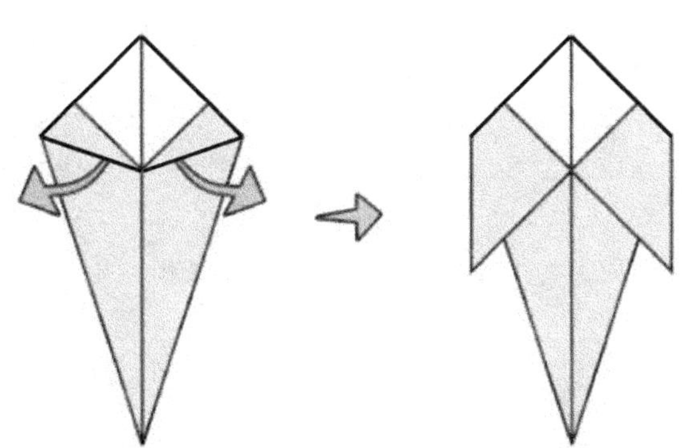

Las solapas del paso 1 están justo
debajo de los dobleces del paso 2.
Desdóblalas diagonalmente para
que sobresalgan a los lados y
apunten hacia abajo.

Pájaro

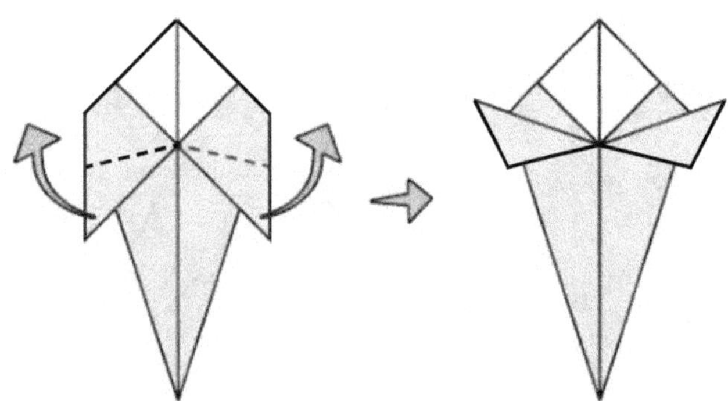

Dobla hacia arriba las puntitas
a ambos lados de la figura.

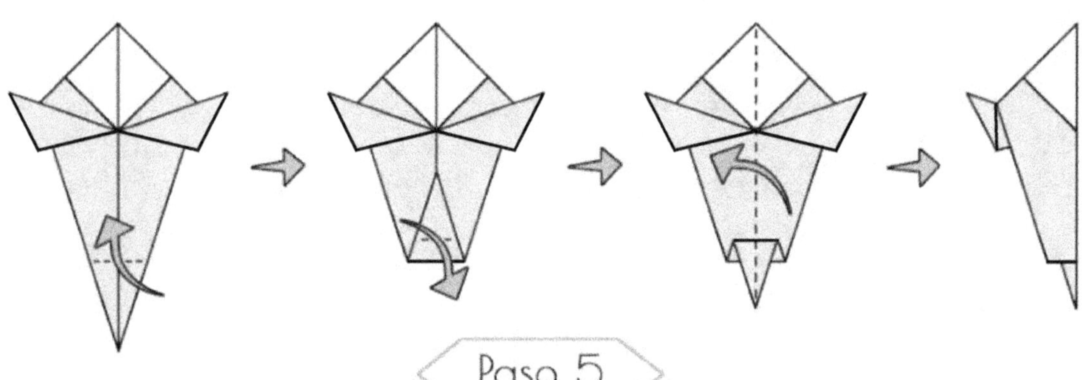

Dobla la esquina inferior hacia arriba y de nuevo
hacia abajo. Después dobla la figura por la mitad.

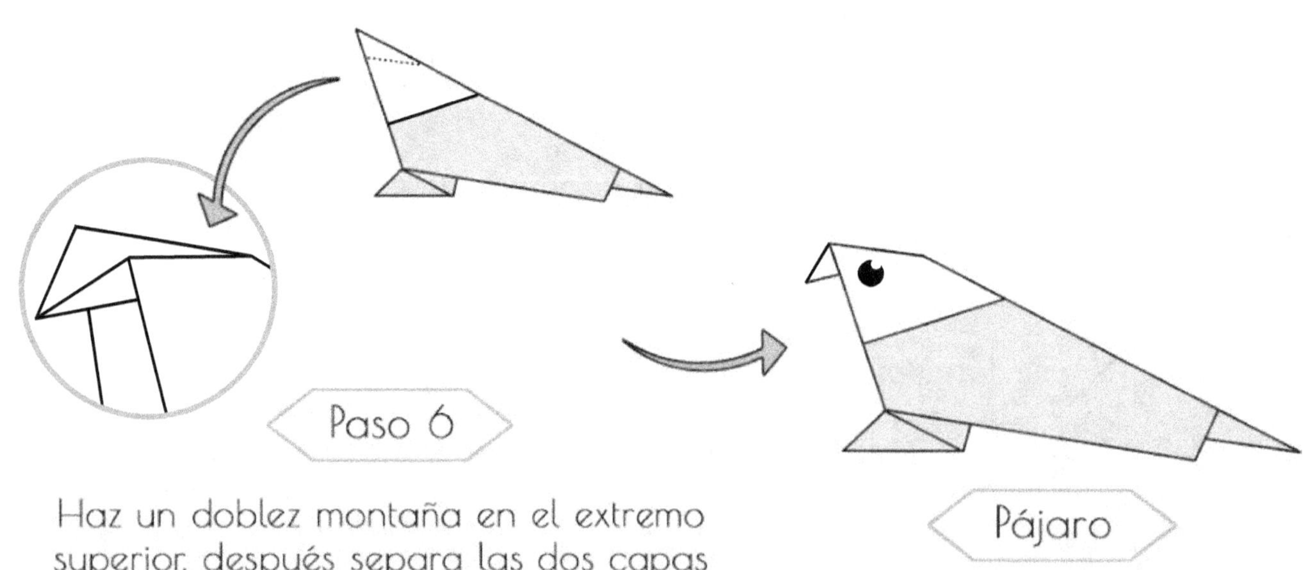

Haz un doblez montaña en el extremo
superior, después separa las dos capas
de papel y presiona la punta hacia abajo
para colocarla entre ellas. Esto se llama
doblez o pliegue inverso interior.

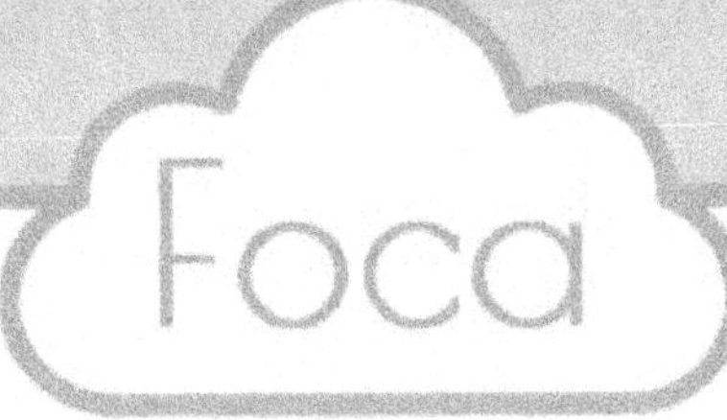

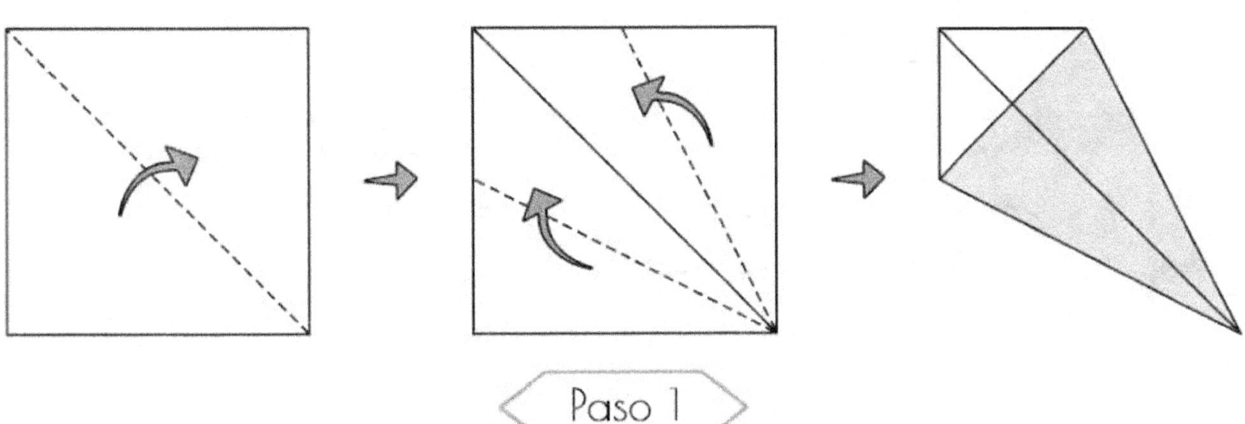

Dobla a lo largo de una diagonal y desdobla, después lleva las esquinas superior derecha e inferior izquierda hacia esa diagonal.

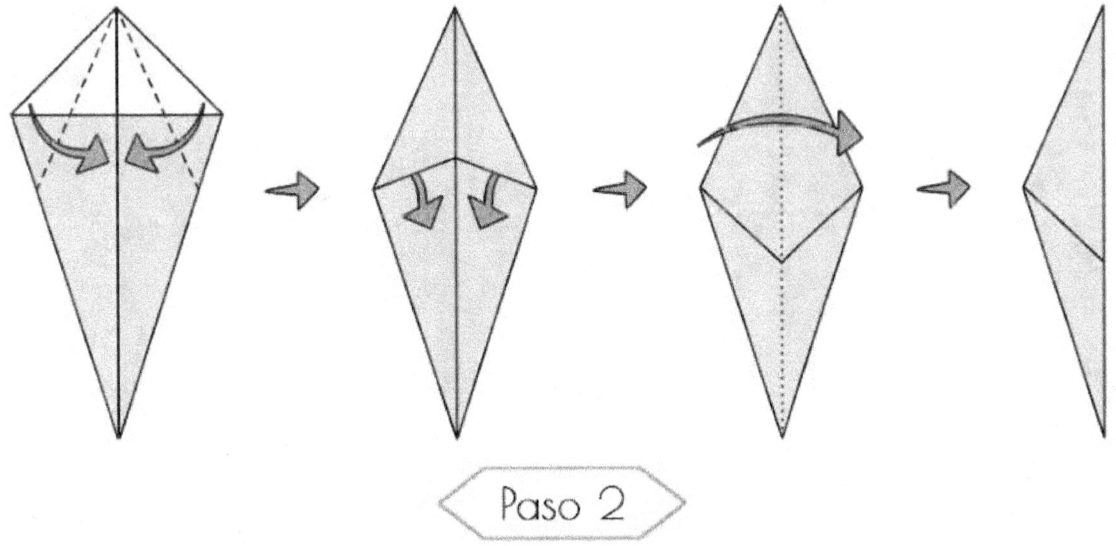

Dobla los lados hacia abajo hasta la línea media. Después desdobla las solapas del paso anterior que están justo debajo para que queden paralelas a la línea media. Por último, dobla toda la figura por la mitad.

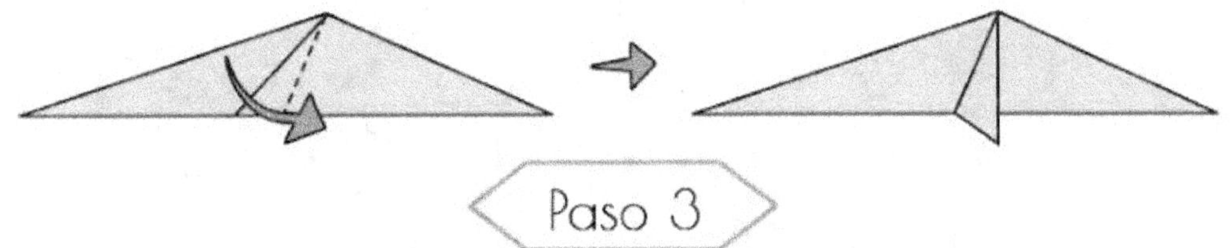

Dobla las solapas a ambos lados hasta que sus bordes sean verticales.

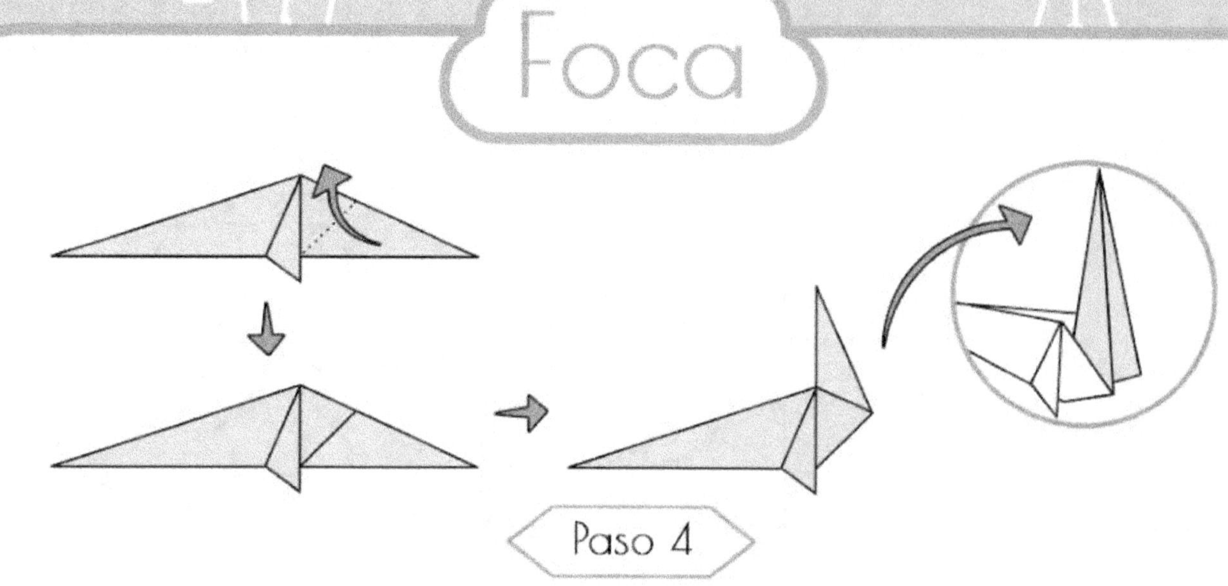

Dobla el lado derecho hacia arriba, desdobla, y sigue esa línea para hacer un doblez inverso interior (debe quedar entre las capas del papel).

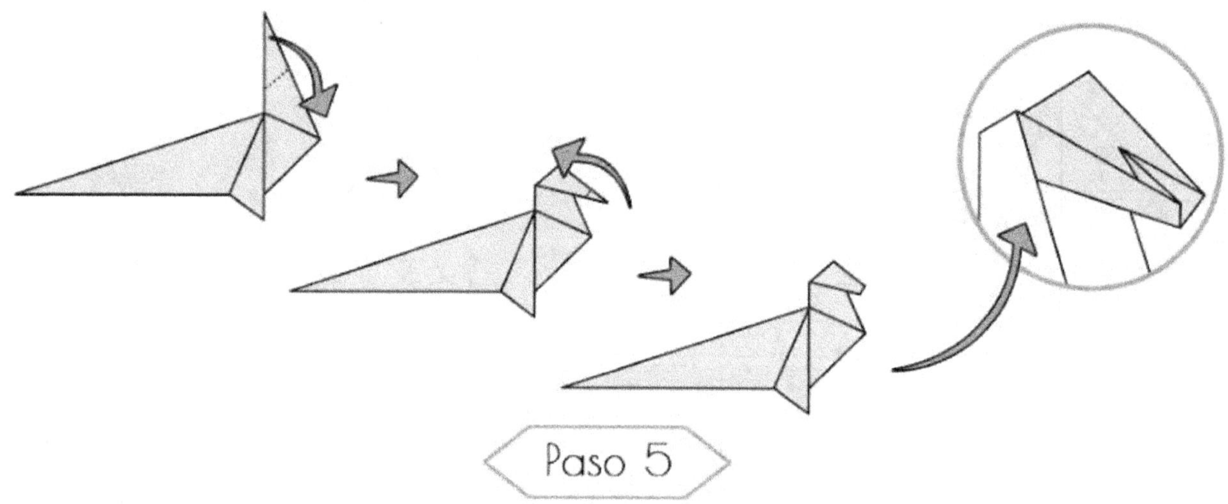

Dobla la parte superior de esa sección hacia abajo y desdobla, después haz otro doblez inverso interior usando esa línea. Repite en el extremo derecho.

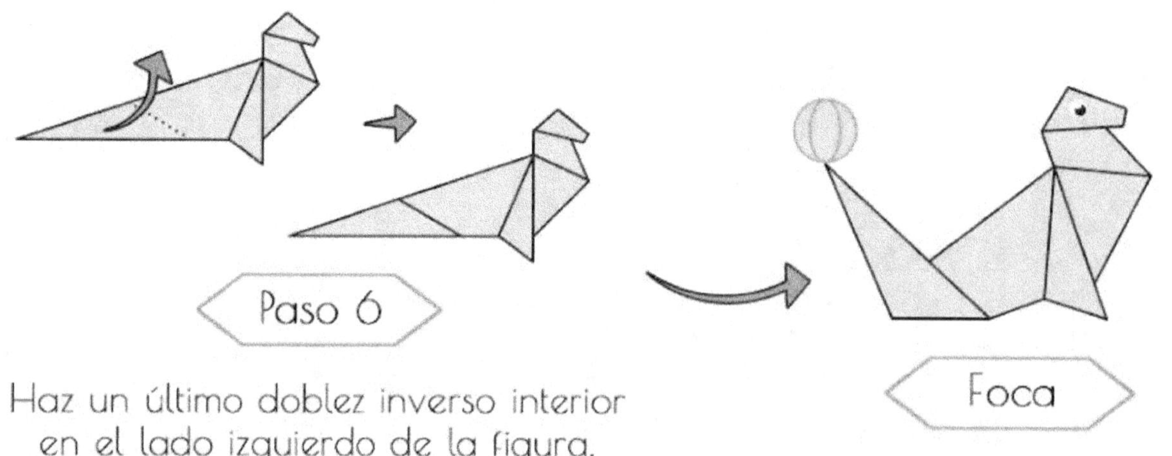

Haz un último doblez inverso interior en el lado izquierdo de la figura.

Grulla

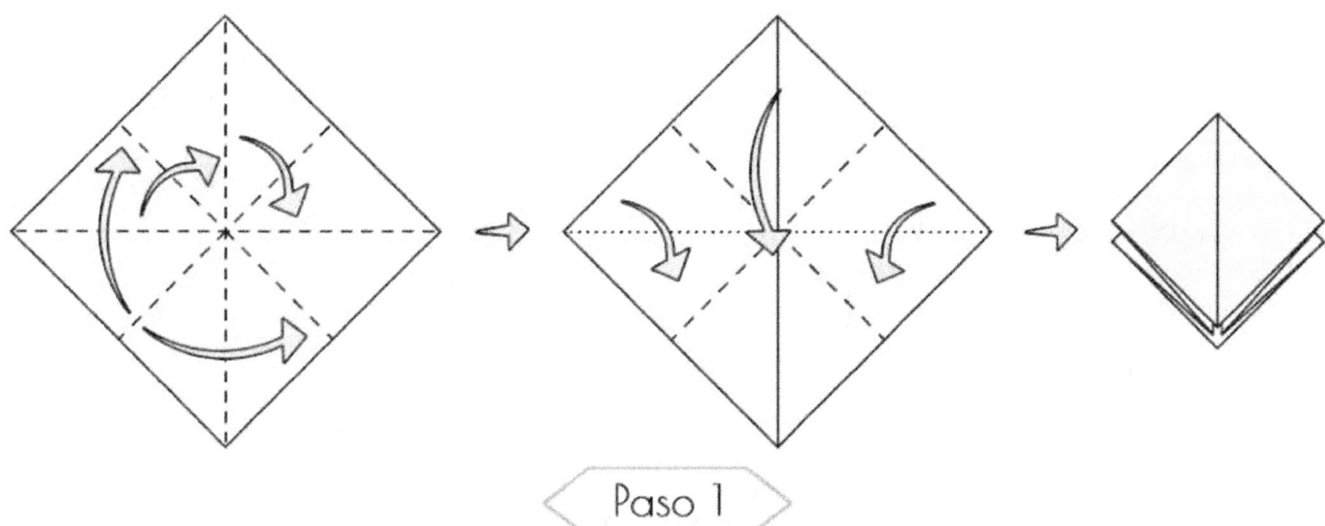

Dobla la hoja a lo largo de su vertical, horizontal y diagonales, y desdobla. Después dobla la esquina superior hacia abajo y los laterales hacia dentro para que la figura se cierre formando un cuadrado más pequeño.

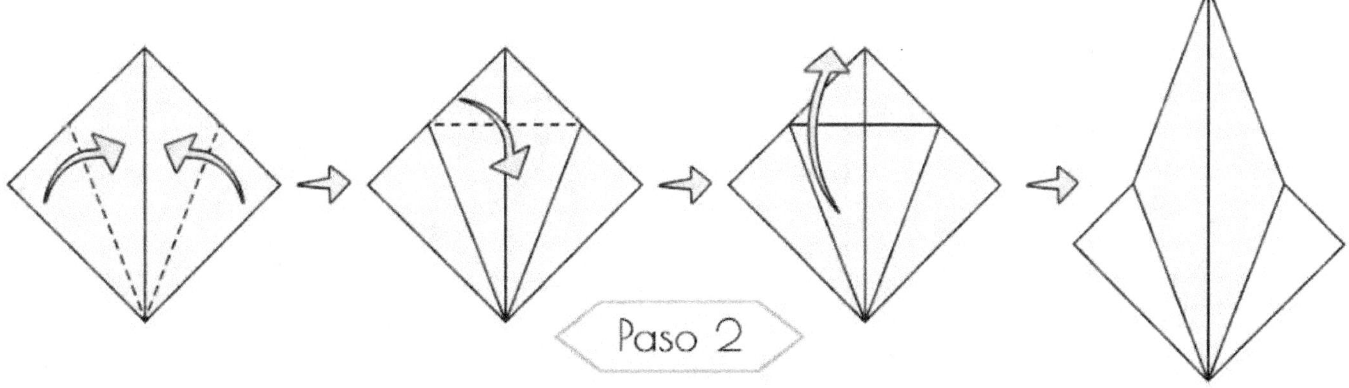

Dobla los lados hacia la línea media, desdobla, dobla la esquina superior hacia abajo y desdobla de nuevo. Después tira de la esquina inferior hacia arriba para desplegarla siguiendo esas líneas.

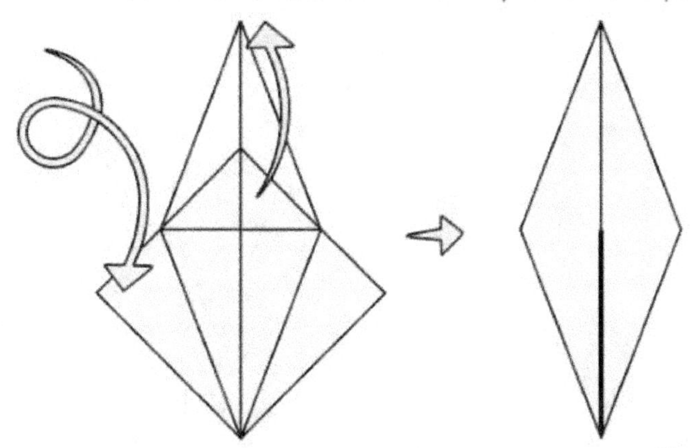

Dale la vuelta a la figura y repite el paso anterior en este lado. Fíjate en que queda una abertura en la mitad inferior de la línea media.

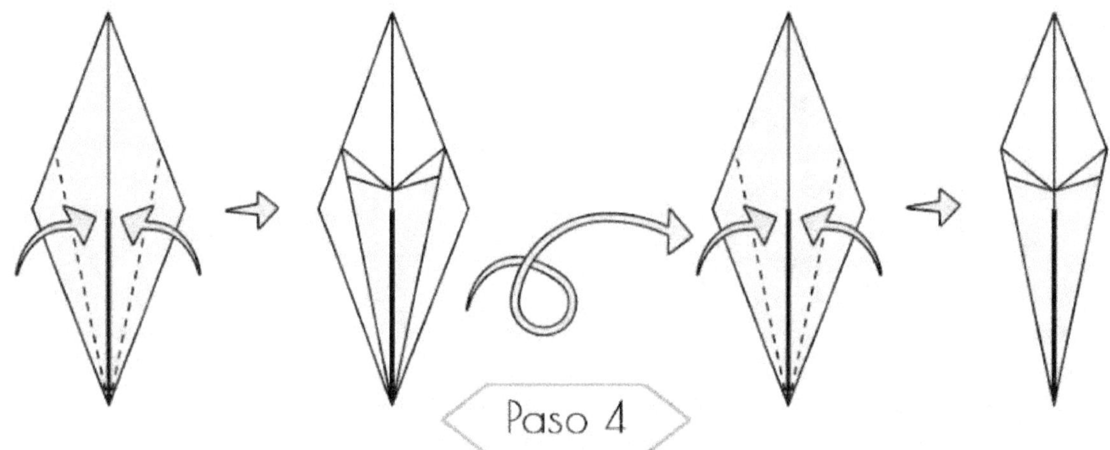

Paso 4

Dobla la parte inferior de los lados hacia la línea media,
después dale la vuelta a la figura y repite en el otro lado.

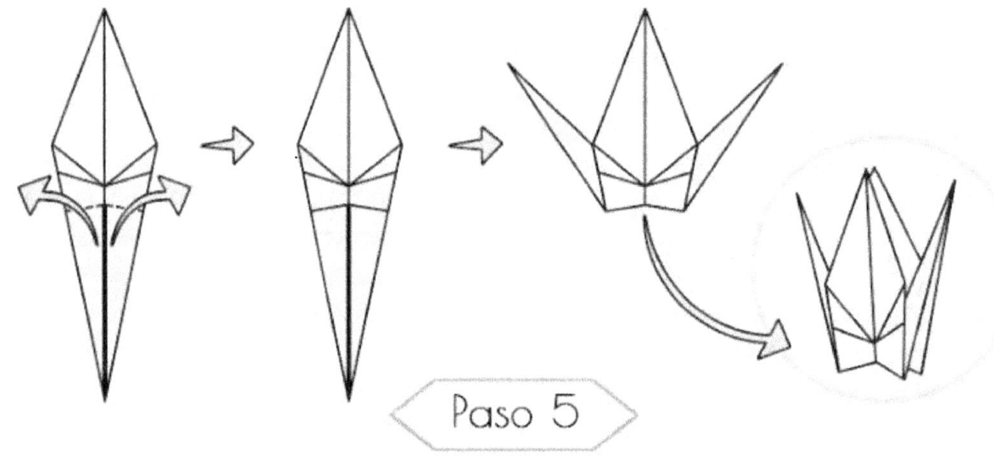

Paso 5

Dobla las puntas a los lados de la abertura en un pequeño ángulo y desdobla.
Haz un doblez inverso interior en cada una para que apunten hacia arriba.

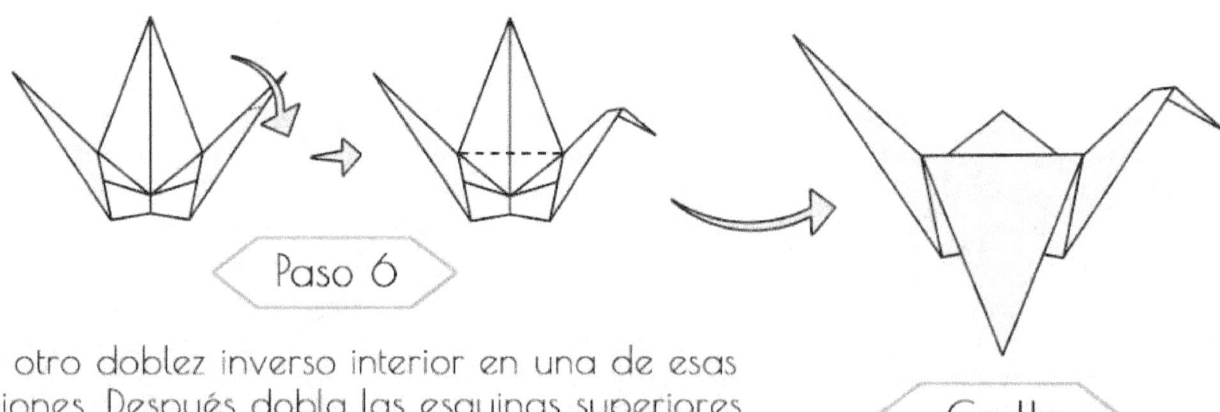

Paso 6

Haz otro doblez inverso interior en una de esas
secciones. Después dobla las esquinas superiores
hacia abajo.

Grulla

Caballito de Mar

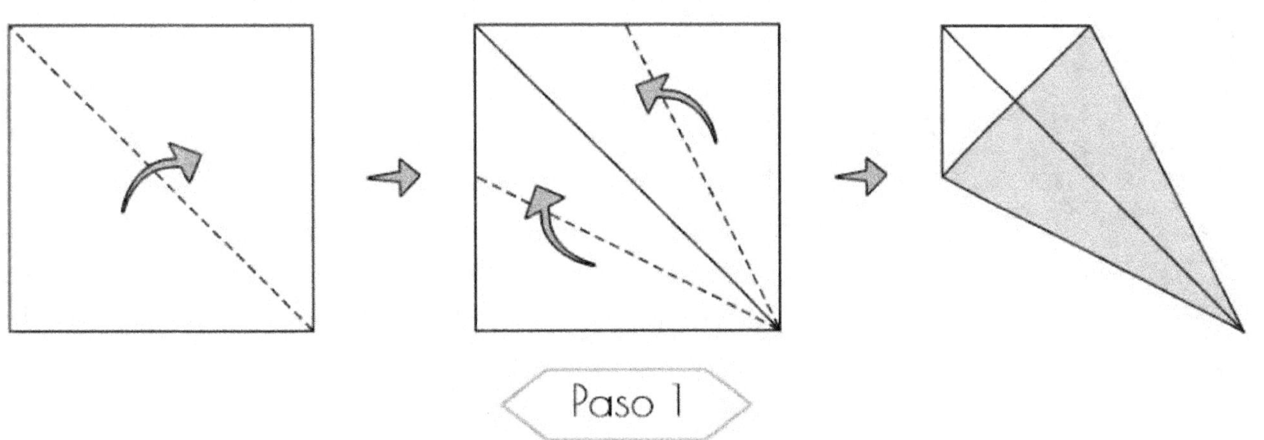

Dobla a lo largo de una diagonal y desdobla, después lleva las esquinas superior derecha e inferior izquierda hacia esa diagonal.

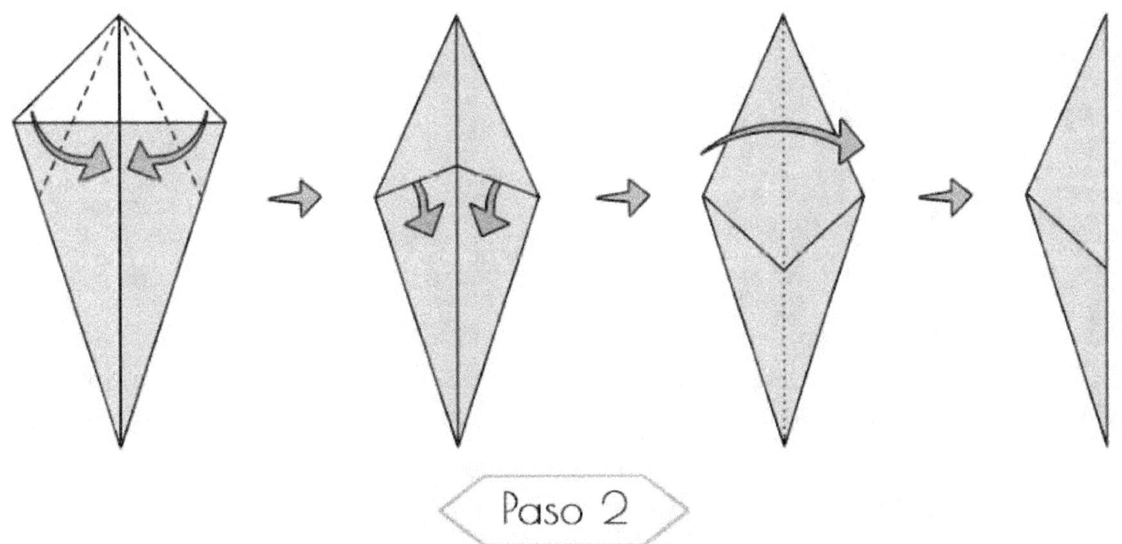

Dobla los lados hacia abajo. Después desdobla las solapas del paso anterior que están justo debajo para que queden paralelas a la línea media. Por último, dobla la figura por la mitad.

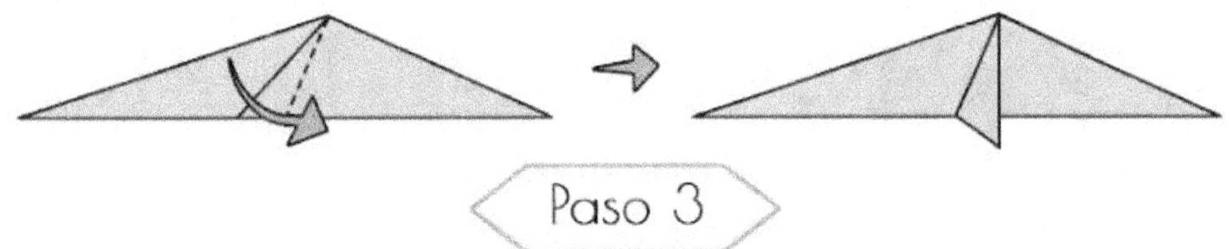

Dobla las solapas en ambos lados de la figura de forma que su borde quede vertical.

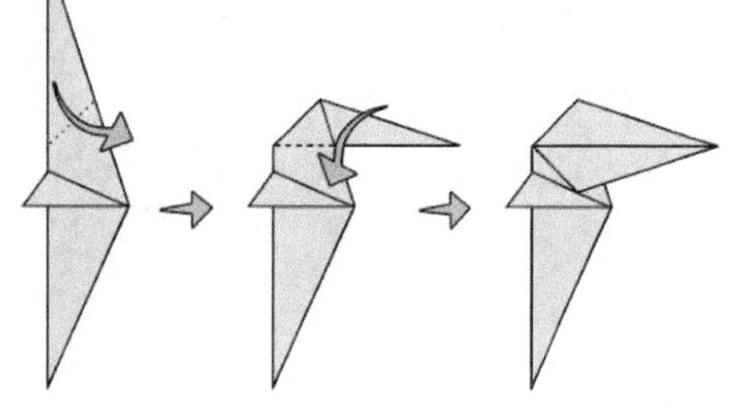

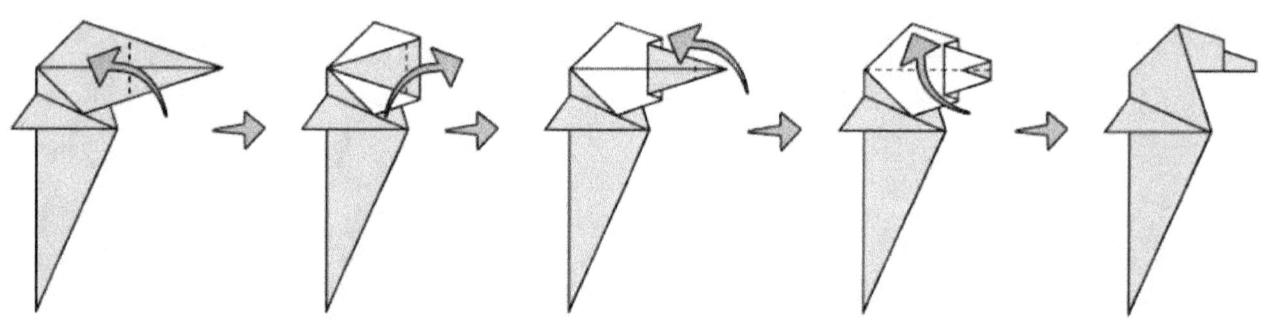

Paso 4

Haz un doblez inverso interior en la parte superior de la figura, después dobla la capa superior hacia abajo para abrirla.

Paso 5

Dobla hacia dentro por la mitad la sección que acabas de abrir y después hacia fuera, dejando un espacio entre ambos pliegues. Dobla la puntita hacia dentro de nuevo y cierra el doblez inverso interior, como se muestra.

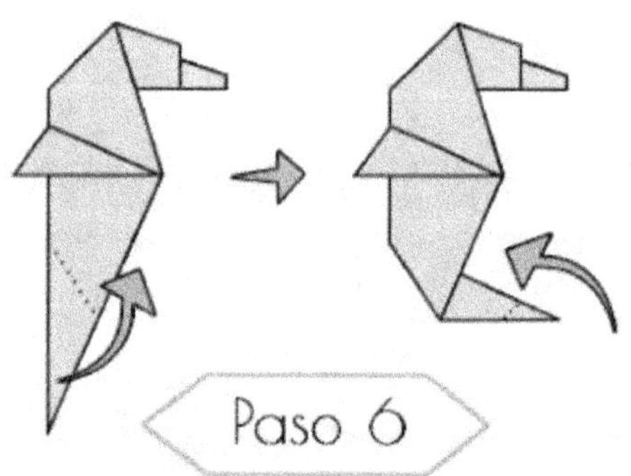

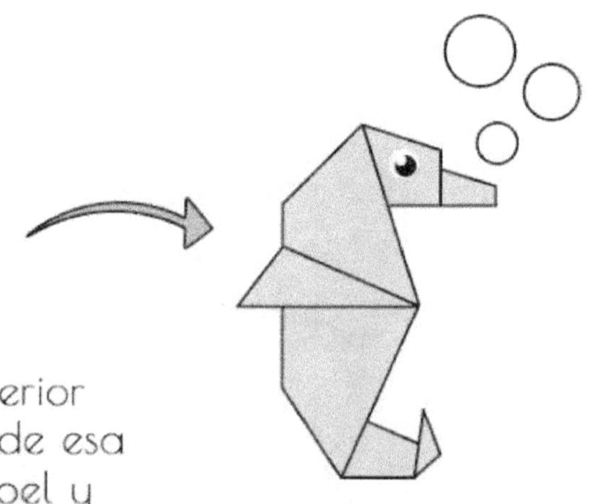

Caballito de Mar

Paso 6

Haz un doblez inverso interior en la parte inferior de la figura. Haz un pliegue valle en la punta de esa sección y desdobla. Separa las capas del papel y usa esa línea para doblarlas hacia arriba. Esto es un doblez o pliegue inverso exterior.

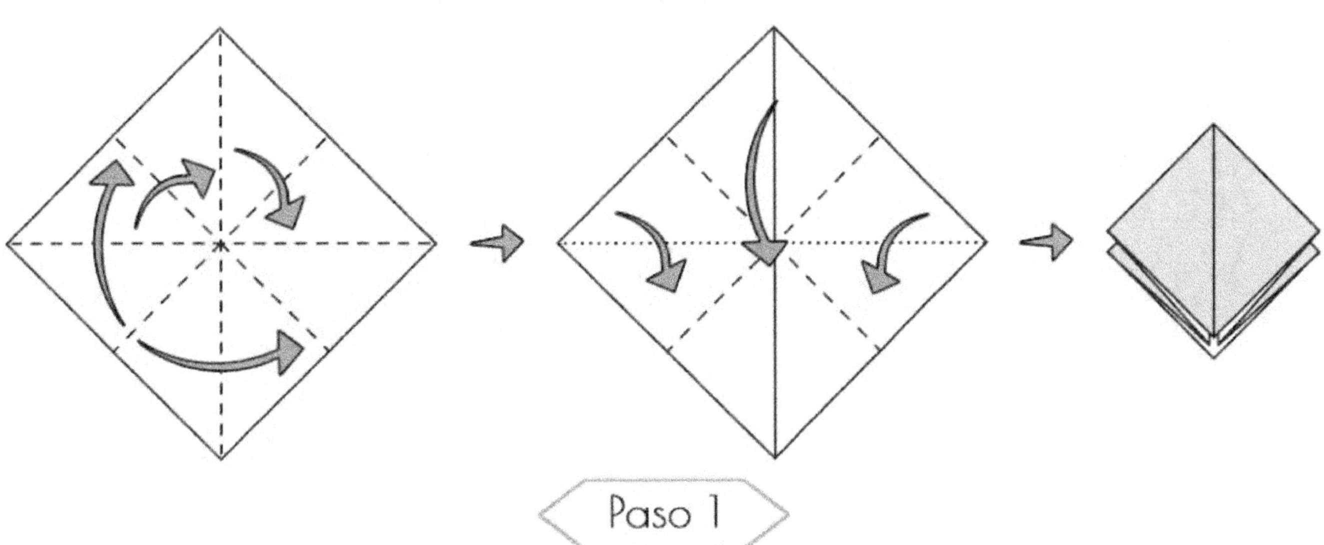

Paso 1

Dobla la hoja a lo largo de su vertical, horizontal y diagonales, y desdobla. Después dobla la esquina superior hacia abajo y los laterales hacia dentro para que la figura se cierre formando un cuadrado más pequeño.

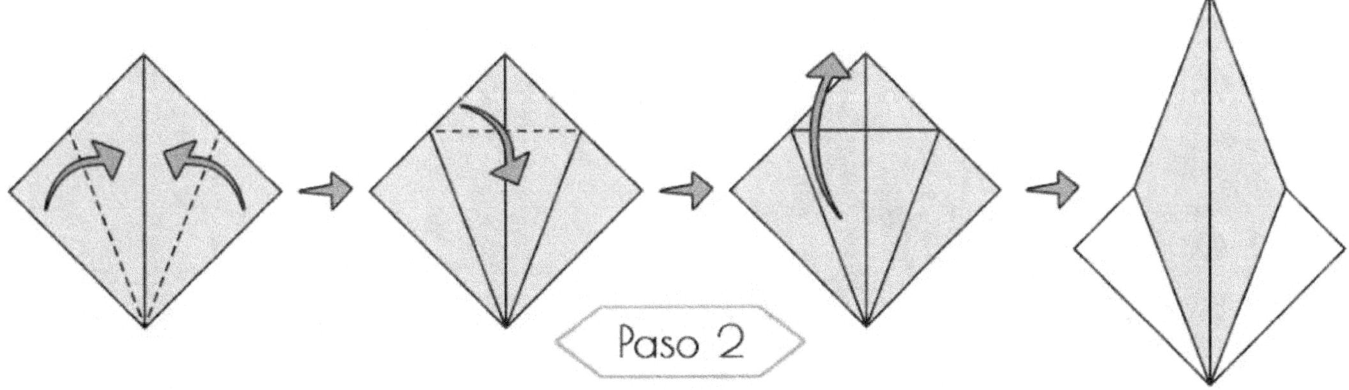

Paso 2

Dobla los lados hacia la línea media, desdobla, dobla la esquina superior hacia abajo y desdobla de nuevo. Después tira de la esquina inferior hacia arriba para desplegarla siguiendo esas líneas.

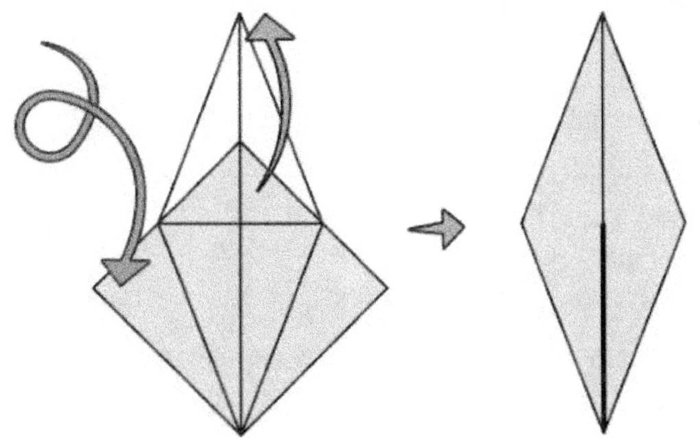

Paso 3

Dale la vuelta a la figura y repite el paso anterior en este lado. Fíjate en que queda una abertura en la mitad inferior de la línea media.

Colibrí

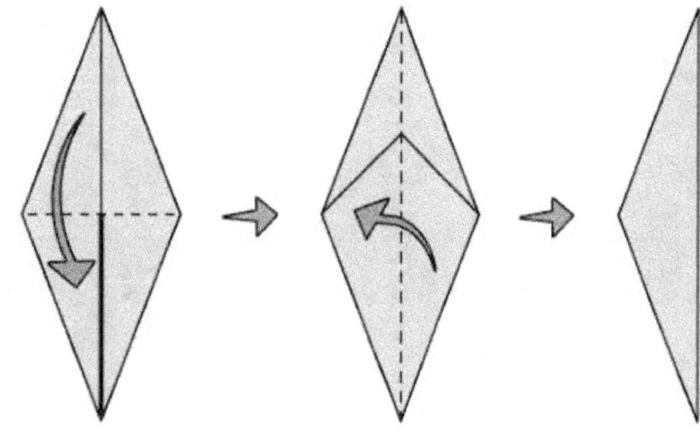

Dobla la capa superior por la mitad hacia abajo. Después dobla la figura entera por la mitad.

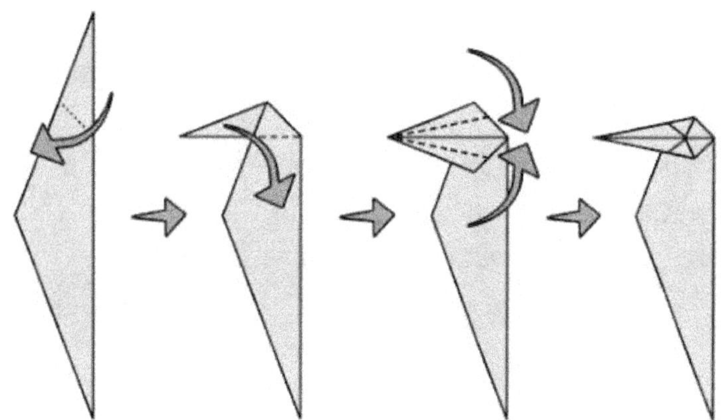

Paso 5

Haz un doblez inverso interior en la parte superior y dobla su capa superior hacia abajo para abrirlo. Después dobla los dos lados de esa sección por la mitad.

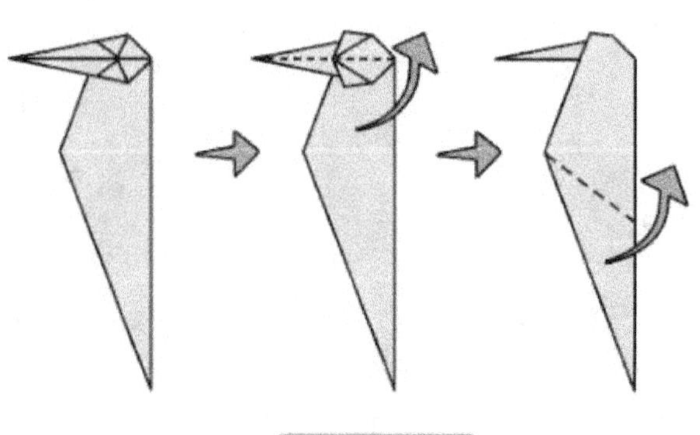

Paso 6

Al doblar por la mitad al final del paso anterior, verás que se forman dos bolsillos en el lado derecho de esa sección. Tira de ellos hacia fuera para que sobresalgan por la parte de arriba y la de abajo. Después cierra el doblez inverso interior y dobla las solapas a ambos lados de la mitad inferior de la figura, como se muestra.

Colibrí

Flor de Loto

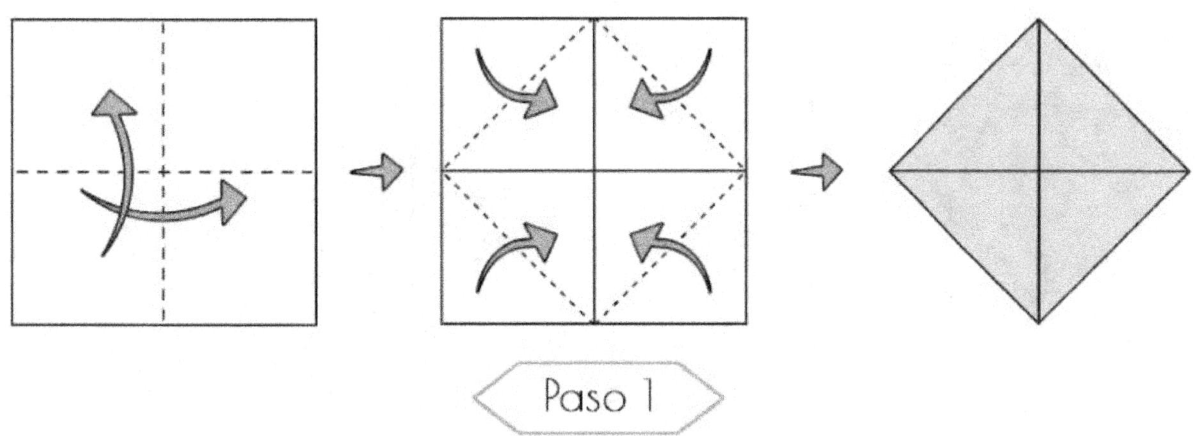

Dobla por la mitad vertical y horizontalmente y desdobla.
Después dobla todas las esquinas hacia el centro de la figura.

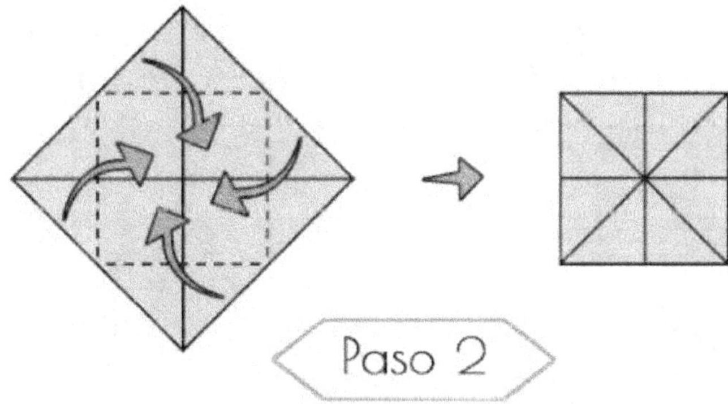

Vuelve a doblar todas las esquinas hacia el centro de la figura.

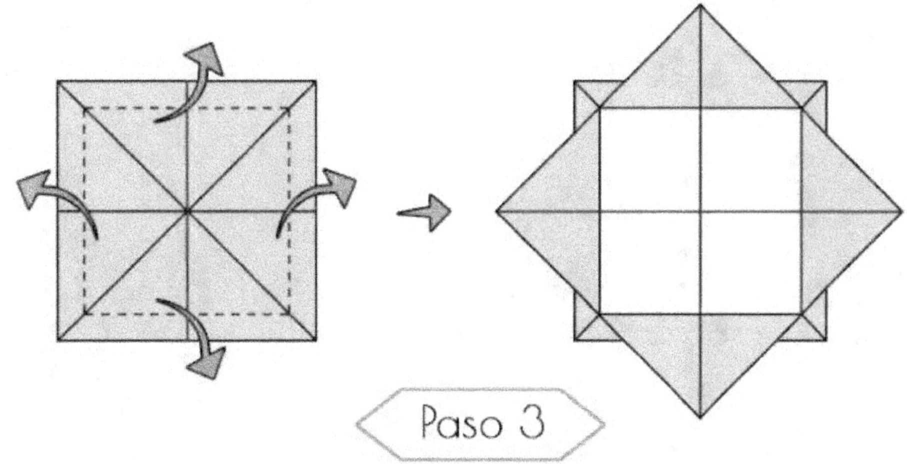

Dobla las puntas de las esquinas hacia fuera para que sobresalgan a los lados.

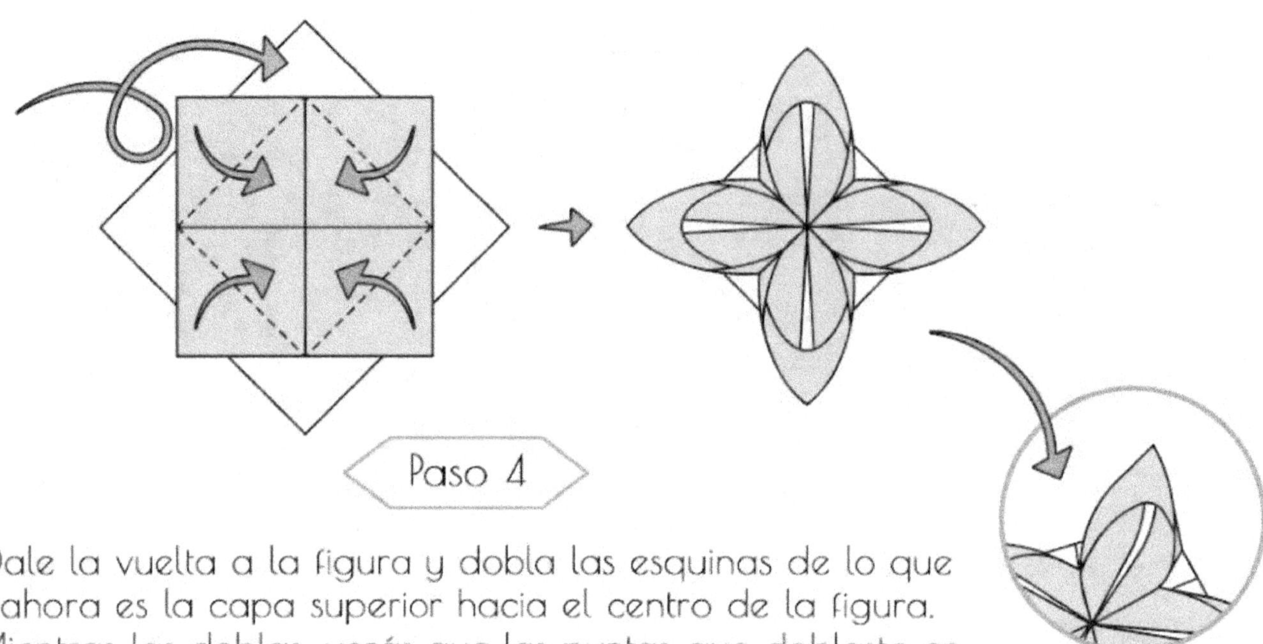

Paso 4

Dale la vuelta a la figura y dobla las esquinas de lo que ahora es la capa superior hacia el centro de la figura. Mientras las doblas, verás que las puntas que doblaste en el paso anterior se levantan. Una vez que estén verticales, dales una forma redondeada para que parezcan pétalos.

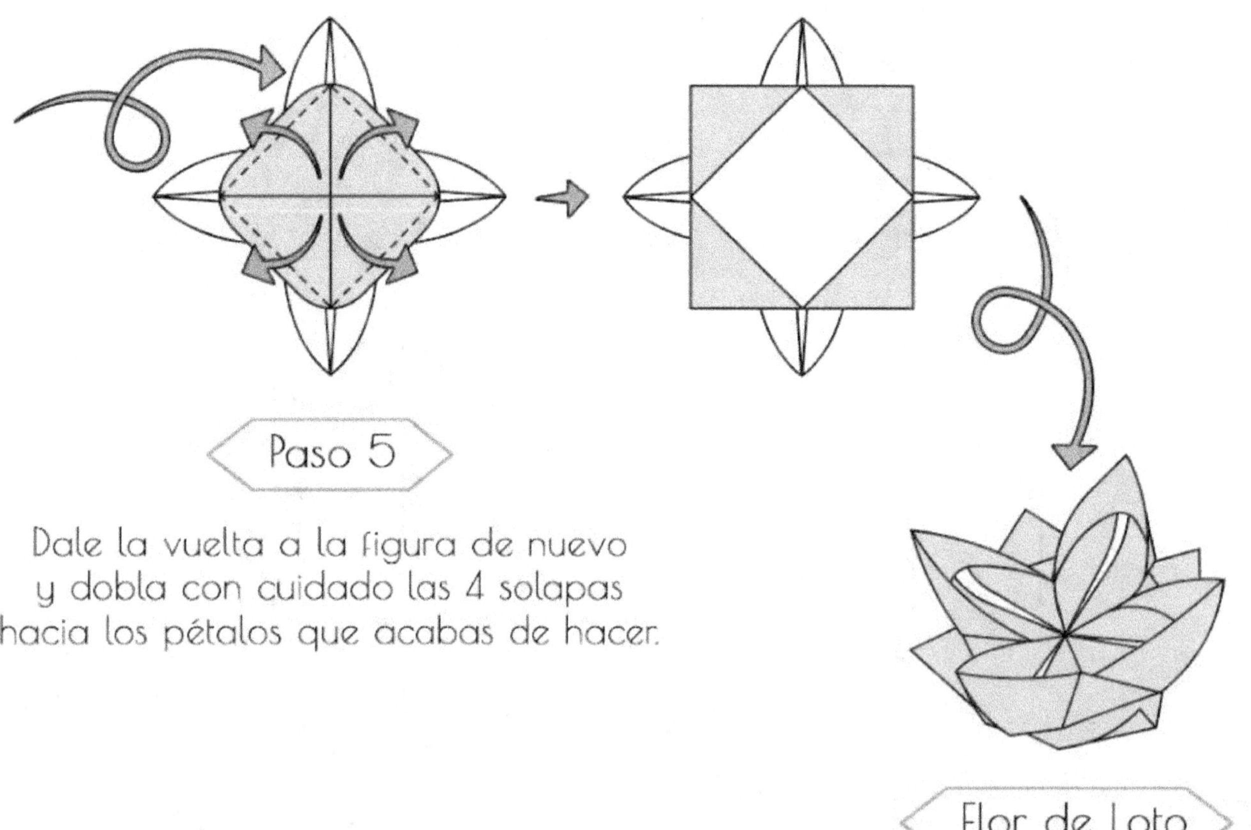

Paso 5

Dale la vuelta a la figura de nuevo y dobla con cuidado las 4 solapas hacia los pétalos que acabas de hacer.

Flor de Loto

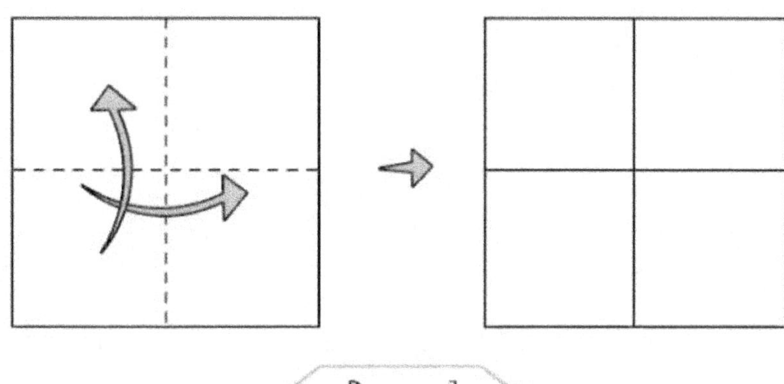

Paso 1

Dobla por la mitad vertical y horizontalmente y desdobla.

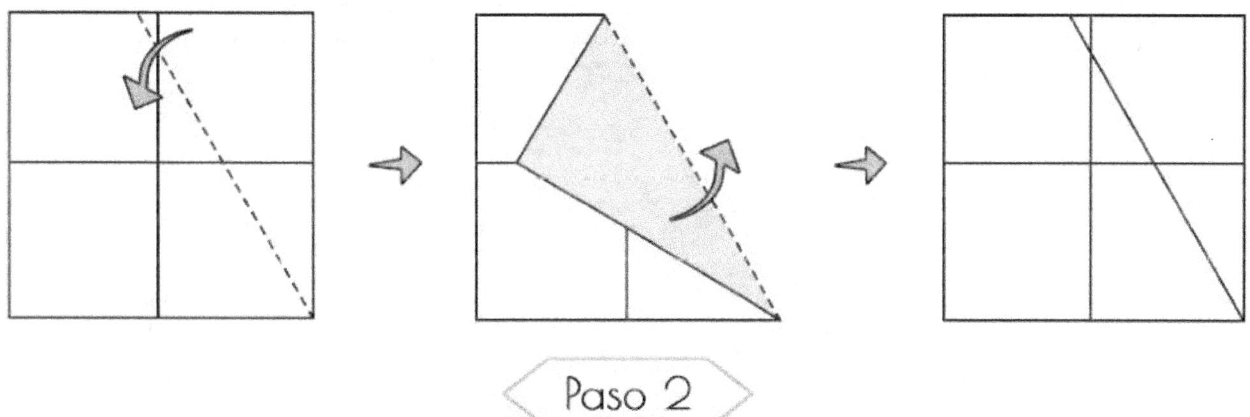

Paso 2

Lleva la esquina superior derecha hasta el lado izquierdo
de la línea horizontal que acabas de hacer y desdobla.

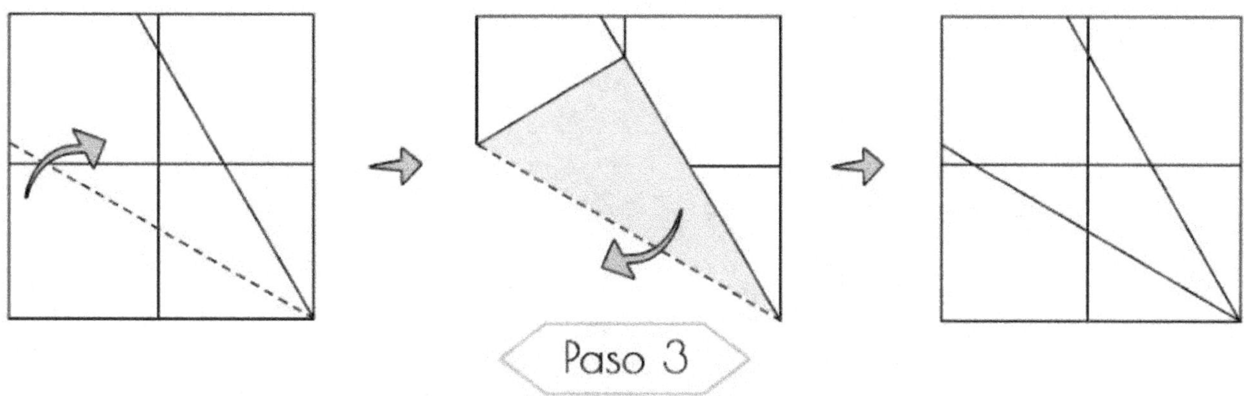

Paso 3

Lleva la esquina inferior izquierda hasta la parte superior
de la línea vertical que acabas de hacer y desdobla.

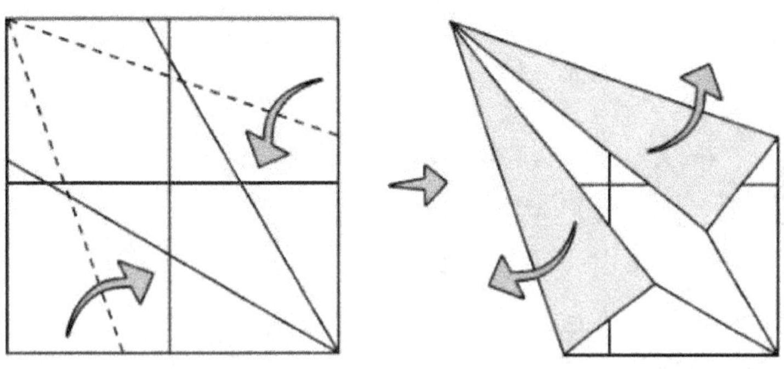

Lleva las esquinas superior derecha e inferior izquierda hasta los pliegues que hiciste en los pasos 2 y 3, como se muestra.

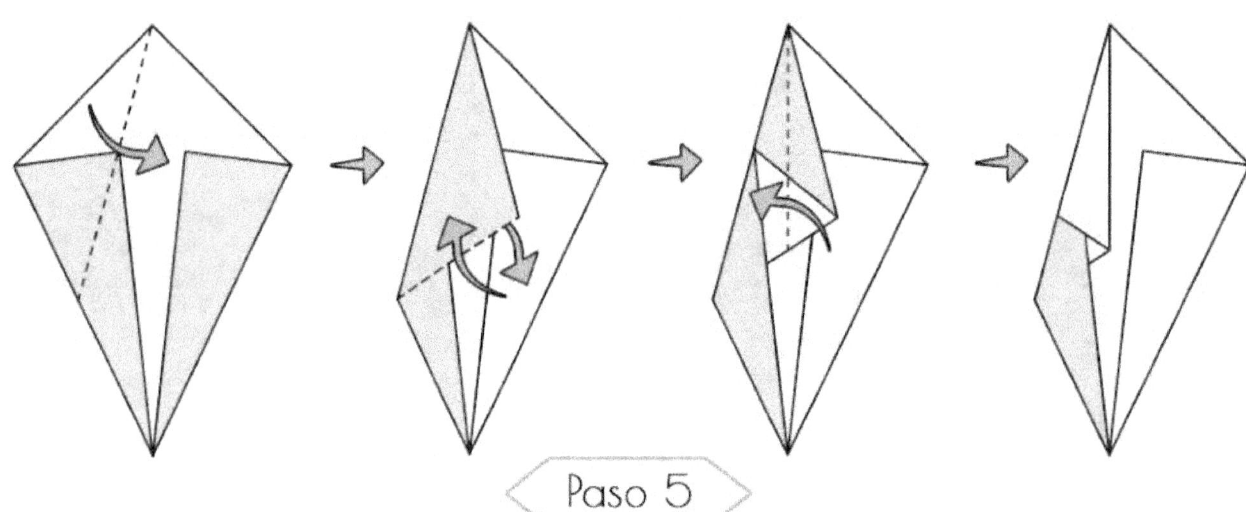

Gira la figura y dobla el lado izquierdo por el pliegue que hiciste en el paso 2. Saca la capa que está justo debajo y dóblala hacia arriba siguiendo el borde que acabas de hacer. Por último, dobla esa sección hacia fuera por la mitad.

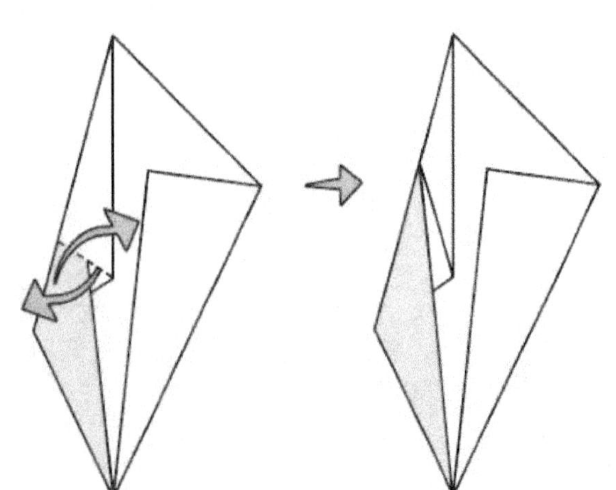

Otra vez saca la capa que está justo debajo y colócala de forma que conserve la forma que tenía, pero ahora encima del resto de la figura.

Braquiosaurio

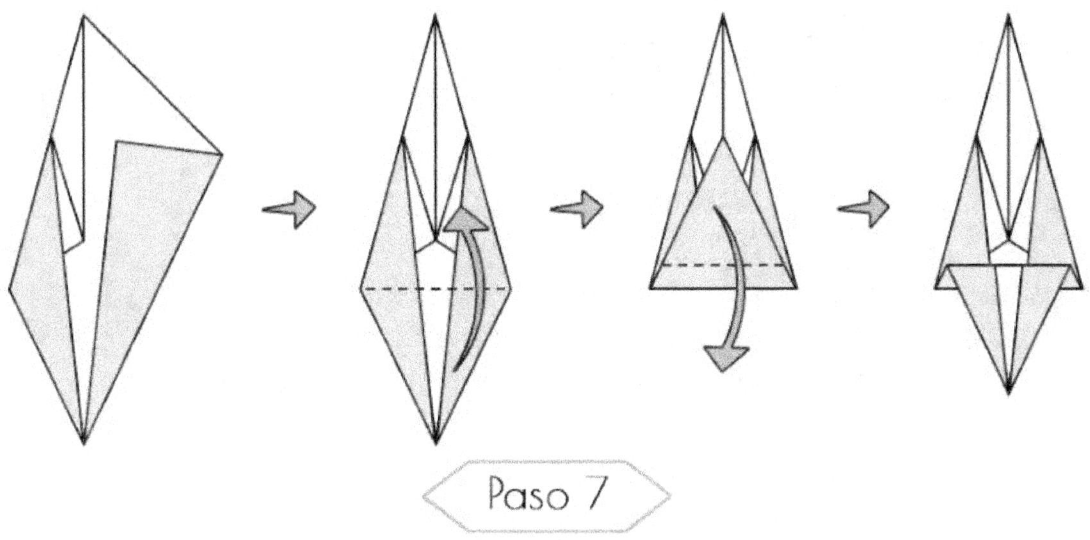

Paso 7

Repite los pasos 5 y 6 en el lado derecho. Después dobla la esquina inferior hacia arriba y de nuevo hacia abajo, dejando un espacio entre los pliegues.

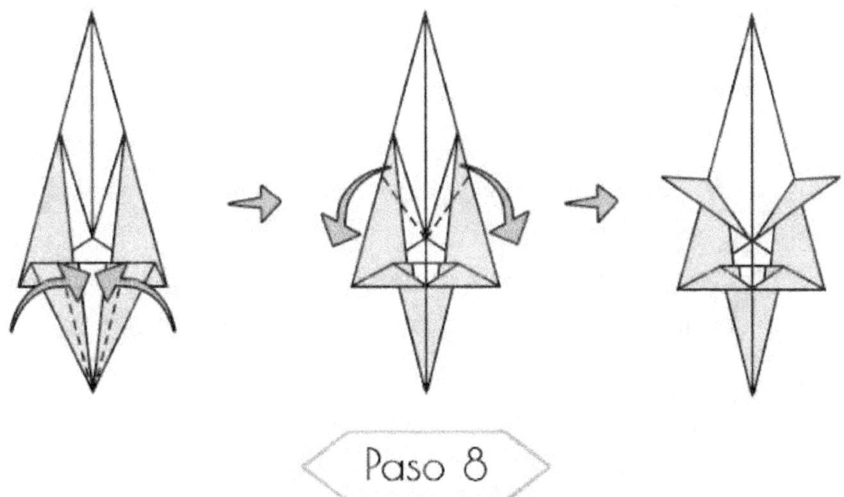

Paso 8

Dobla los lados de esa sección hacia la línea media. Al hacerlo, verás que las esquinas se separan de la capa inferior; aplánalas para formar triángulos. Después dobla las solapas laterales para que sobresalgan a ambos lados.

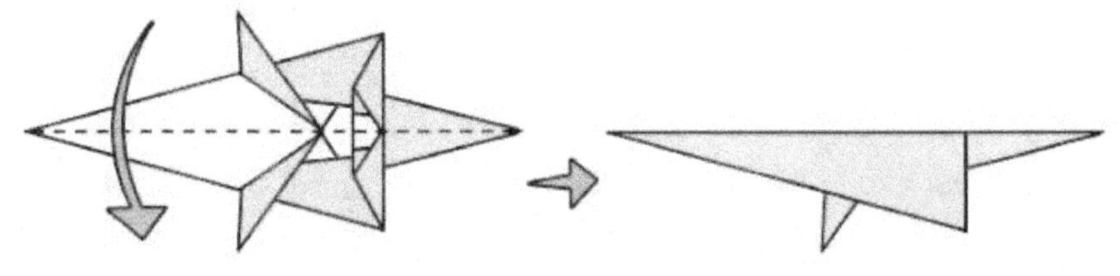

Paso 9

Gira la figura a la izquierda y dóblala por la mitad.

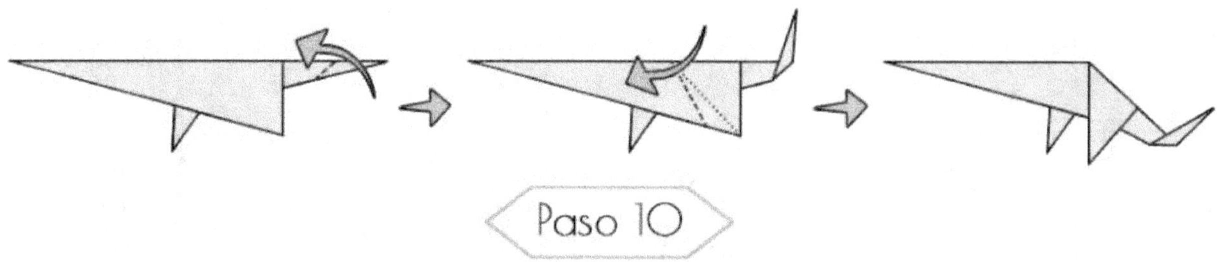

Paso 10

Haz un doblez inverso exterior en el extremo derecho. Después lleva ambas esquinas inferiores hacia la izquierda con un pliegue valle y otro montaña, de forma que se solapen con el resto de la figura y sus bordes queden verticales.

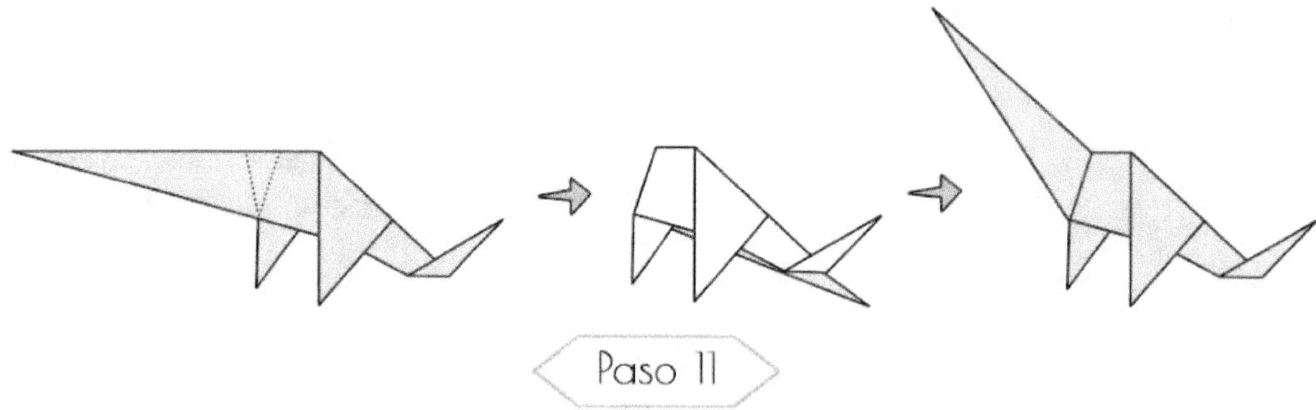

Paso 11

Haz dos dobleces inversos interiores seguidos: el primero (línea punteada de la derecha) hará que el extremo izquierdo de la figura apunte hacia abajo entre las capas de papel, el segundo (línea punteada de la izquierda) hará que apunte hacia arriba y a la izquierda en ángulo.

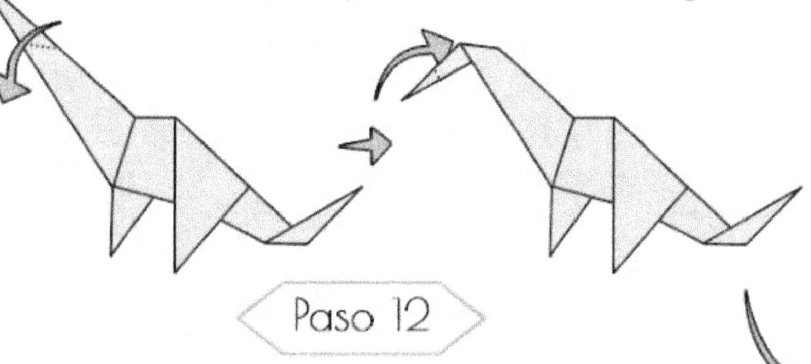

Paso 12

Haz dos dobleces inversos interiores en el extremo izquierdo, el primero hacia abajo y el otro hacia arriba.

Braquiosaurio

Elefante

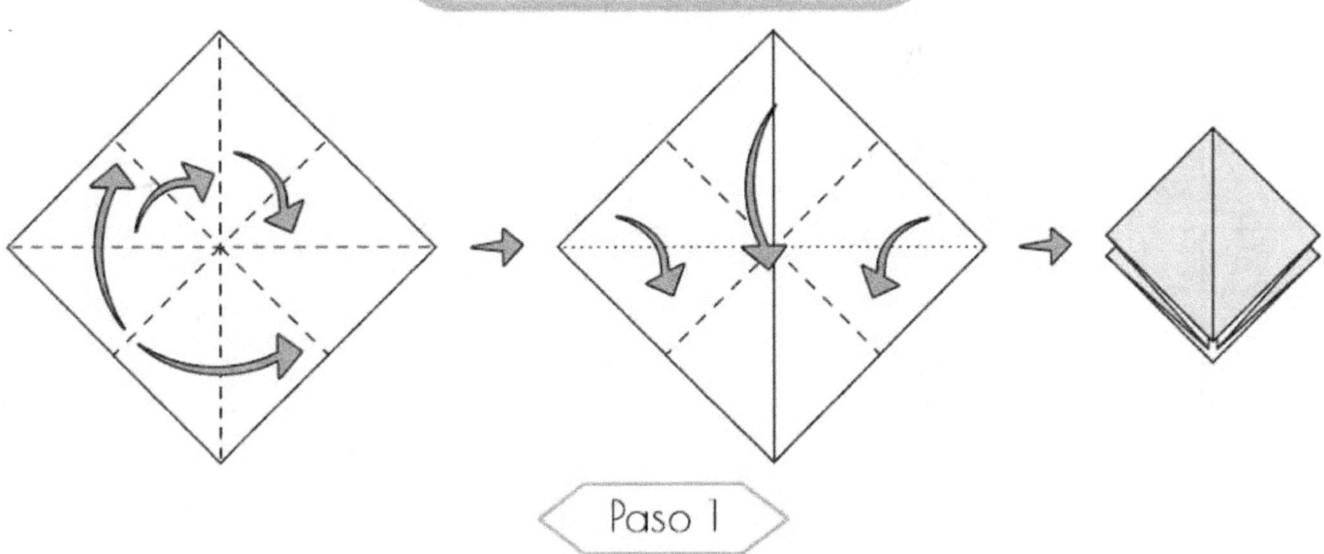

Dobla la hoja a lo largo de su vertical, horizontal y diagonales, y desdobla. Después dobla la esquina superior hacia abajo y los laterales hacia dentro para que la figura se cierre formando un cuadrado más pequeño.

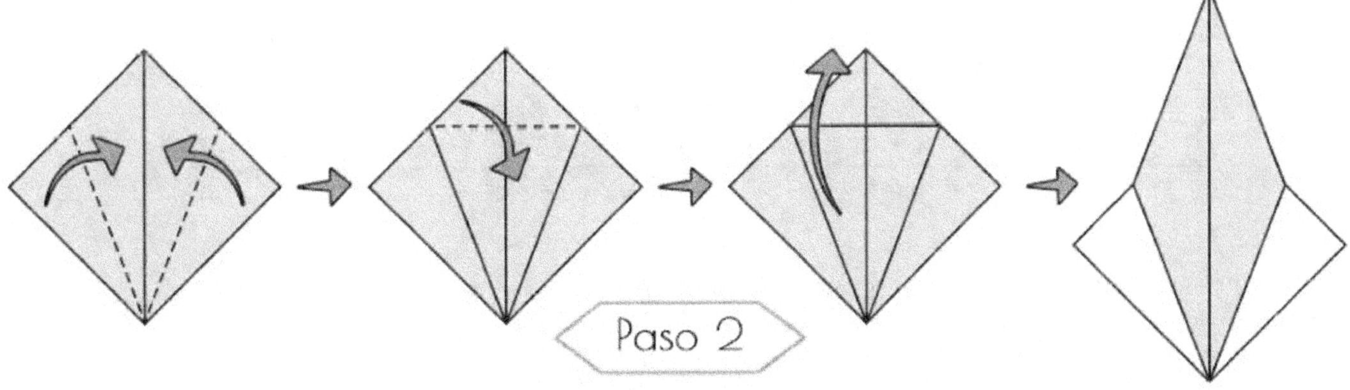

Dobla los lados hacia la línea media, desdobla, dobla la esquina superior hacia abajo y desdobla de nuevo. Después tira de la esquina inferior hacia arriba para desplegarla siguiendo esas líneas.

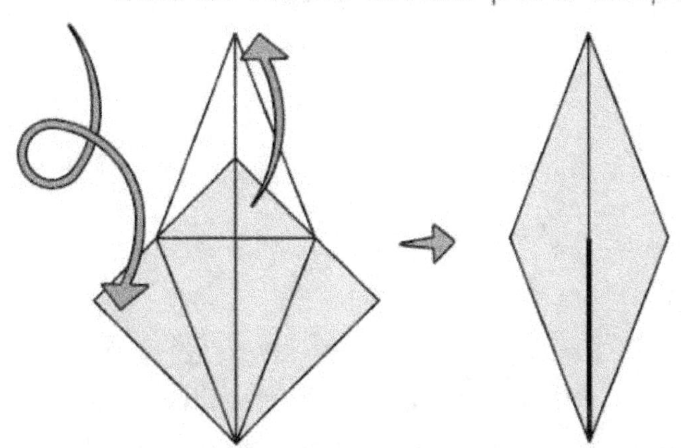

Dale la vuelta a la figura y repite el paso anterior en este lado. Fíjate en que queda una abertura en la mitad inferior de la línea media.

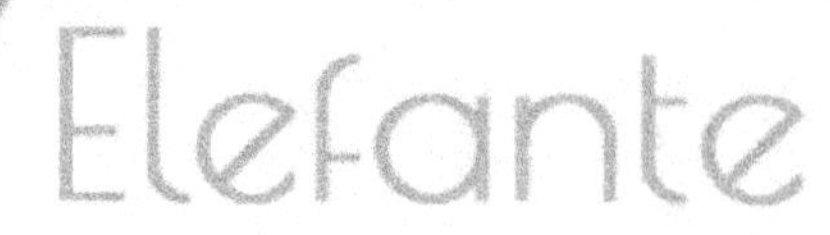

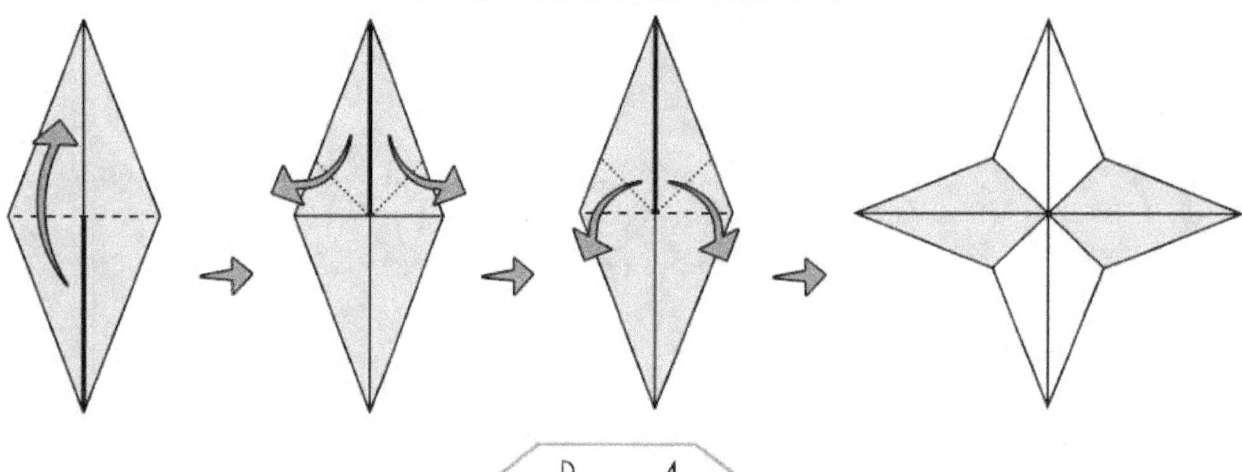

Paso 4

Dobla la mitad inferior hacia arriba, después dobla cada lado diagonalmente hacia fuera y desdobla. Verás que cada lado tiene dos capas: ábrelas hacia abajo siguiendo el pliegue que acabas de hacer y presiona.

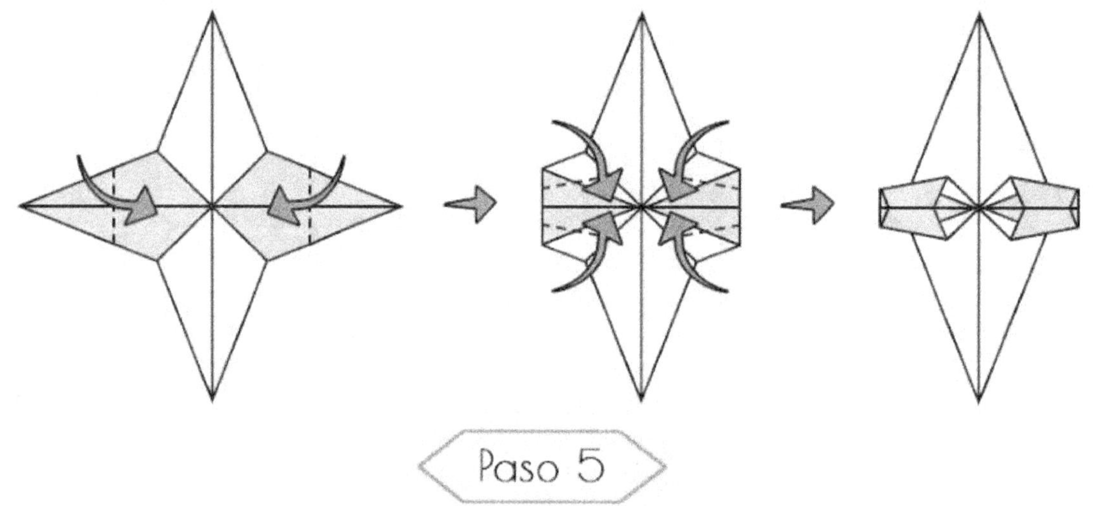

Paso 5

Dobla los lados por la mitad hacia dentro. Después lleva sus bordes superior e inferior hacia la línea media.

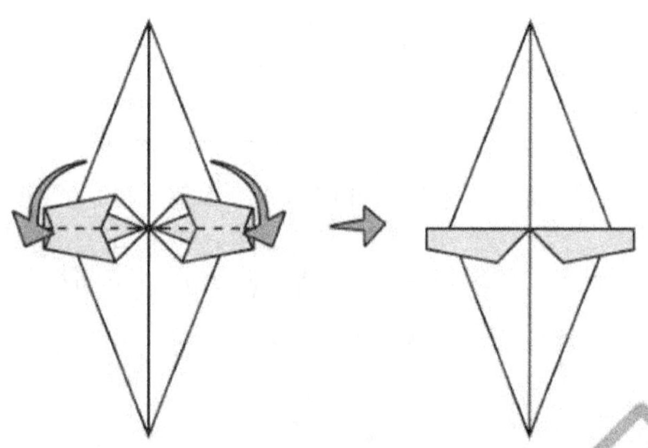

Paso 6

Dobla ambas secciones laterales hacia abajo por la mitad. Estas son las patas delanteras.

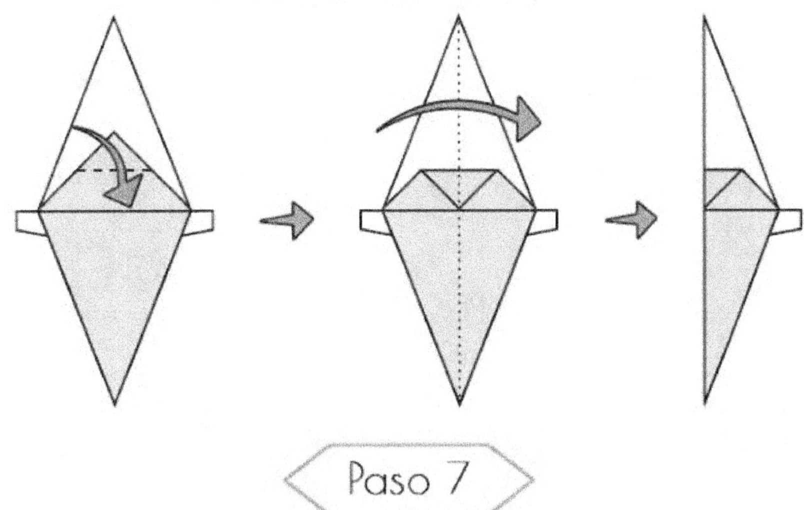

Paso 7

Dale la vuelta a la figura y dobla el pico que hay en el centro hacia abajo por la mitad. Después dobla toda la figura por la mitad.

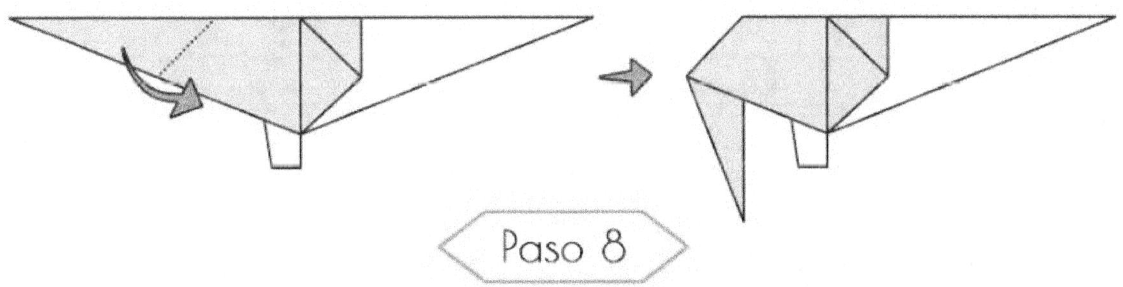

Paso 8

Gira la figura hacia la derecha. Haz un doblez inverso interior en el lado izquierdo para que acabe vertical apuntando hacia abajo.

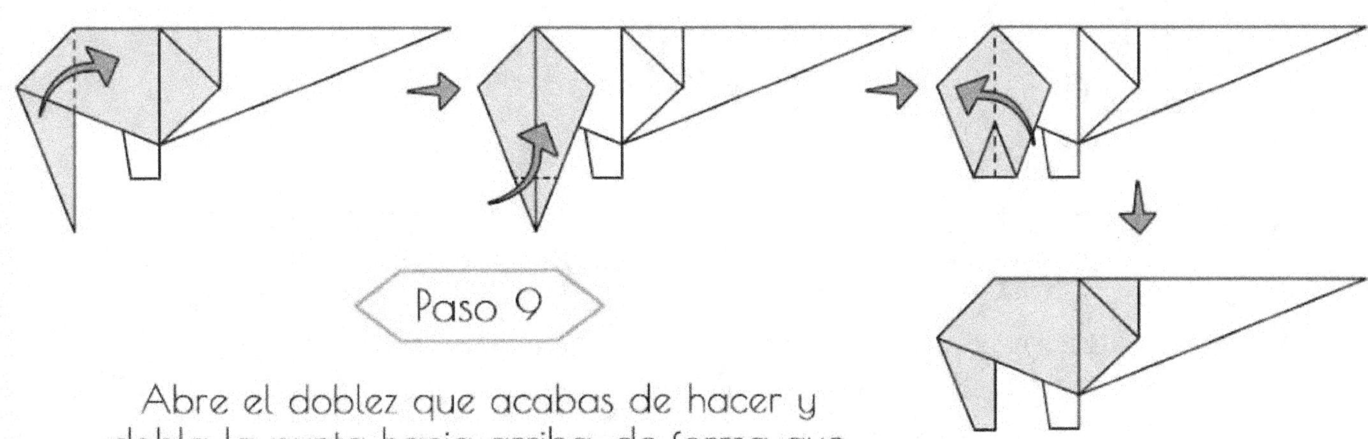

Paso 9

Abre el doblez que acabas de hacer y dobla la punta hacia arriba, de forma que quede del mismo tamaño que las patas delanteras. Después ciérralo de nuevo.

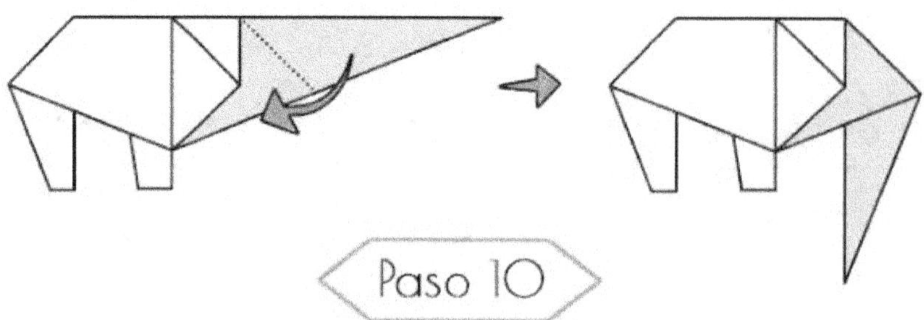

Paso 10

Haz un doblez inverso interior en el lado derecho
para que acabe vertical apuntando hacia abajo.

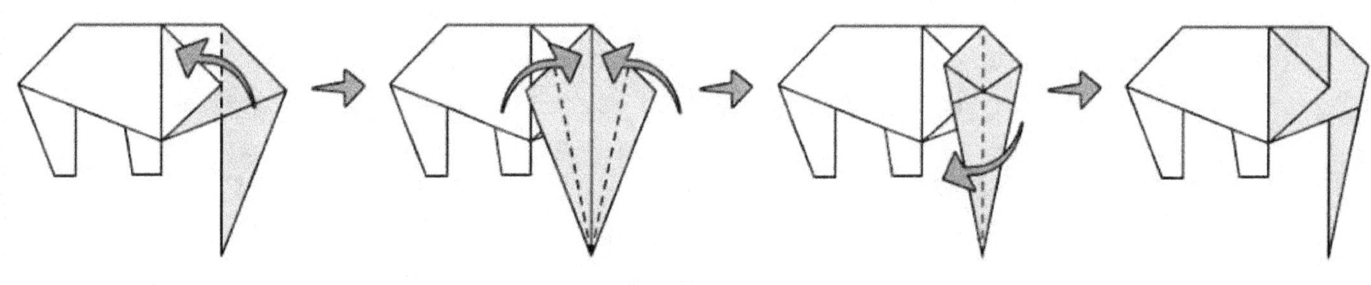

Paso 11

Abre el doblez que acabas de hacer, dobla sus lados hacia
dentro y vuelve a cerrarlo. Esta es la trompa del elefante.

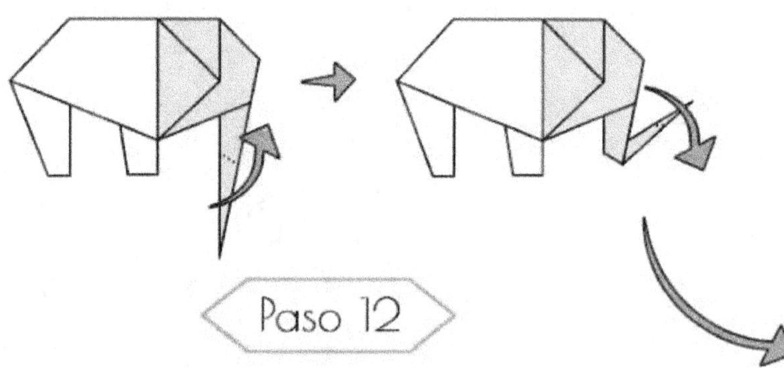

Paso 12

Haz un doblez inverso interior más o
menos a la mitad de la trompa para que
mire hacia arriba. Después haz otro casi
en la punta para que mire hacia abajo.

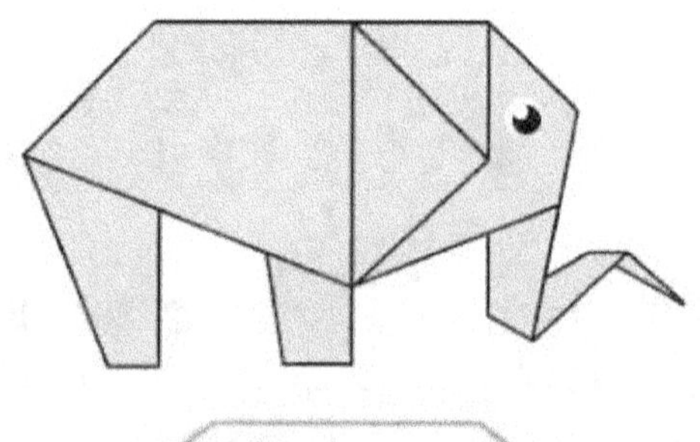

Elefante

Dragón

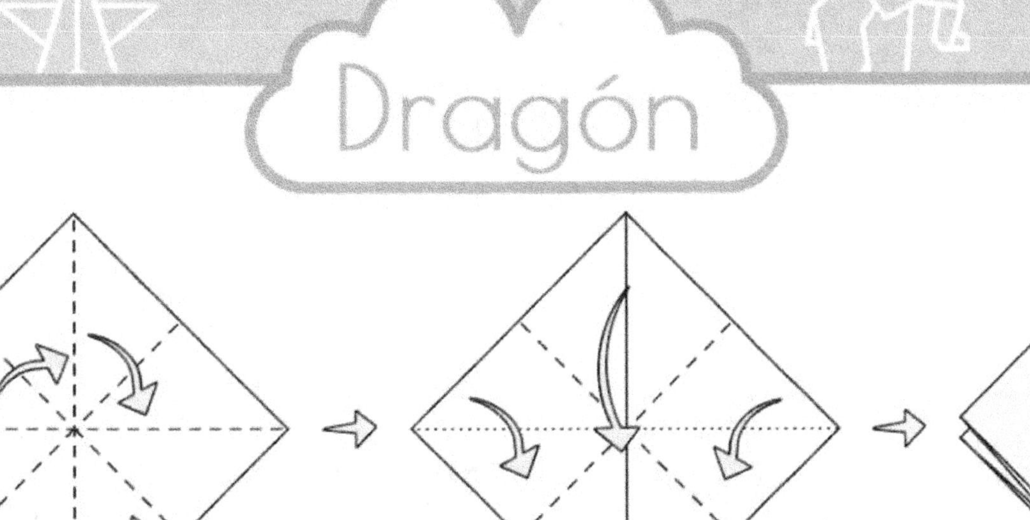

Dobla la hoja a lo largo de su vertical, horizontal y diagonales, y desdobla. Después dobla la esquina superior hacia abajo y los laterales hacia dentro para que la figura se cierre formando un cuadrado más pequeño.

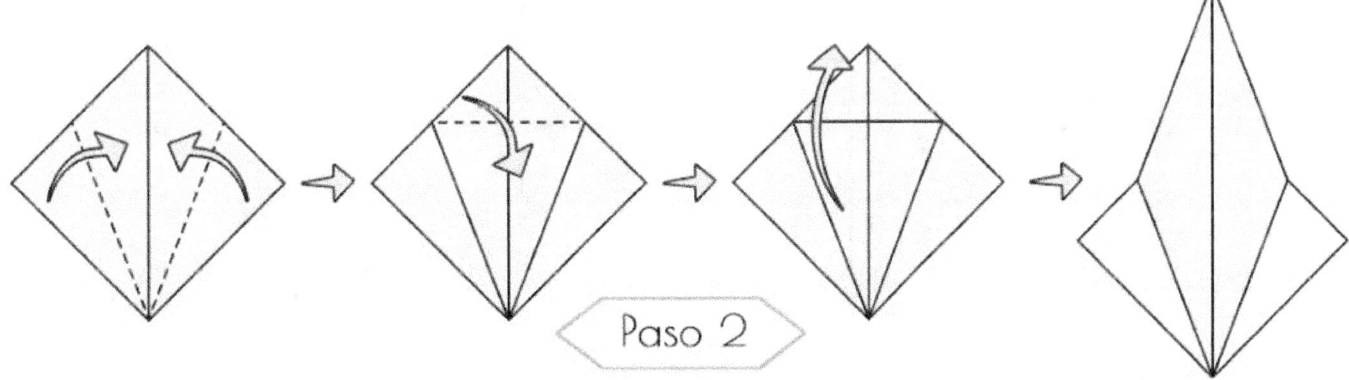

Dobla los lados hacia la línea media, desdobla, dobla la esquina superior hacia abajo y desdobla de nuevo. Después tira de la esquina inferior hacia arriba para desplegarla siguiendo esas líneas.

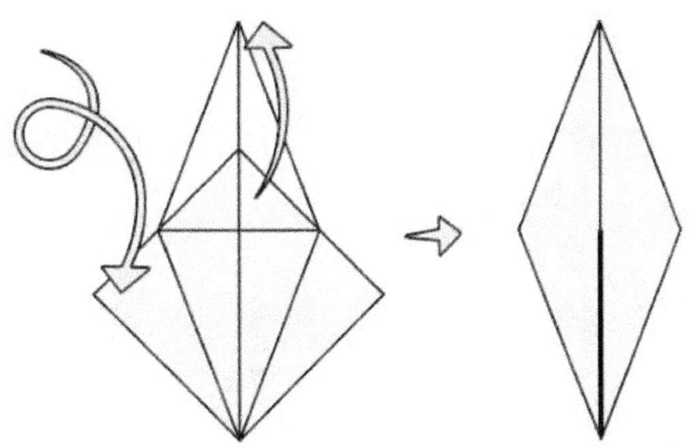

Dale la vuelta a la figura y repite el paso anterior en este lado. Fíjate en que queda una abertura en la mitad inferior de la línea media.

Dragón

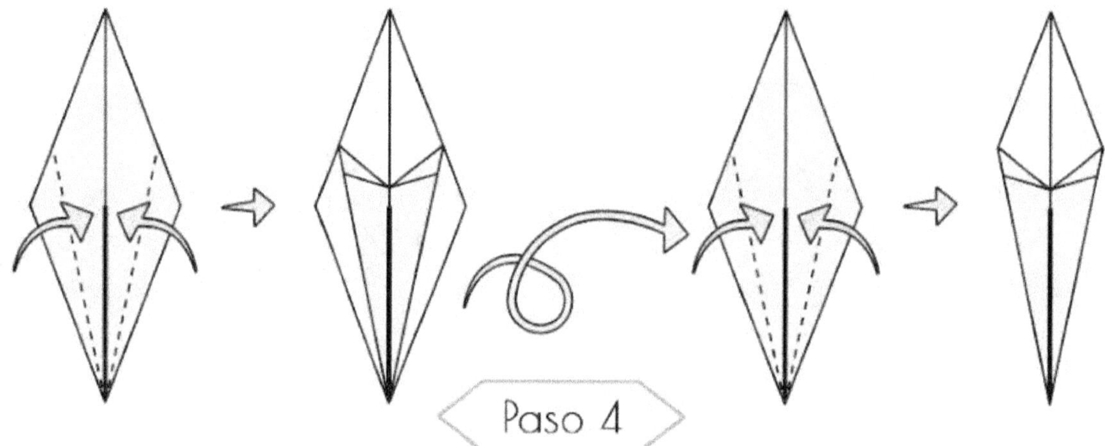

Dobla la parte inferior de los lados hacia la línea media,
después dale la vuelta a la figura y repite en el otro lado.

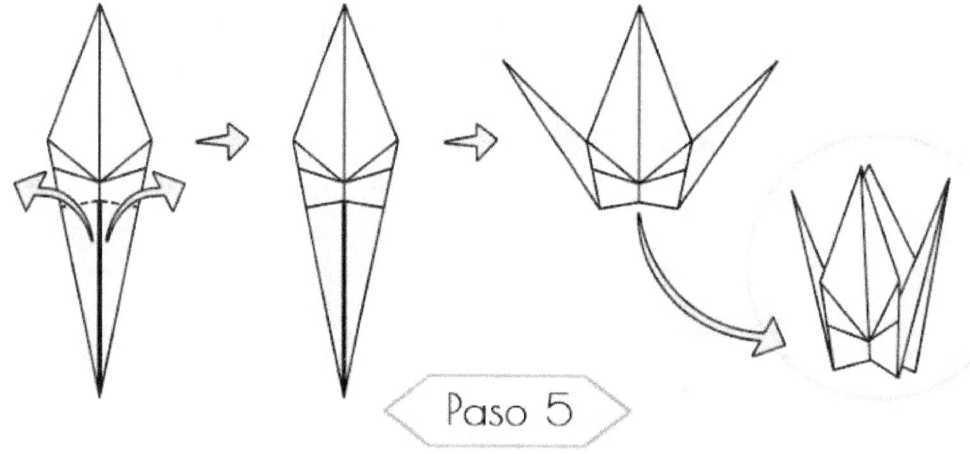

Dobla las puntas a los lados de la abertura en un pequeño ángulo y desdobla.
Haz un doblez inverso interior en cada una para que apunten hacia arriba.

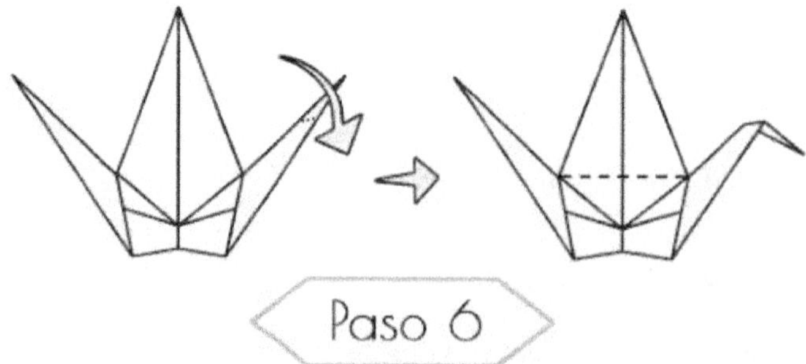

Haz otro doblez inverso interior en una de esas secciones.

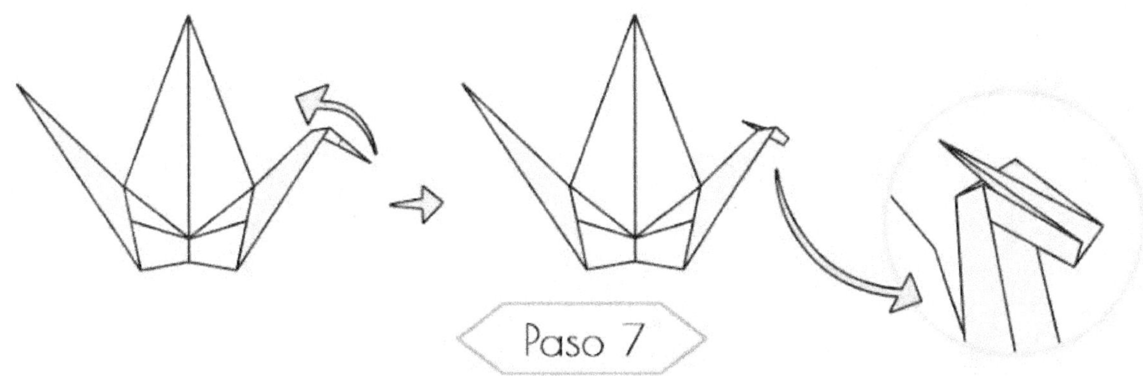

Paso 7

Haz otro doblez inverso interior más en la punta de esa misma sección para que sobresalga por arriba.

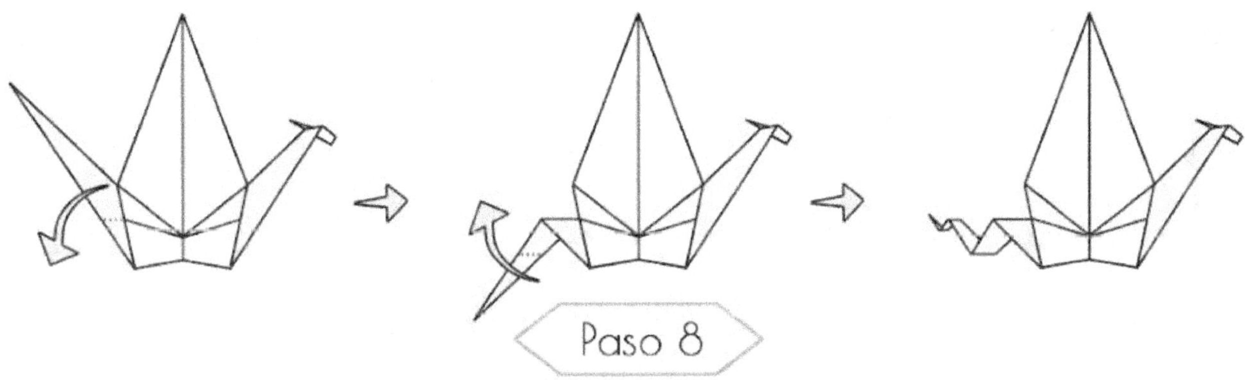

Paso 8

Haz un doblez inverso interior en el extremo opuesto para que apunte hacia abajo, después otro para que vuelva a apuntar hacia arriba. Sigue repitiendo estos dobleces hasta que la sección completa esté plegada.

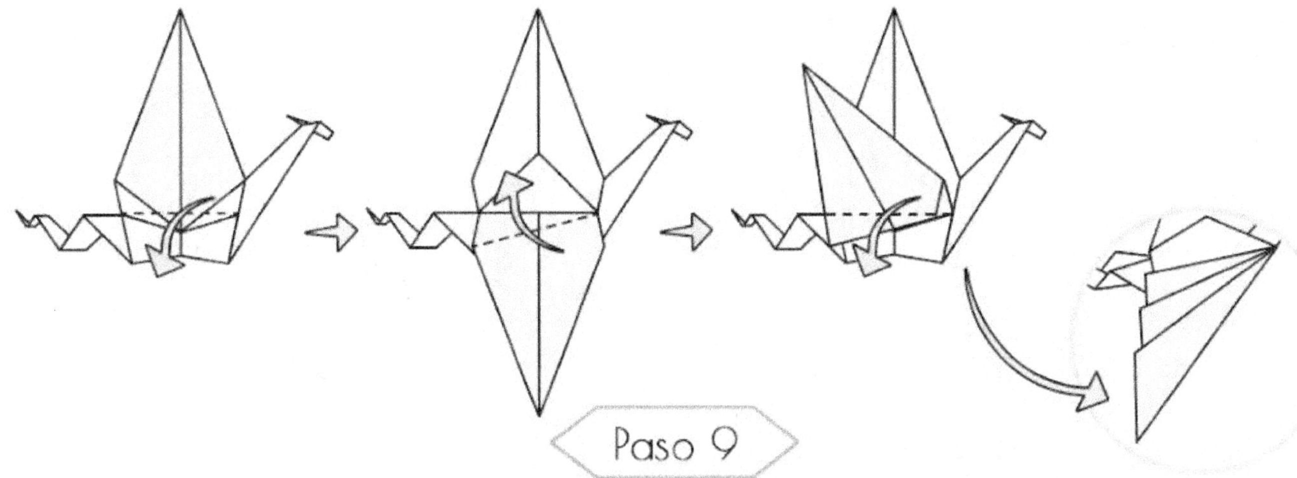

Paso 9

Dobla la esquina superior horizontalmente hacia abajo, hacia arriba en ángulo y horizontalmente hacia abajo. Repite hasta que esté completamente doblada.

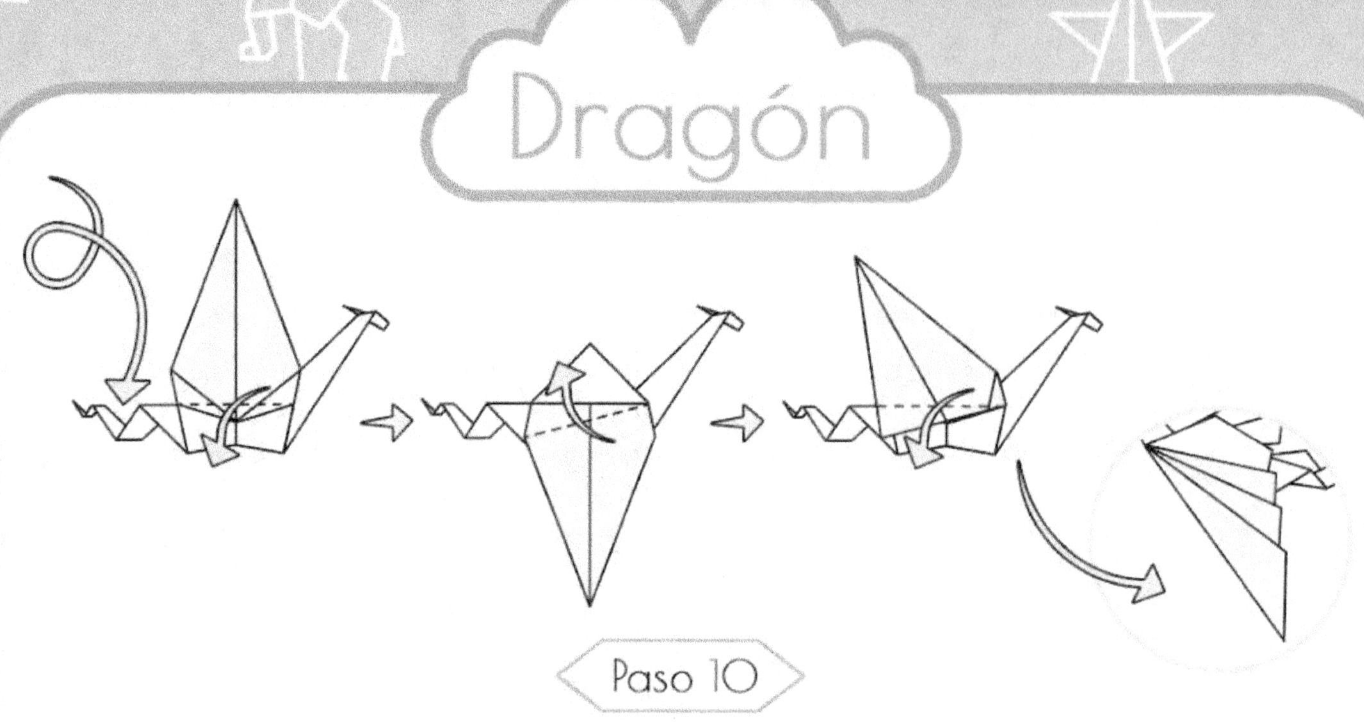

Paso 10

Dale la vuelta a la figura y repite el paso 9 en la esquina superior de ese lado.

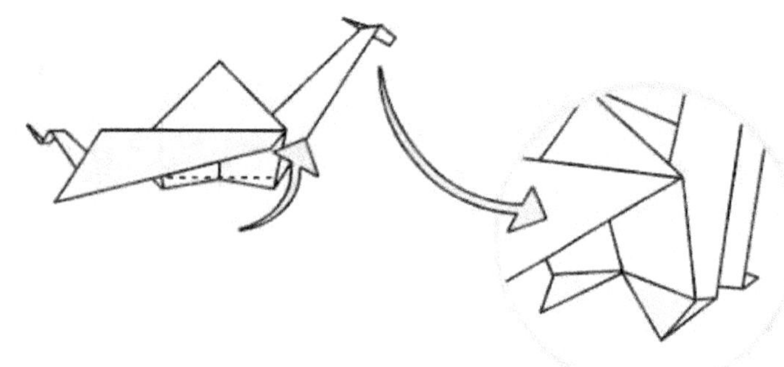

Paso 11

Dobla las cuatro puntas inferiores un poco hacia arriba para que la figura se ponga de pie.

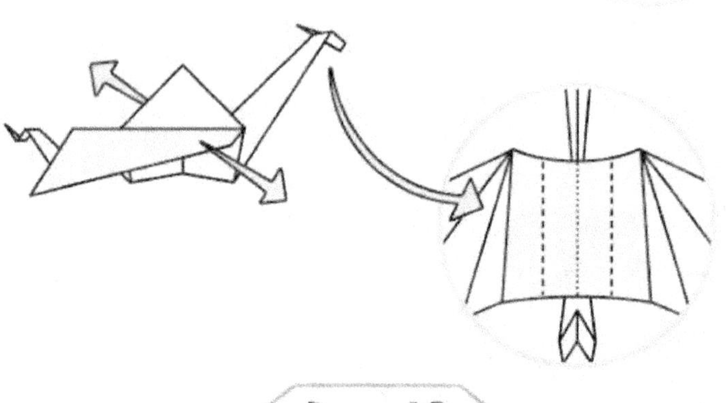

Paso 12

Estira las alas y verás que el pico que había entre ellas se aplana. Presiónalo en el centro para que se formen dos pliegues valle a los lados y no sobresalga tanto (ver zoom).

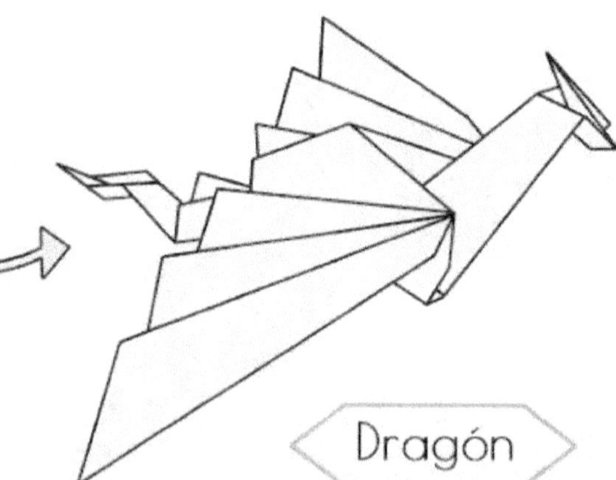

Dragón

Juguete Pop-It

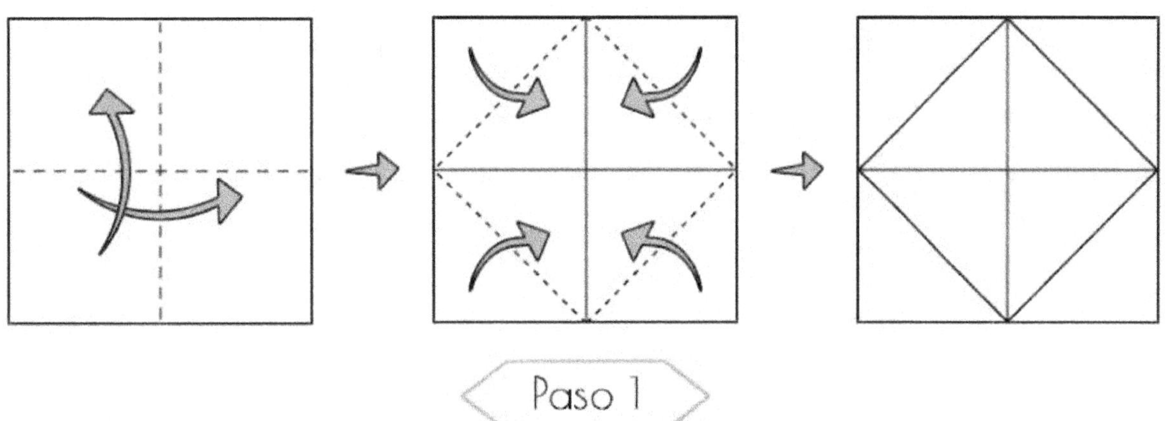

Dobla la hoja vertical y horizontalmente y desdobla. Después lleva todas las esquinas hacia el centro de la hoja y desdobla de nuevo.

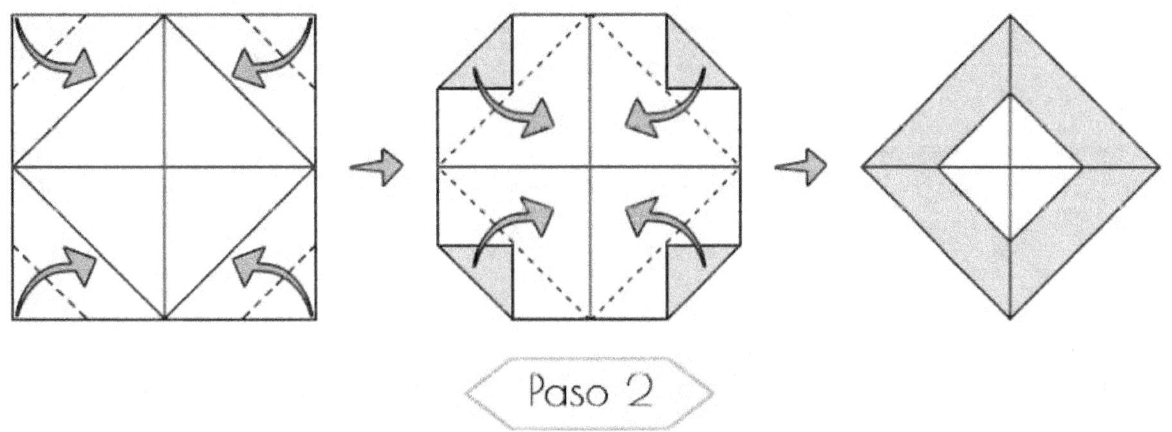

Lleva las esquinas hacia los pliegues que acabas de hacer. Después dobla de nuevo a lo largo de esos mismos pliegues.

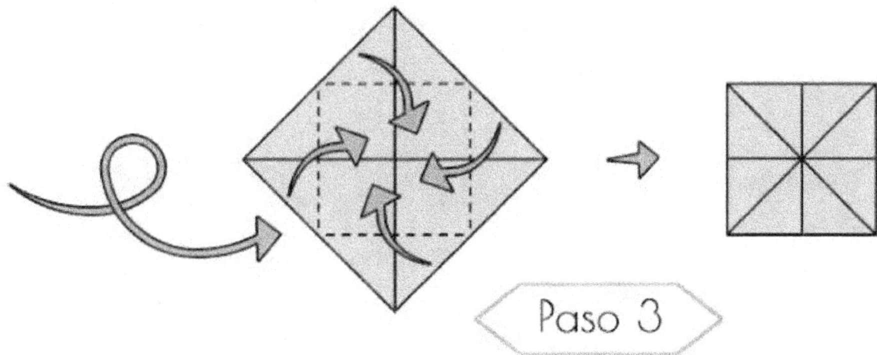

Dale la vuelta a la figura y lleva todas las esquinas hacia el centro.

Juguete Pop-It

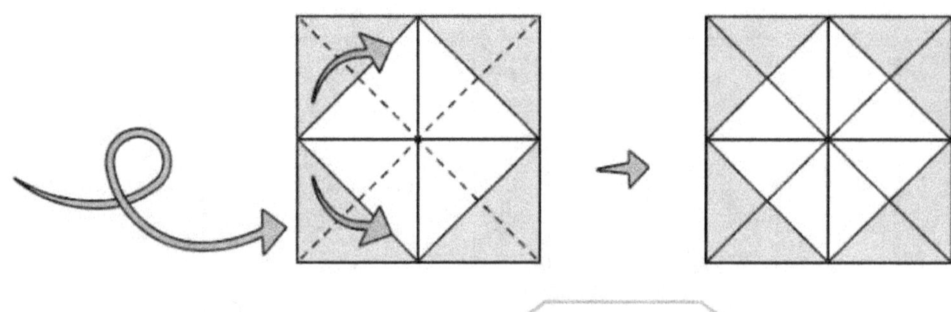

Dale la vuelta a la figura, dobla a lo largo de las dos diagonales y desdobla.

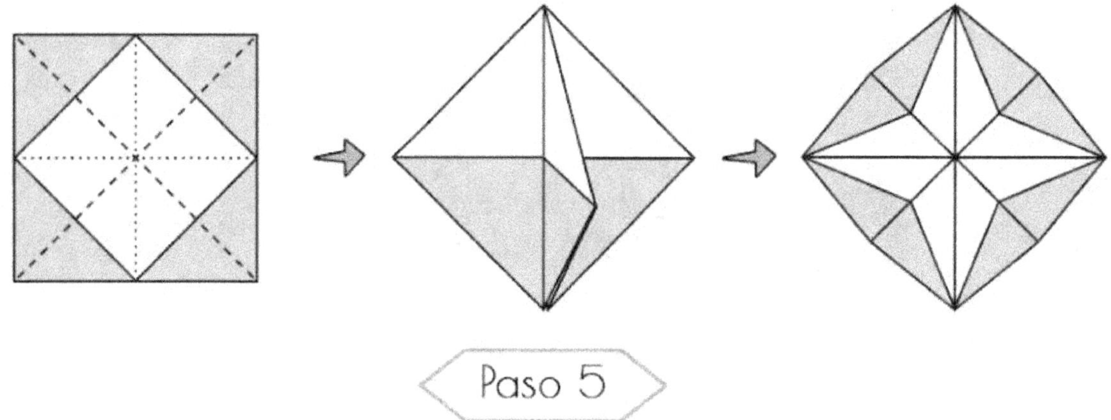

Haz pliegues montañas en las líneas vertical y horizontal y valle en las diagonales para que la figura colapse sobre sí misma. Después abre un poco esos pliegues, sin que la figura vuelva a ser plana, para que tenga volumen.

Pulsa en el centro para que cambie de forma, dale la vuelta y pulsa de nuevo para que vuelva a su forma inicial.

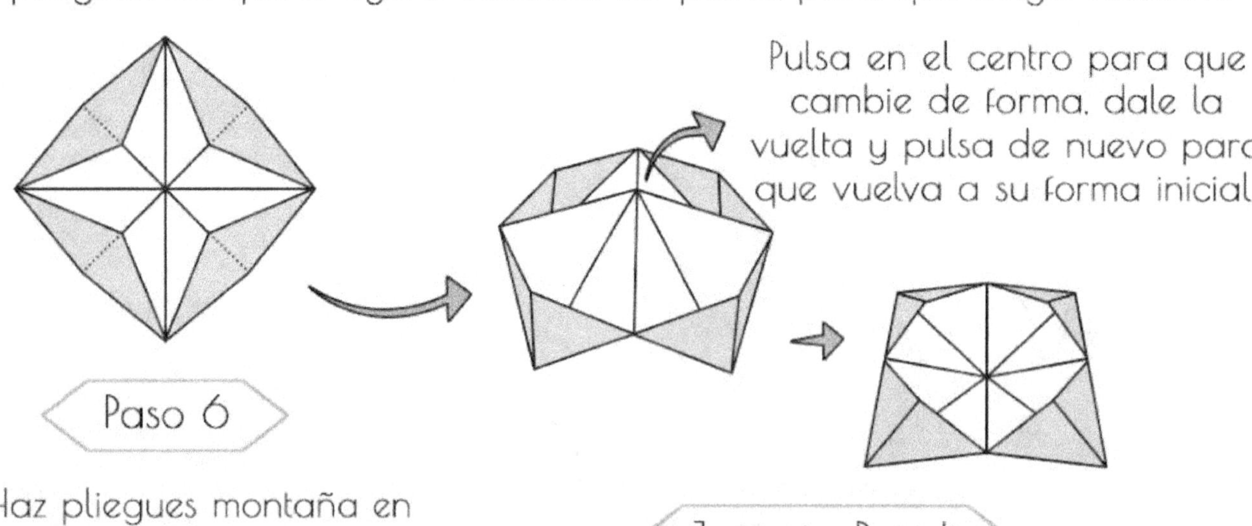

Haz pliegues montaña en la capa superior para hacer bolsillos como se muestra.

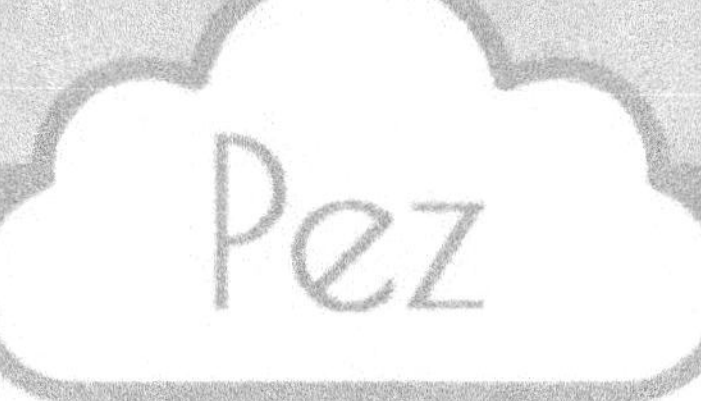

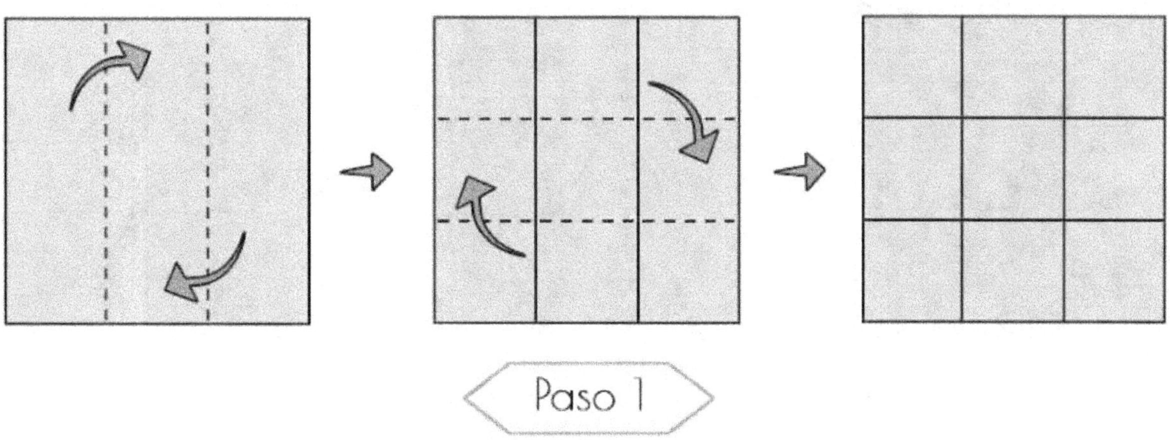

Dobla la hoja en tres partes iguales a lo largo y a lo ancho y desdobla.

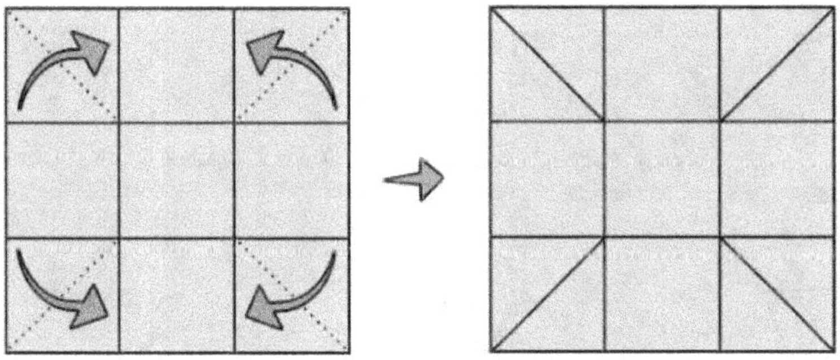

Dobla los cuadrados de las esquinas en diagonal y desdobla.

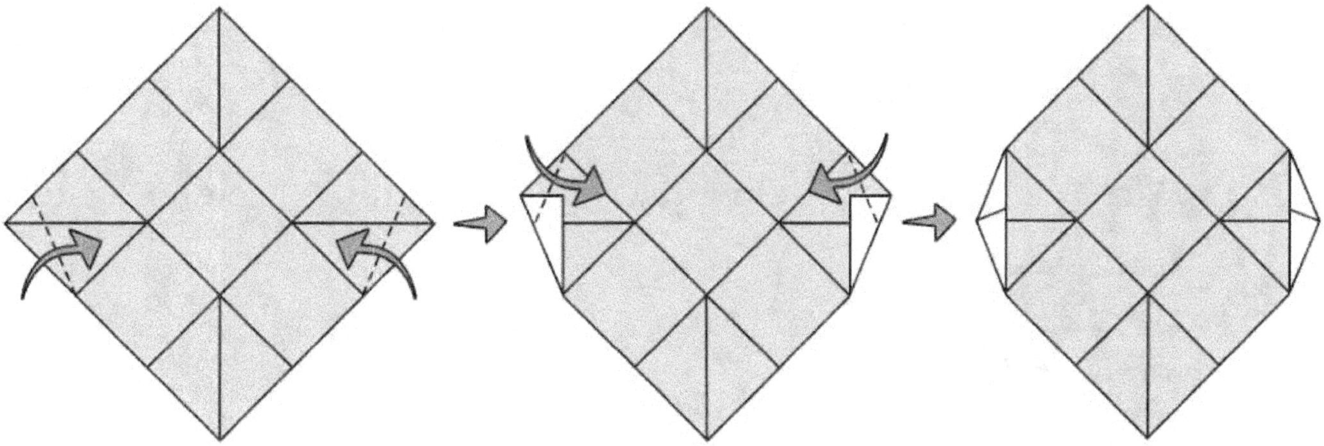

Gira la hoja hacia un lado y dobla la parte inferior de las esquinas laterales hacia arriba hasta que su borde sea vertical. Repite con la parte superior.

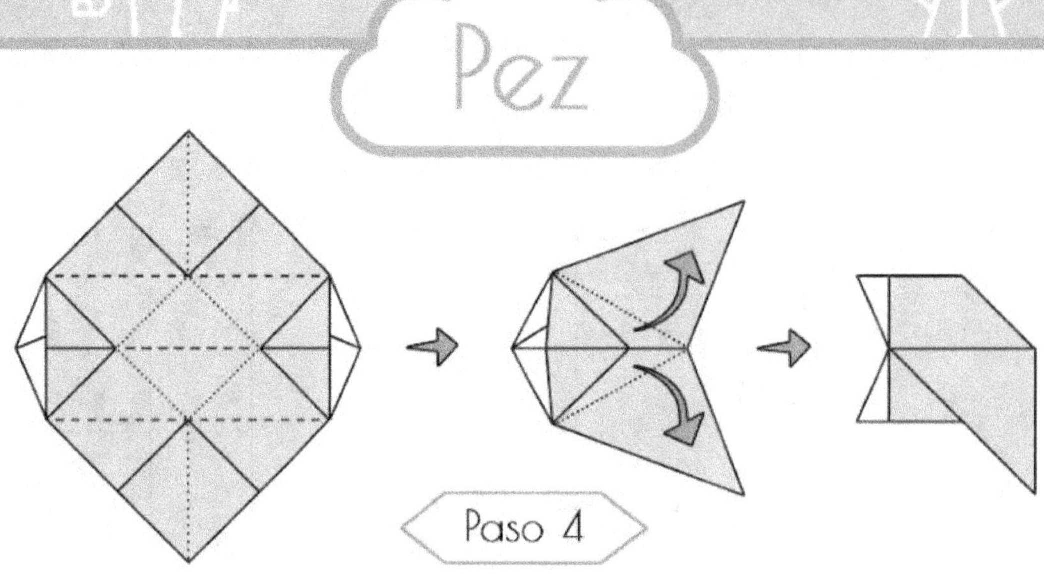

Con cuidado, haz los pliegues valle y montaña que se indican (no hay flechas para que las líneas se vean mejor). Dobla las solapas que se forman arriba y abajo, gira la figura hacia arriba y aplana.

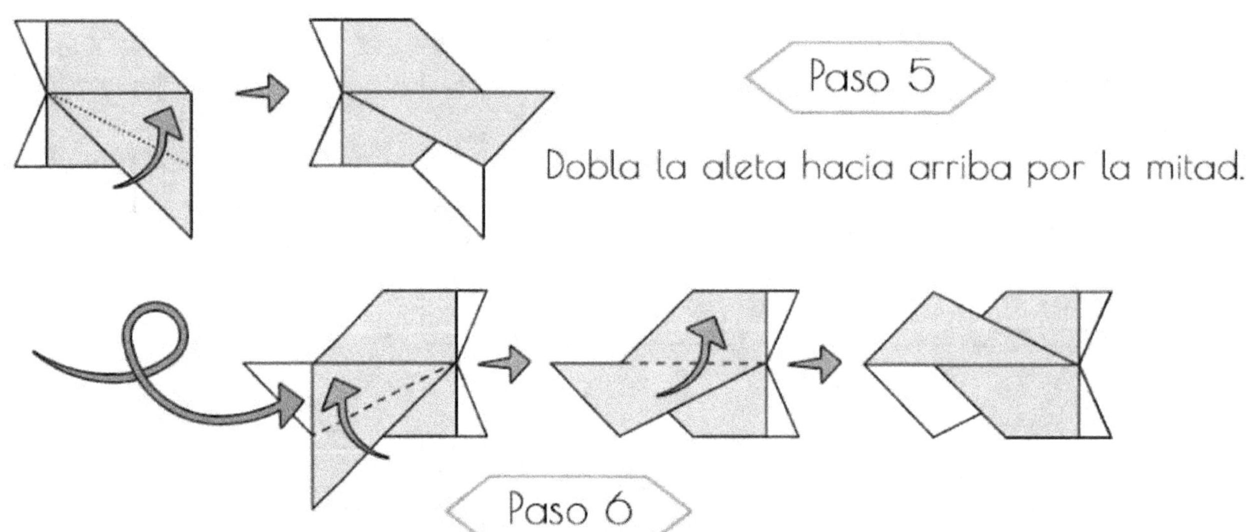

Dobla la aleta hacia arriba por la mitad.

Dale la vuelta a la figura. Dobla esa aleta por la mitad y hacia arriba del todo.

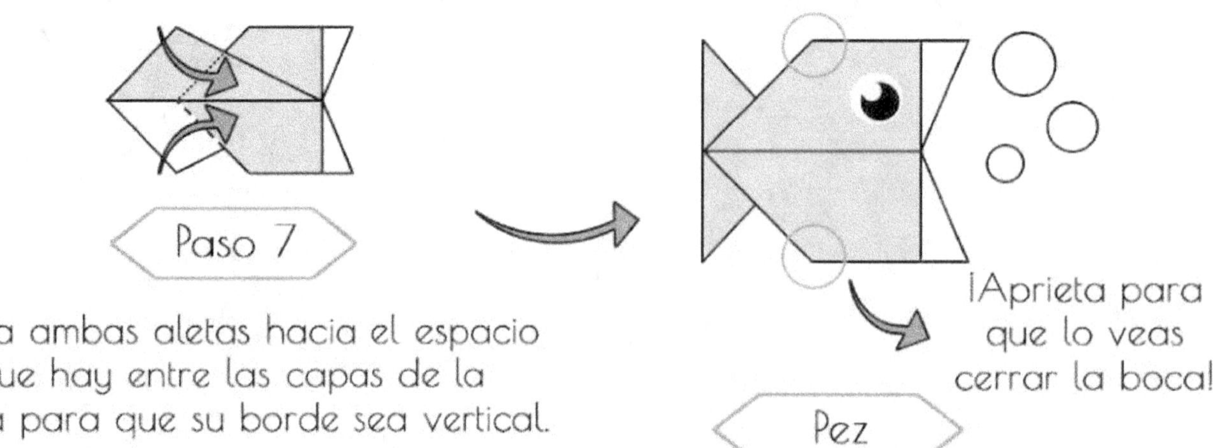

Dobla ambas aletas hacia el espacio que hay entre las capas de la figura para que su borde sea vertical.

¡Aprieta para que lo veas cerrar la boca!

Pavo Real

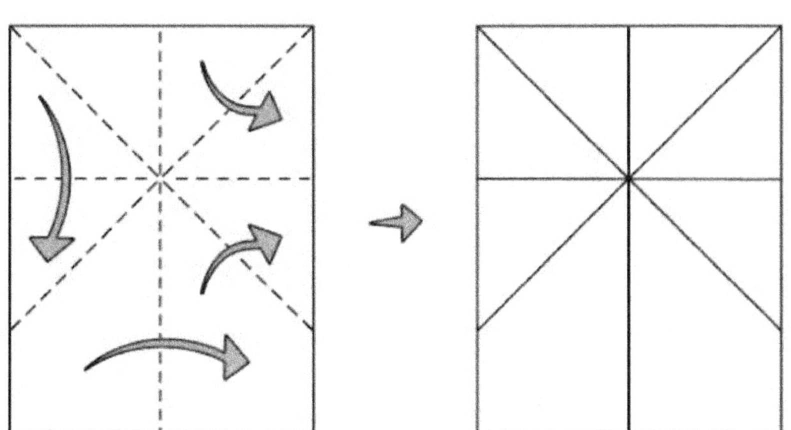

Paso 1

Dobla las esquinas superiores en diagonal y desdobla. Dobla en vertical y horizontal por el punto donde se cruzan esas líneas y desdobla de nuevo.

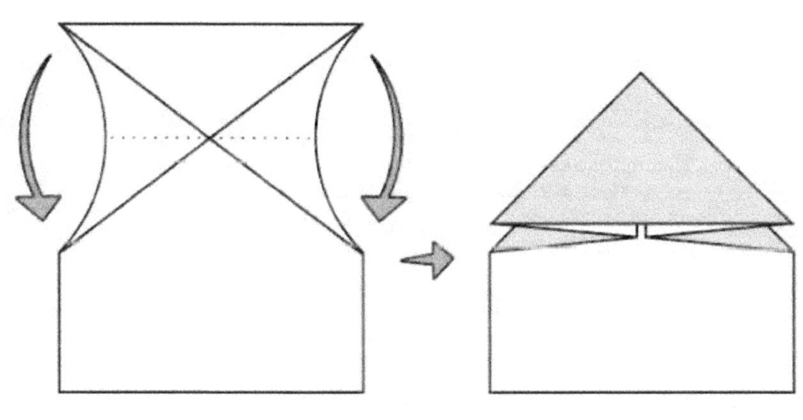

Paso 2

Dobla los lados hacia dentro y aplana para obtener un triángulo con un trozo de hoja sin doblar (cuanto más larga sea esta parte, más grande será la cola).

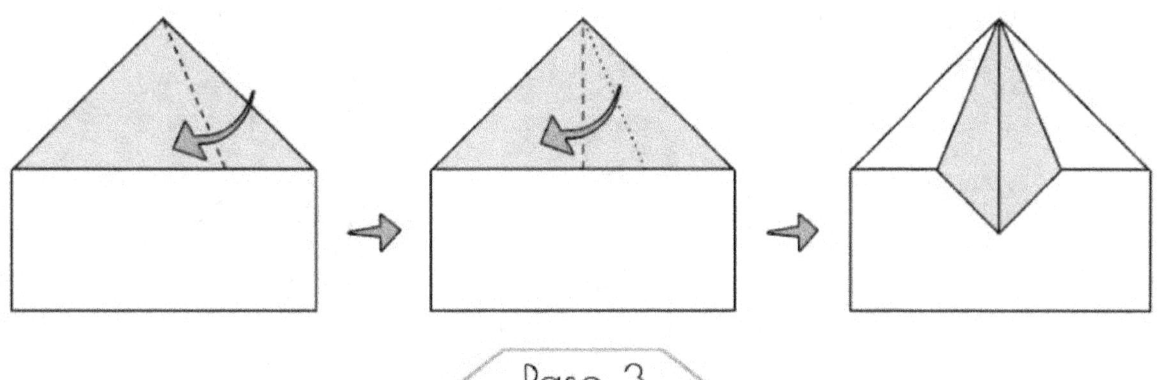

Paso 3

Dobla el lado derecho de la capa superior hacia la línea media y desdobla. Después abre las dos capas de esa sección siguiendo ese pliegue y aplana.

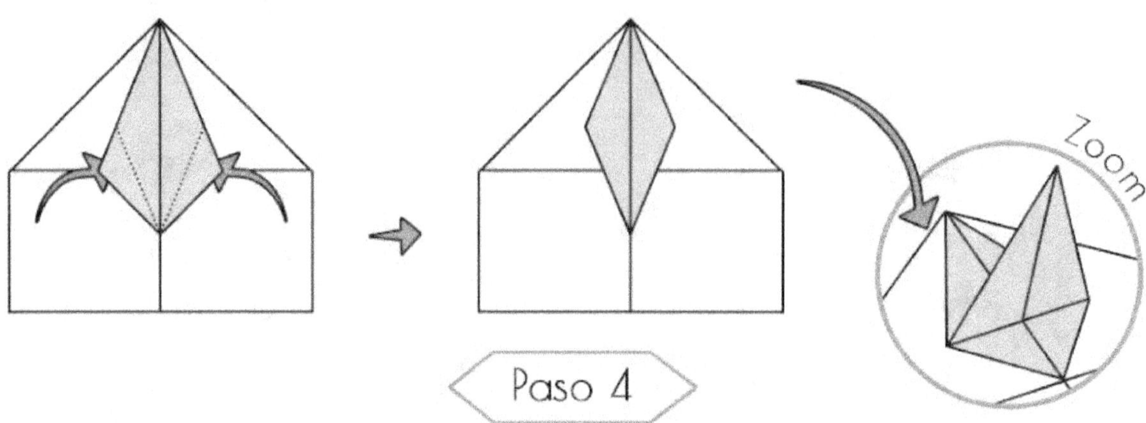

Paso 4

Dobla los lados hacia dentro, de forma que el borde superior quede horizontal. En el zoom puedes ver cómo se vería si levantaras esa sección. Esto solo es para que compruebes que ha quedado bien plegado, no es parte del proceso.

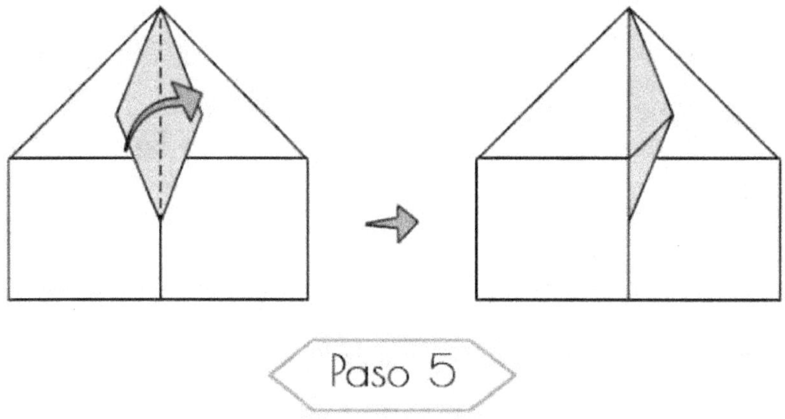

Paso 5

Dobla esa sección hacia la derecha por la mitad.

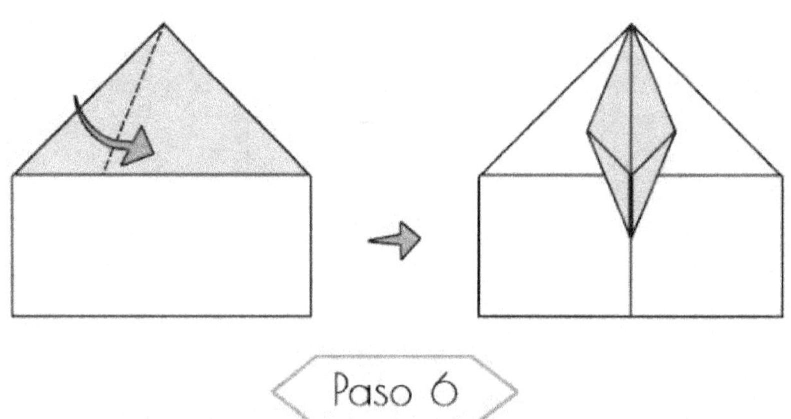

Paso 6

Repite los pasos 3 a 5 en el lado izquierdo de la capa superior. Al terminar, fíjate en que queda una abertura en la parte inferior entre ambos lados.

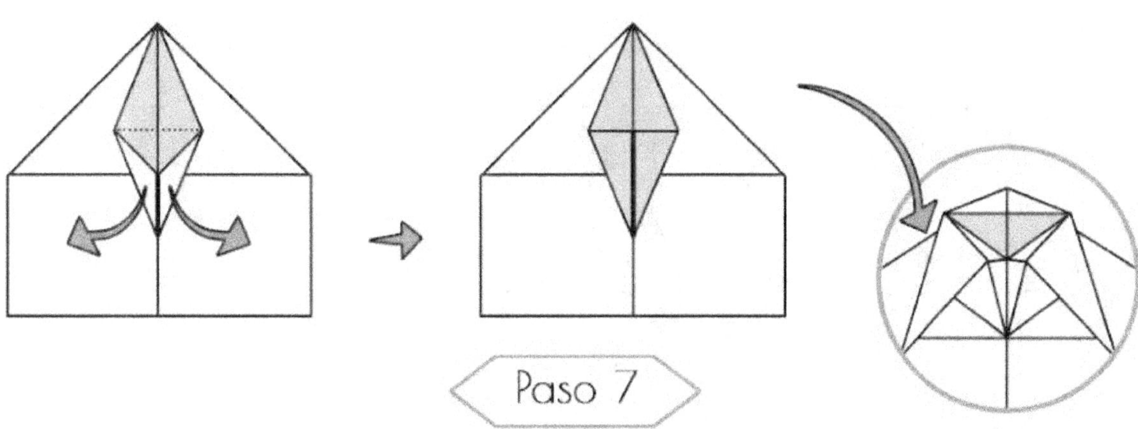

Paso 7

Tira de las solapas inferiores hacia los lados para abrir un pequeño hueco entre ellas e insertar el pico que queda justo encima hacia dentro y hacia arriba.

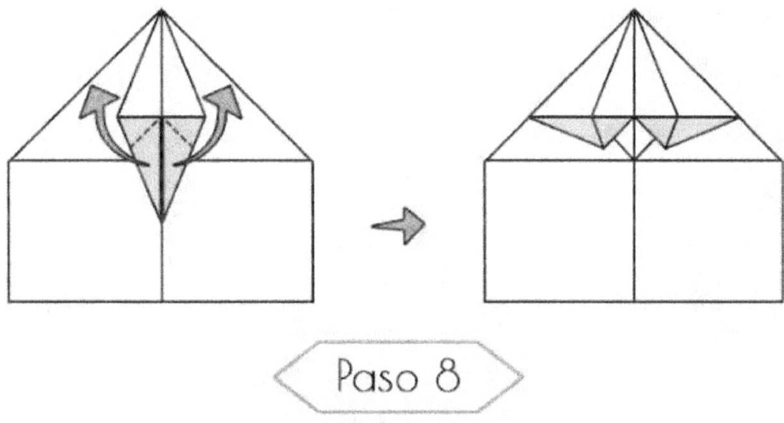

Paso 8

Haz un doblez inverso interior a cada lado para que sus bordes superiores queden horizontales.

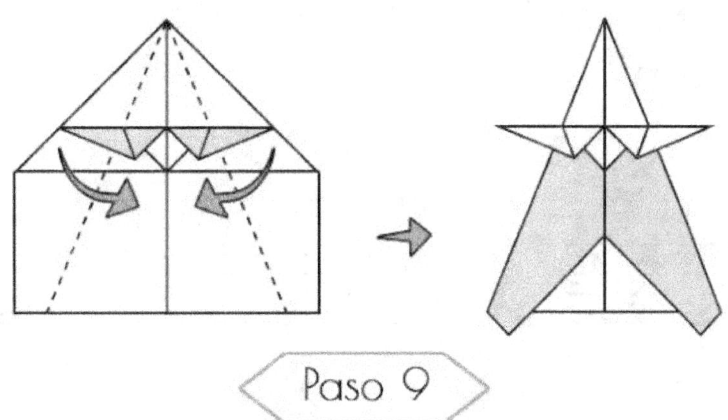

Paso 9

Lleva la parte superior de la capa inferior hacia la línea media, pero por detrás de la sección que has estado plegando hasta ahora.

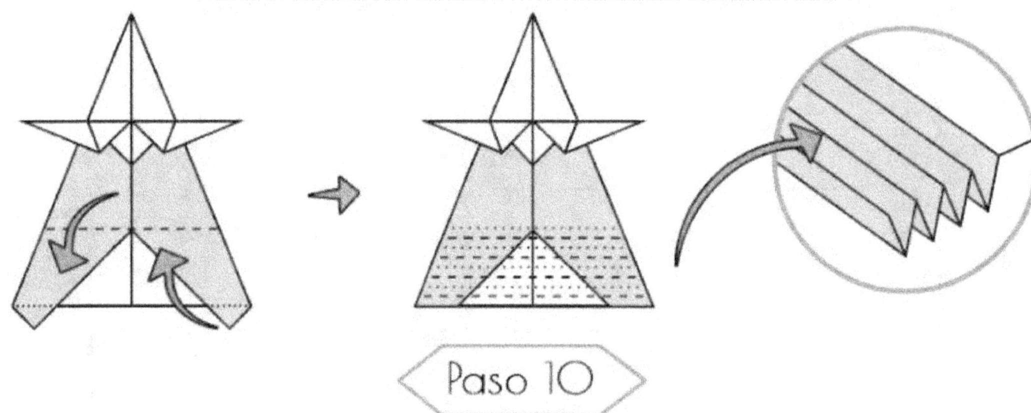

Dobla hacia atrás las puntitas que sobresalen en la parte inferior, después dobla la figura horizontalmente en el punto donde se tocan las dos solapas y desdobla. Con esa línea como límite, dobla la parte inferior de la figura en acordeón alternando dobleces valle y montaña.

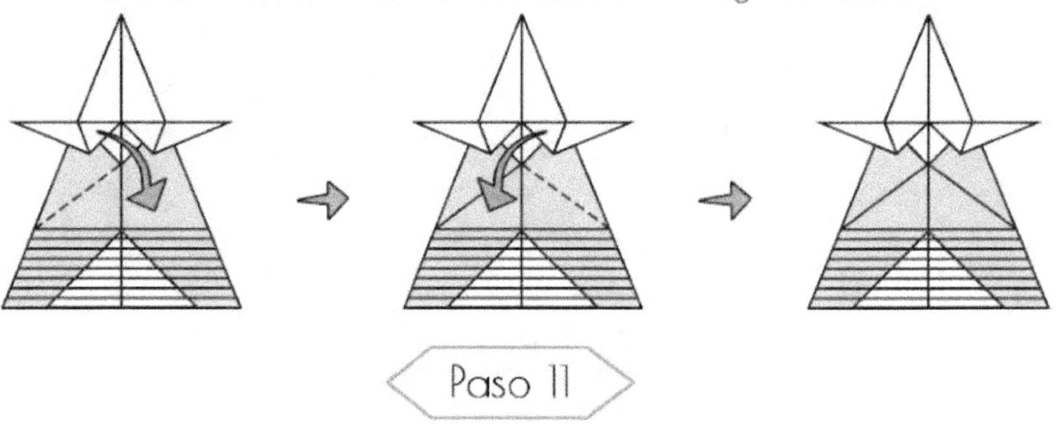

Dobla la parte superior diagonalmente a la derecha hasta el pliegue horizontal del paso anterior y desdobla. Repite hacia el lado izquierdo.

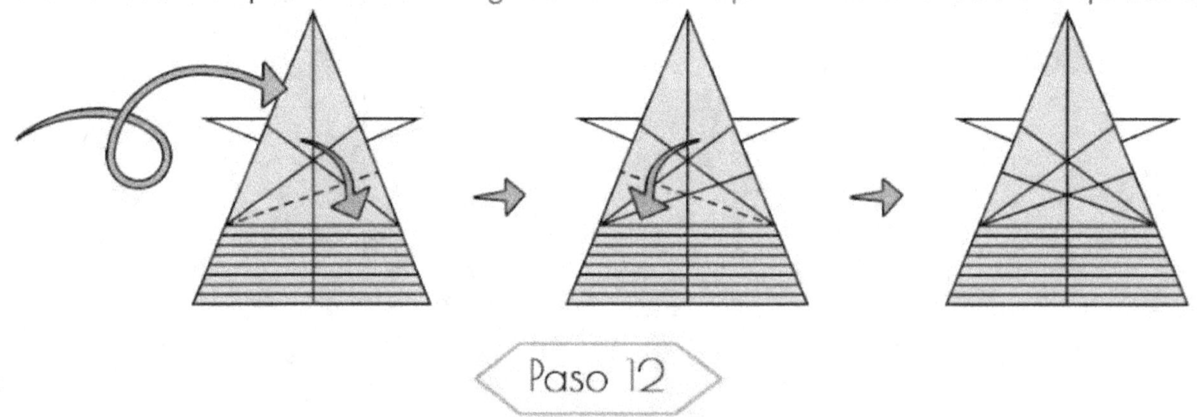

Dale la vuelta a la figura y dóblala igual que en el paso anterior, solo que esta vez el pliegue debe quedar más abajo, fíjate en el dibujo.

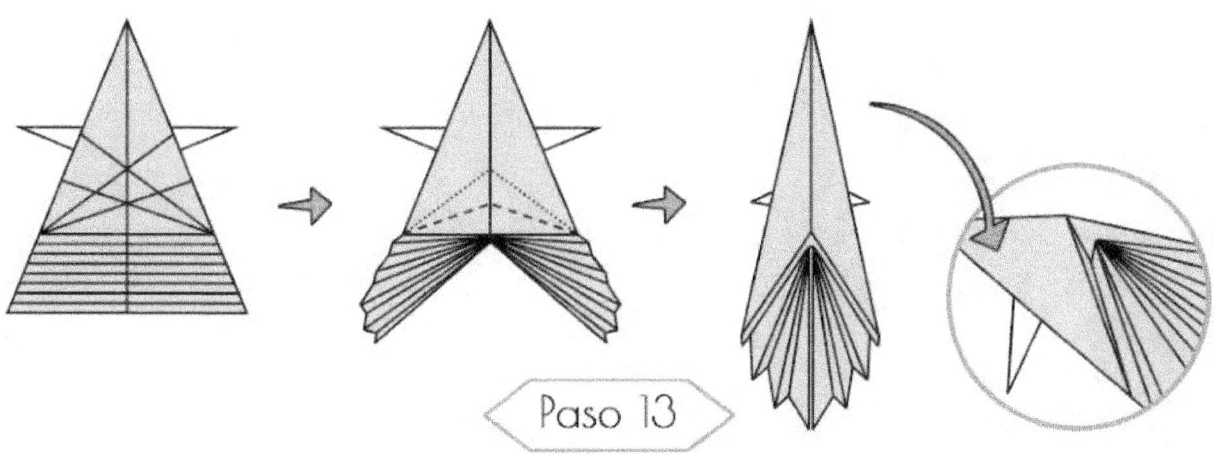

Paso 13

Esta es la parte difícil: dobla toda la sección en acordeón por la mitad, a la vez que formas un triángulo entre las líneas que hiciste en los pasos 11 y 12. Verás que el resto de la figura se dobla por la mitad mientras haces ese triángulo y, al final, la base de la cola queda entre las dos capas del papel.

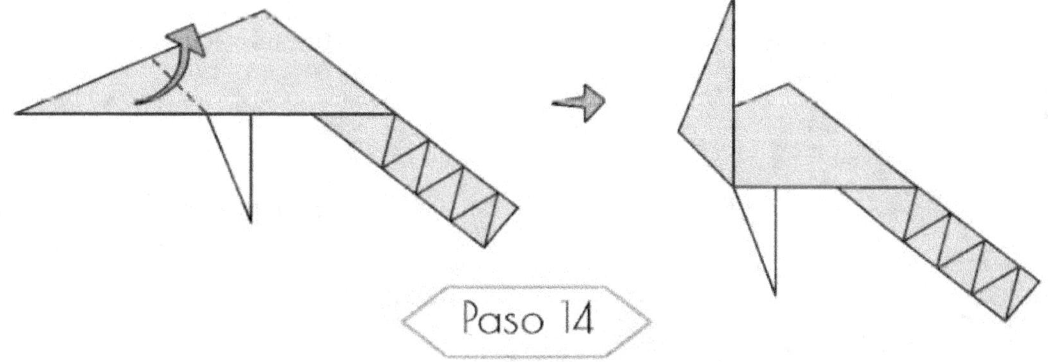

Paso 14

Pon la figura de lado y aplánala. Después haz un doblez inverso exterior en el lado opuesto a la cola para que apunte hacia arriba.

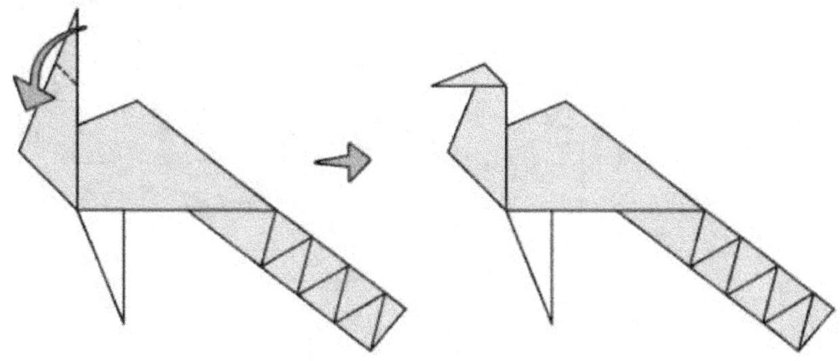

Paso 15

Haz otro doblez inverso exterior en la punta de esa misma sección.

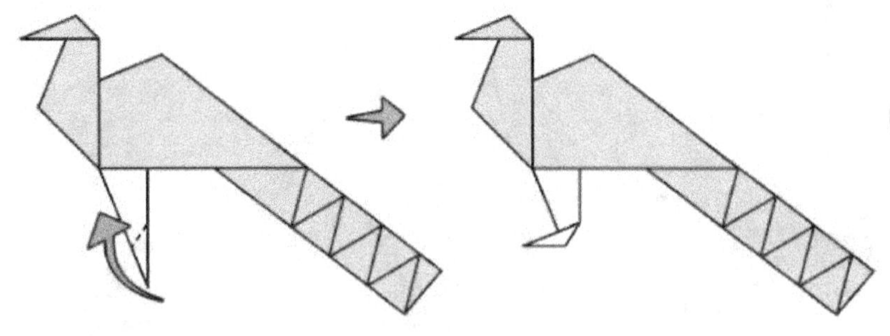

Haz dobleces inversos
exteriores en los dos picos
que apuntan hacia abajo.

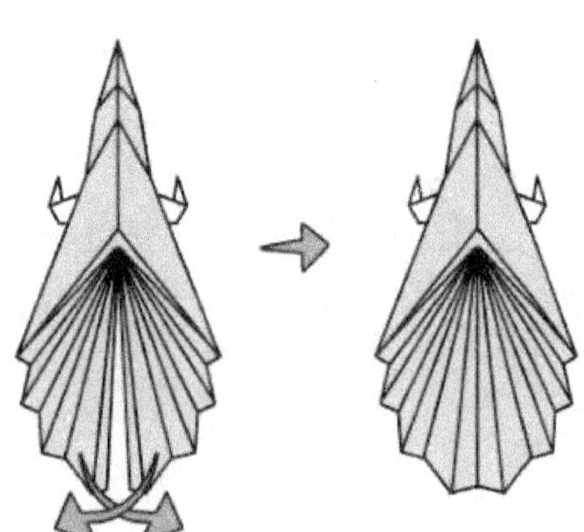

Para asegurarte de que la cola no se va a abrir
por la aberura que tiene en el centro, pon el
primer pliegue de cada lado uno sobre el otro
y dóblalos por la mitad por su parte trasera.

Presiona justo aquí con cuidado
para ver cómo se levanta
y se abre la cola del pavo real.

Pavo Real

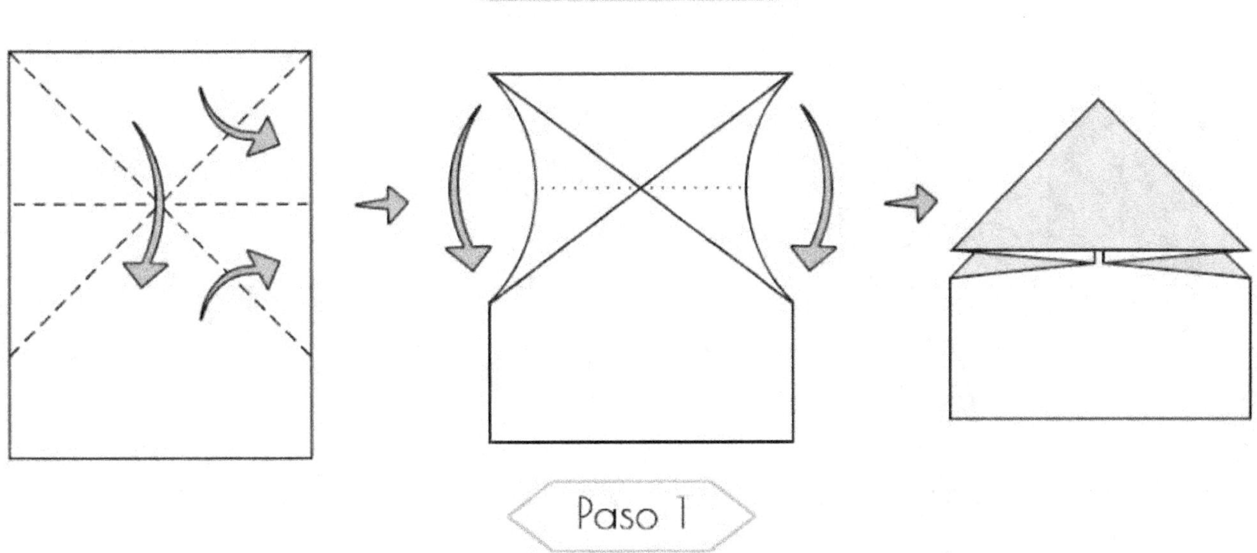

Dobla las esquinas superiores en diagonal y desdobla. Dobla en vertical y horizontal por el punto donde se cruzan esas líneas y desdobla de nuevo. Después dobla los lados hacia dentro y aplana para obtener un triángulo con un trozo de hoja sin doblar en la parte inferior.

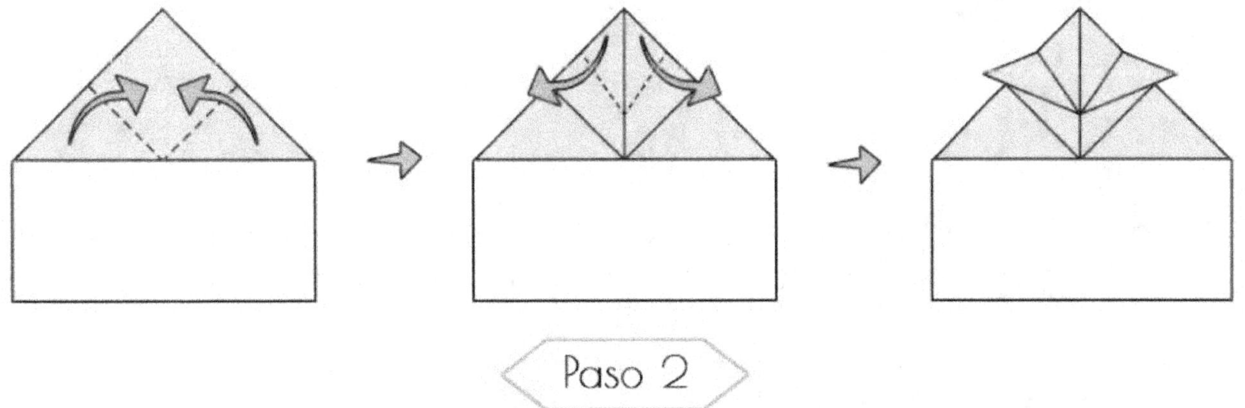

Dobla los lados de la capa superior hacia arriba por la mitad. Después dóblalos de nuevo hacia abajo en ángulo para que sobresalgan a los lados de la figura.

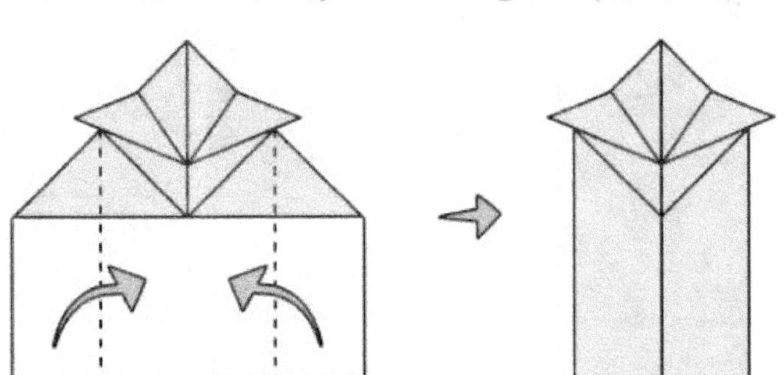

Dobla los lados de la capa inferior hacia la línea media.

Rana

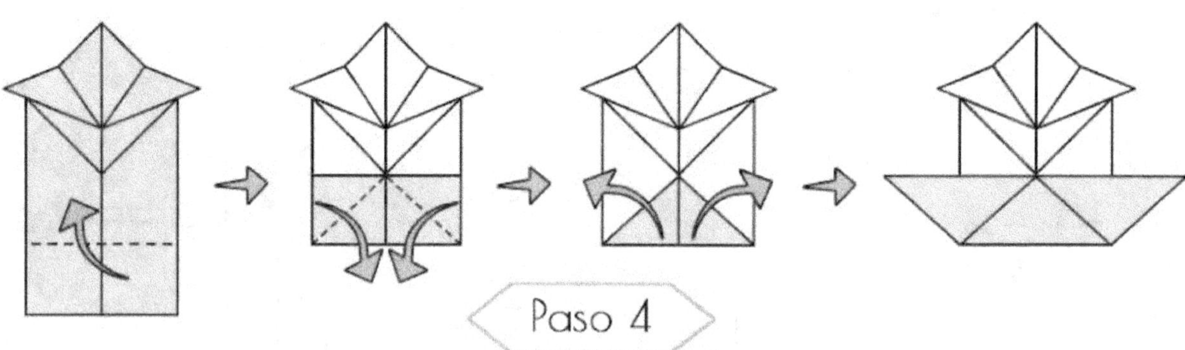

Dobla la parte inferior de la figura hacia arriba y luego sus esquinas hacia abajo en diagonal. Tira de esas solapas hacia los lados para abrirlas y presiona.

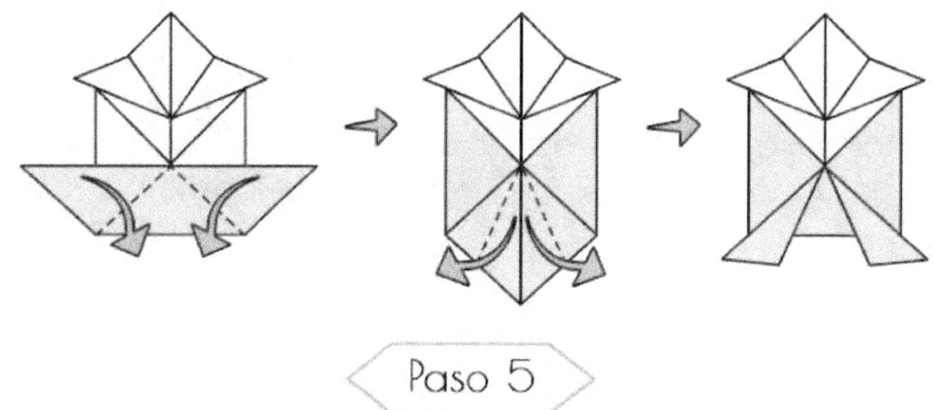

Dobla los lados hacia abajo por los pliegues del paso anterior. Después dóblalas ligeramente hacia arriba para que sobresalgan a ambos lados.

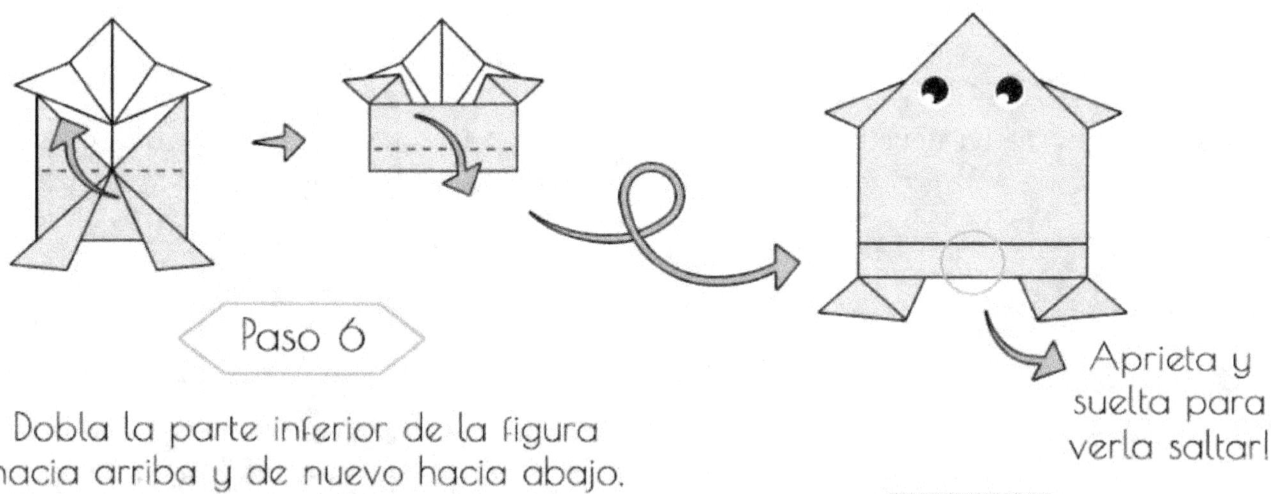

Dobla la parte inferior de la figura hacia arriba y de nuevo hacia abajo, dejando un espacio entre ambos pliegues.

Tulipán

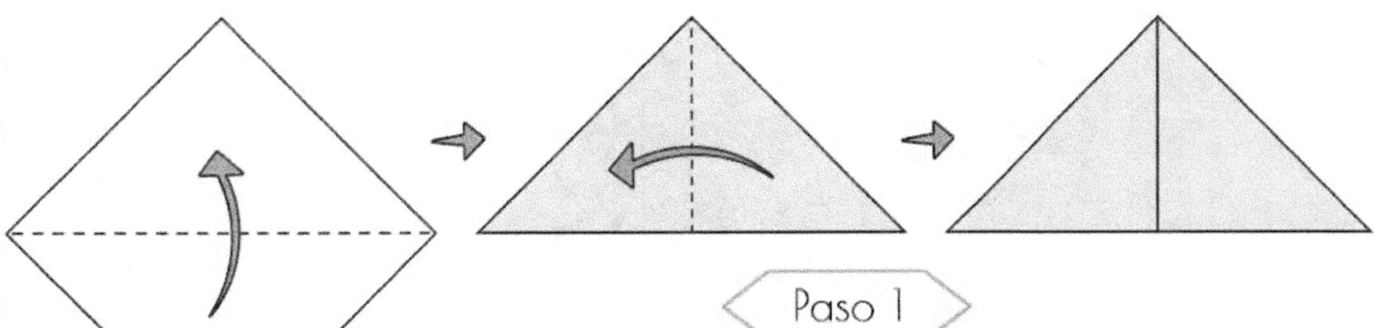

Dobla la hoja hacia arriba por una de sus diagonales. Después dobla por la mitad y desdobla.

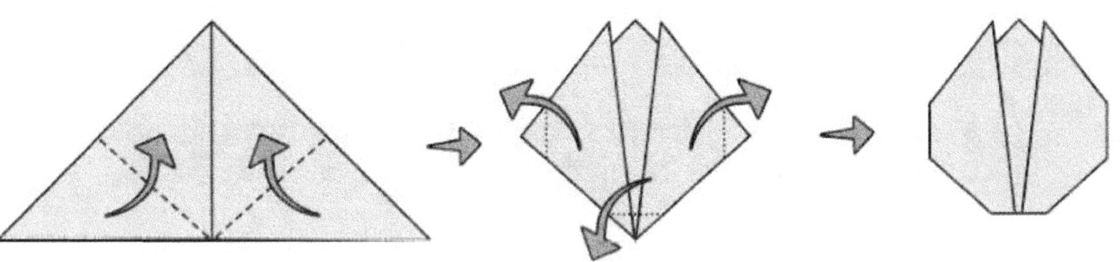

Dobla los lados hacia arriba para que sobresalgan a los lados de la puntita superior. Dobla las esquinas inferior y laterales hacia atrás y la flor está lista.

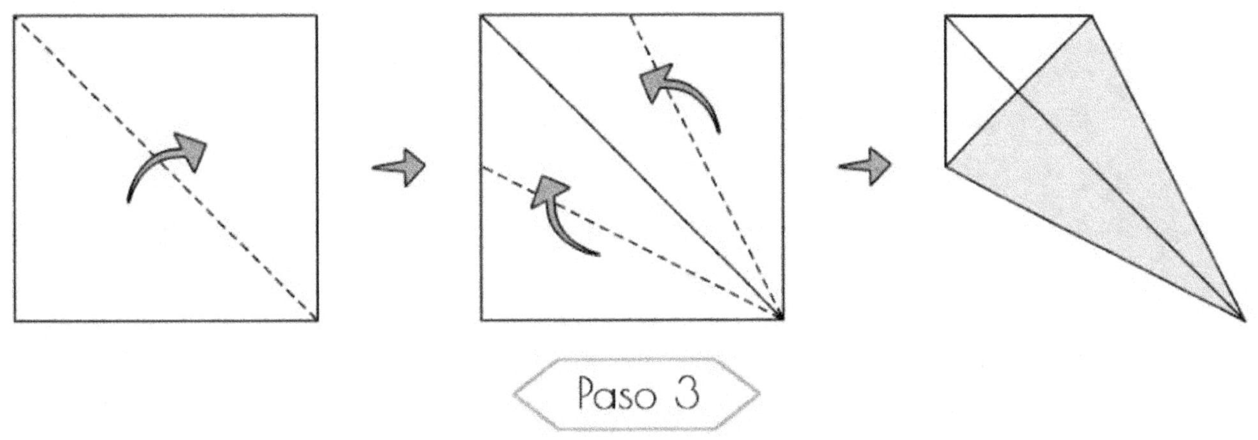

Coge otra hoja, dobla a lo largo de una diagonal y desdobla. Después lleva las esquinas superior derecha e inferior izquierda hacia esa diagonal.

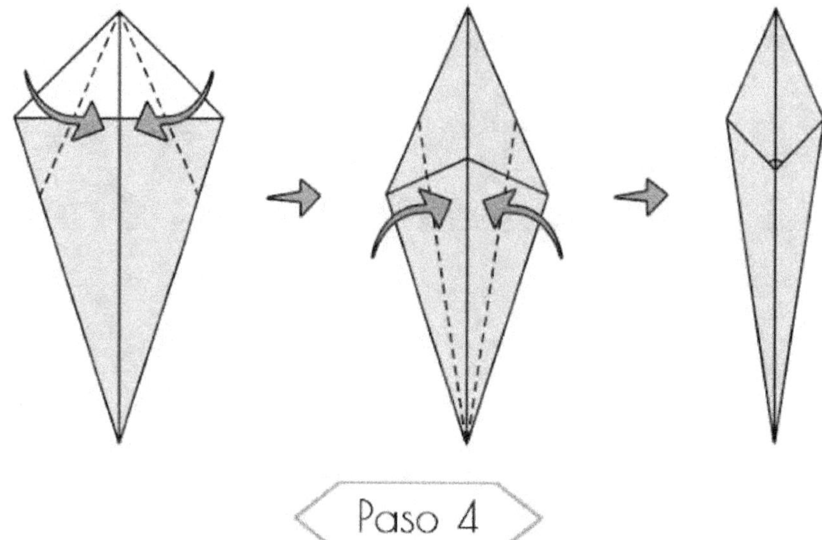

<< Paso 4 >>

Dobla los lados hacia abajo hasta la línea media
y después hacia arriba de la misma forma.

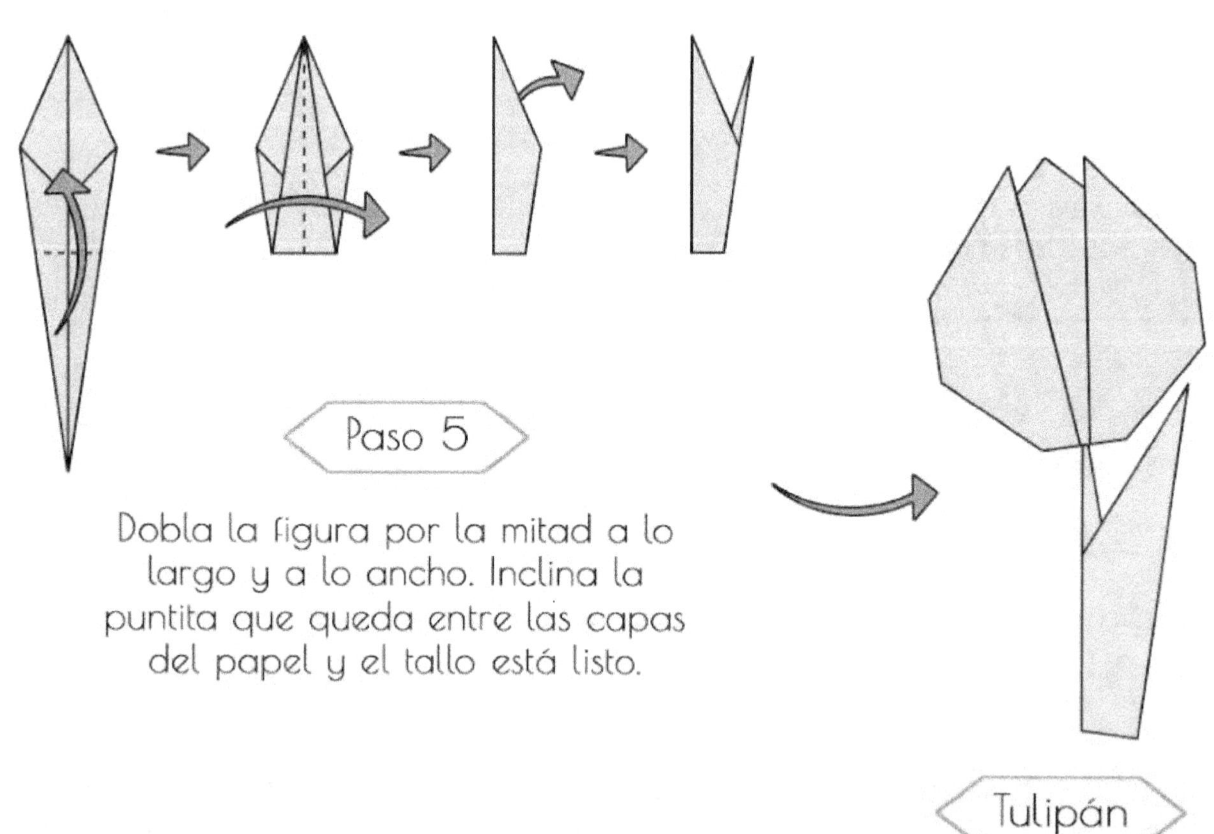

<< Paso 5 >>

Dobla la figura por la mitad a lo
largo y a lo ancho. Inclina la
puntita que queda entre las capas
del papel y el tallo está listo.

<< Tulipán >>

Koala

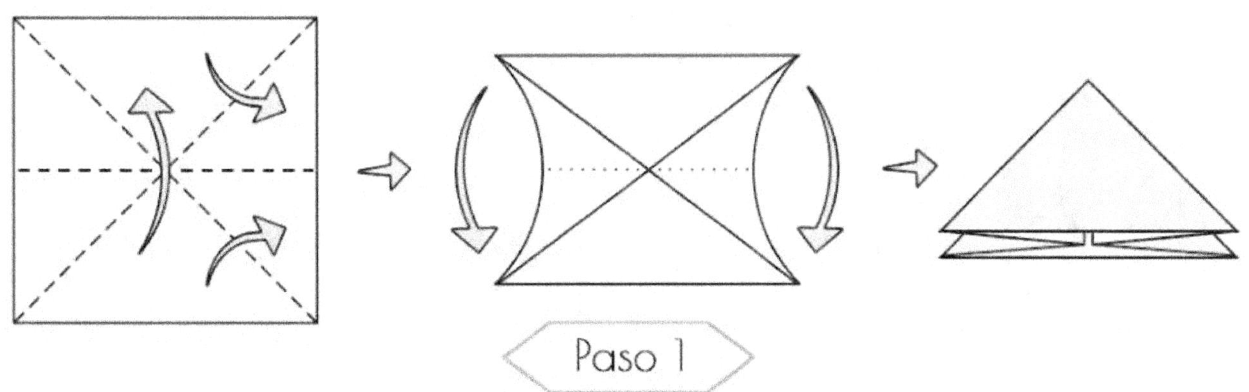

Dobla por la mitad horizontalmente y a lo largo de ambas diagonales y desdobla. Después lleva ambos lados hacia el centro de la figura y presiona los bordes para formar un triángulo

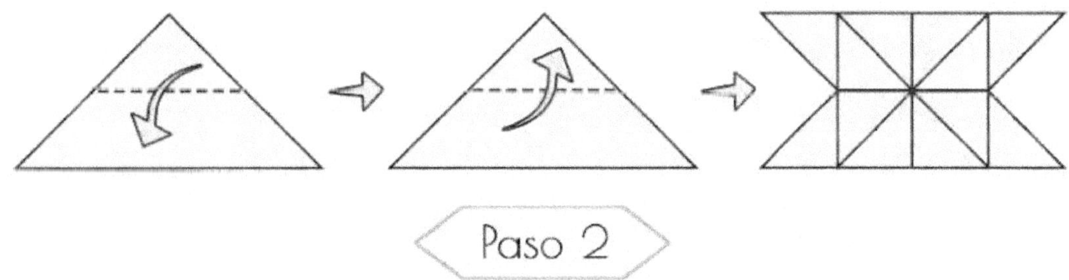

Dobla la figura por la mitad y desdobla. Después dobla la capa superior hacia arriba por ese pliegue y verás que las solapas que hay justo debajo de ella también se mueven hacia arriba. Aplana la figura, incluyendo esas solapas.

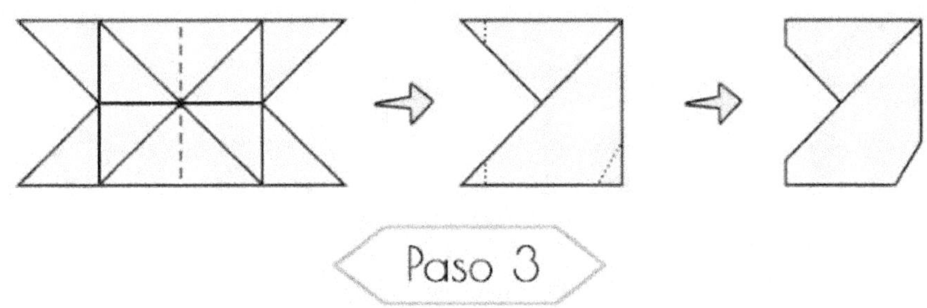

Dobla la figura por la mitad hacia la izquierda. Después haz dobleces inversos interiores en las esquinas del lado izquierdo y en la inferior derecha.

Koala

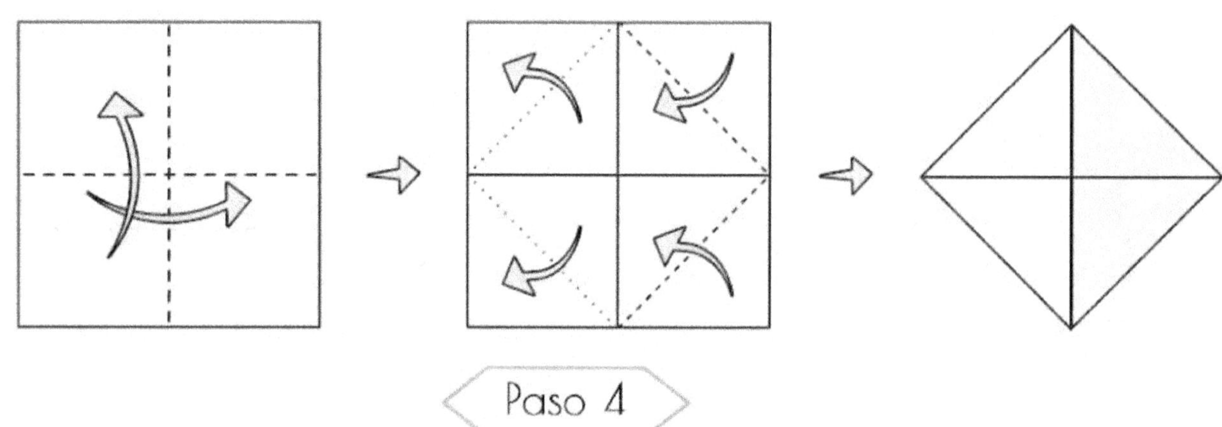

Dobla por la mitad vertical y horizontalmente y desdobla. Después dobla las dos esquinas izquierdas hacia atrás y las dos esquinas derechas hacia delante.

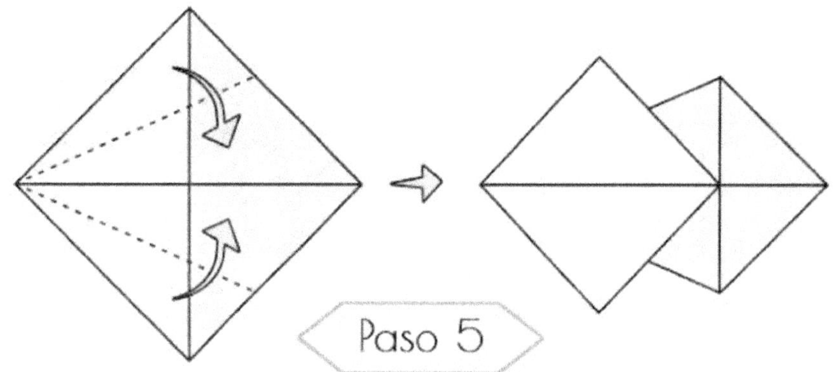

Lleva las esquinas superior e inferior hacia la línea media horizontal. Verás que las esquinas que doblaste hacia atrás ahora sobresalen a los lados.

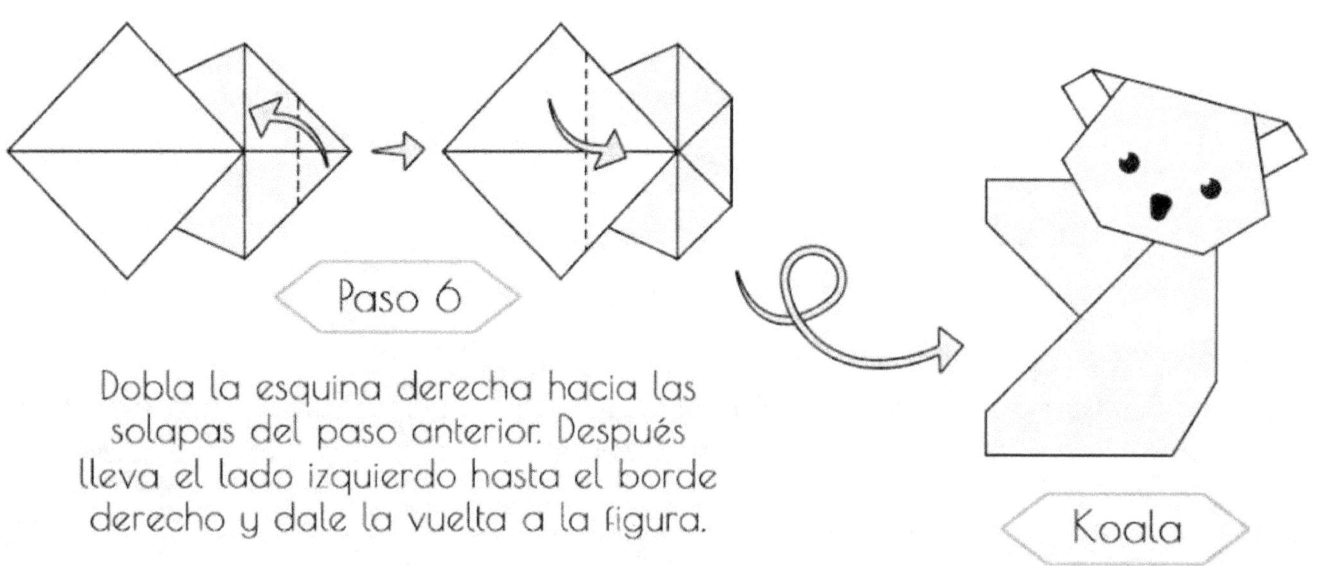

Dobla la esquina derecha hacia las solapas del paso anterior. Después lleva el lado izquierdo hasta el borde derecho y dale la vuelta a la figura.

Zanahoria

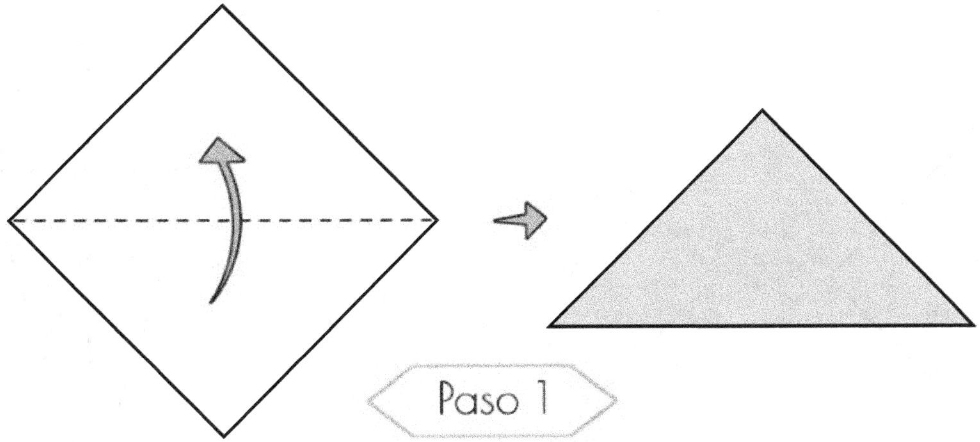

Paso 1

Dobla una hoja hacia arriba por una de sus diagonales.

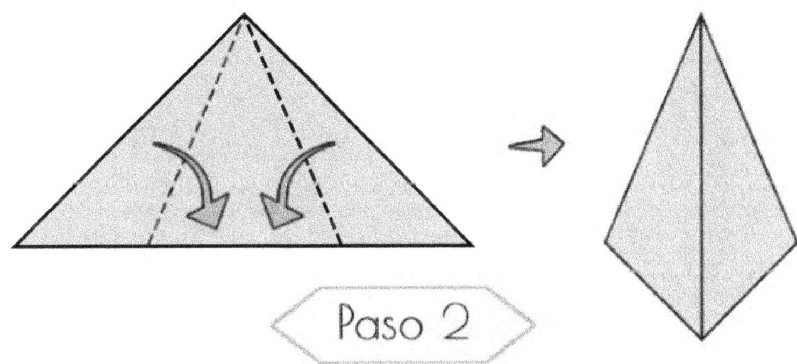

Paso 2

Dobla ambos lados hacia abajo hasta la línea media.

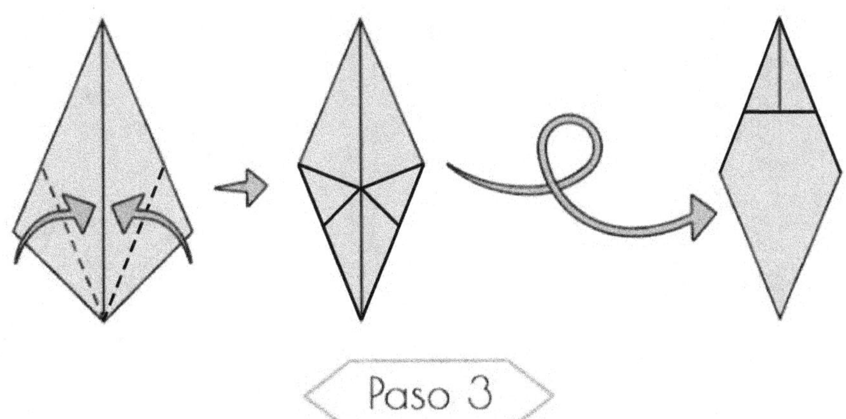

Paso 3

Dobla las esquinas laterales hacia arriba, también hacia la línea media, y dale la vuelta a la figura. Este es el cuerpo de la zanahoria.

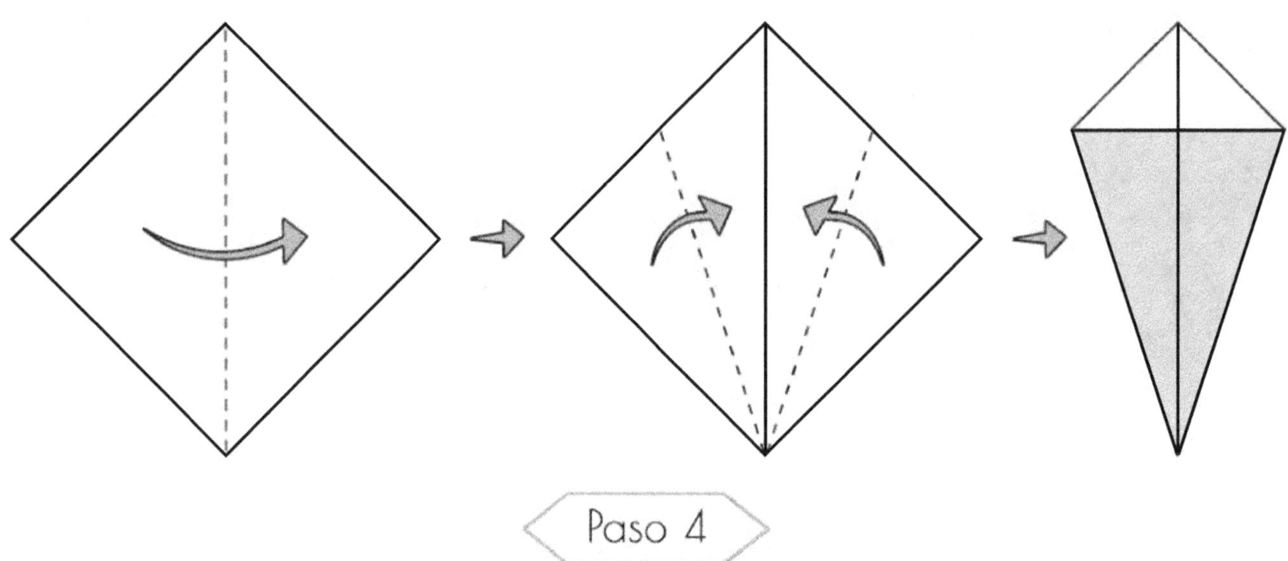

Coge una hoja más pequeña que la anterior, dóblala verticalmente por una diagonal y desdobla. Después lleva las esquinas laterales hacia la línea media.

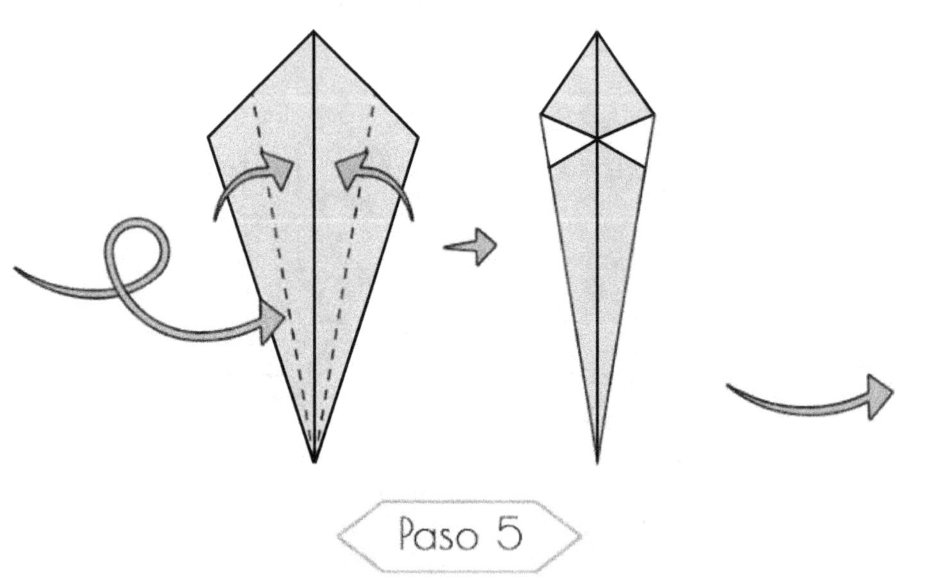

Dale la vuelta a la figura y vuelve a llevar los laterales hacia la línea media. Repite los pasos 4 y 5 con otra hoja e inserta las dos en la parte trasera del cuerpo de la zanahoria.

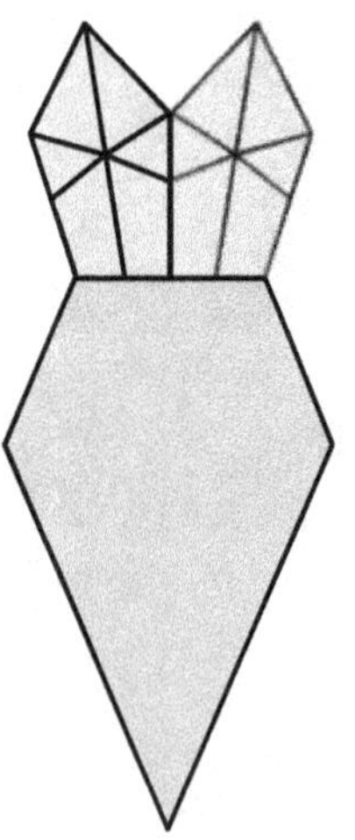

Caja

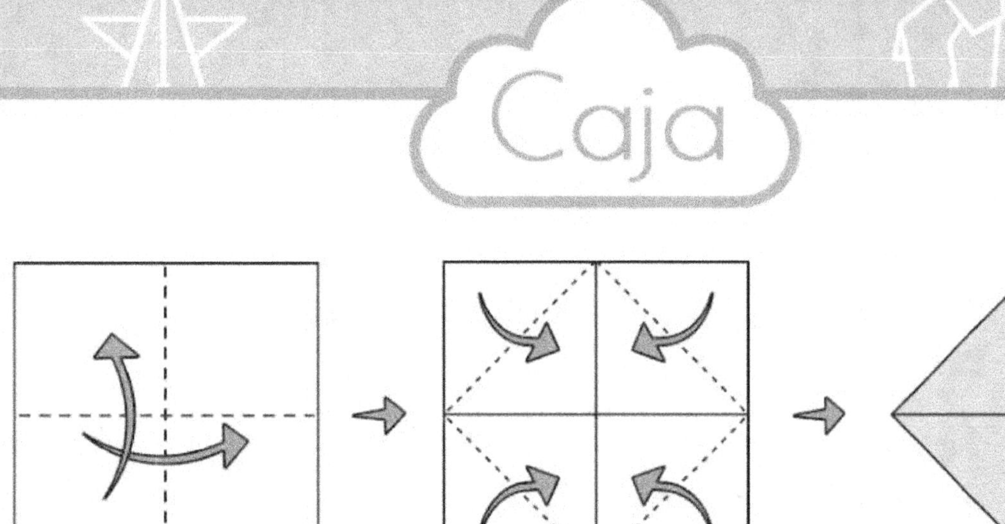

Dobla una hoja por la mitad vertical y horizontalmente y desdobla. Lleva todas las esquinas al centro de la figura. Repite en otra hoja un poco más grande.

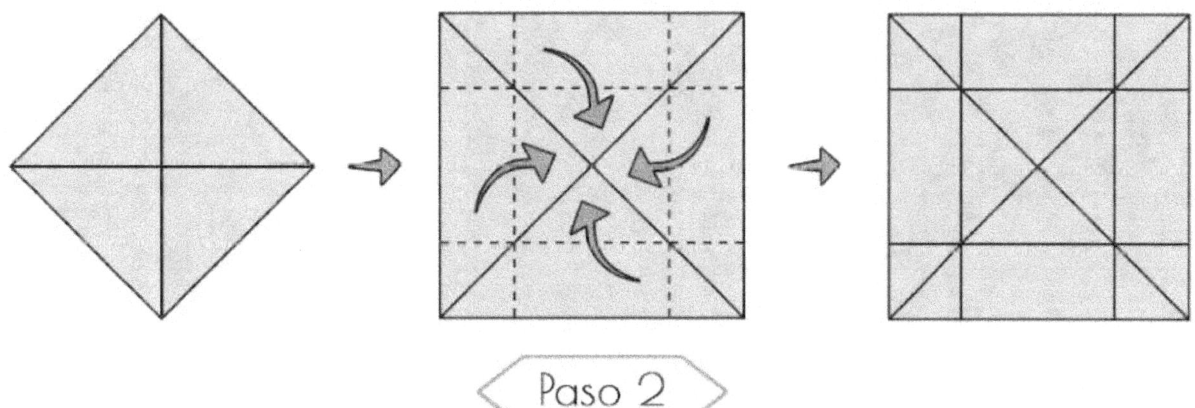

Gira la hoja, dobla todos los bordes hacia el centro de la figura y desdobla. Repite en la otra hoja.

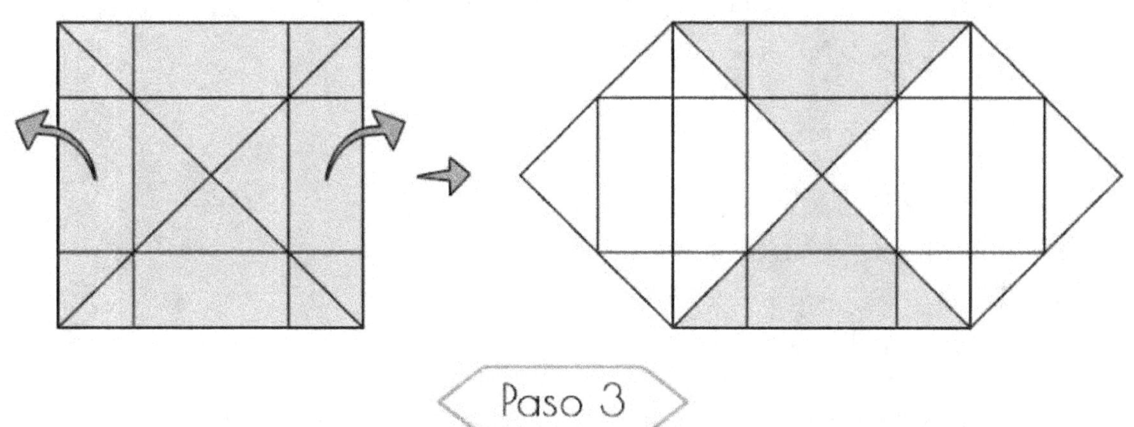

Desdobla las esquinas laterales y repite en la otra hoja.

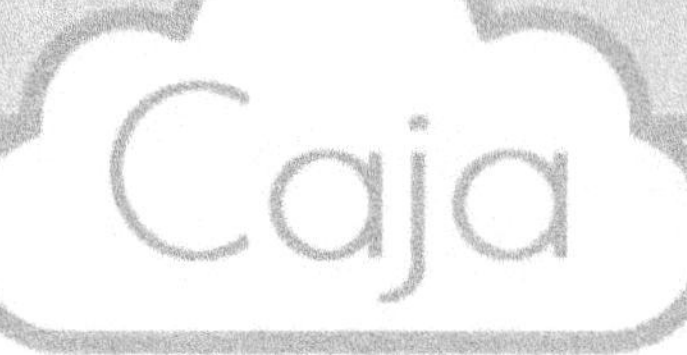

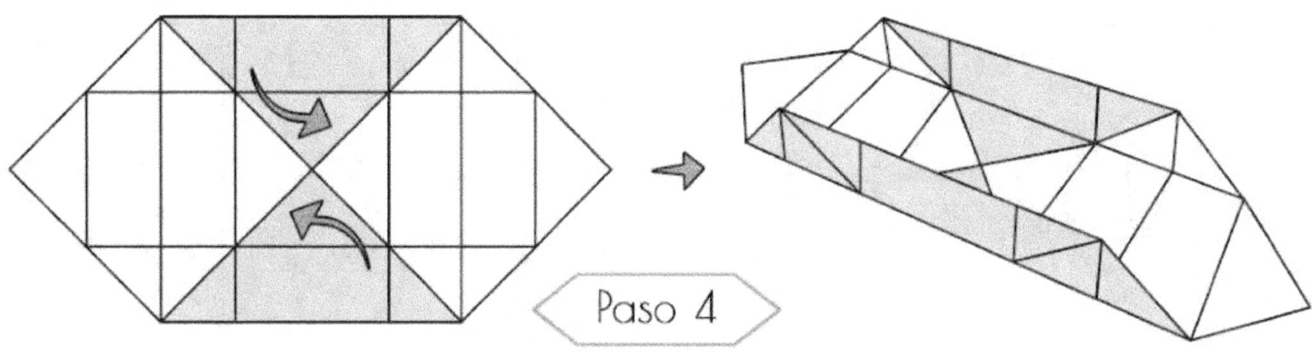

Dobla los bordes superior e inferior para que queden verticales con respecto al centro de la figura. Repite en la otra hoja.

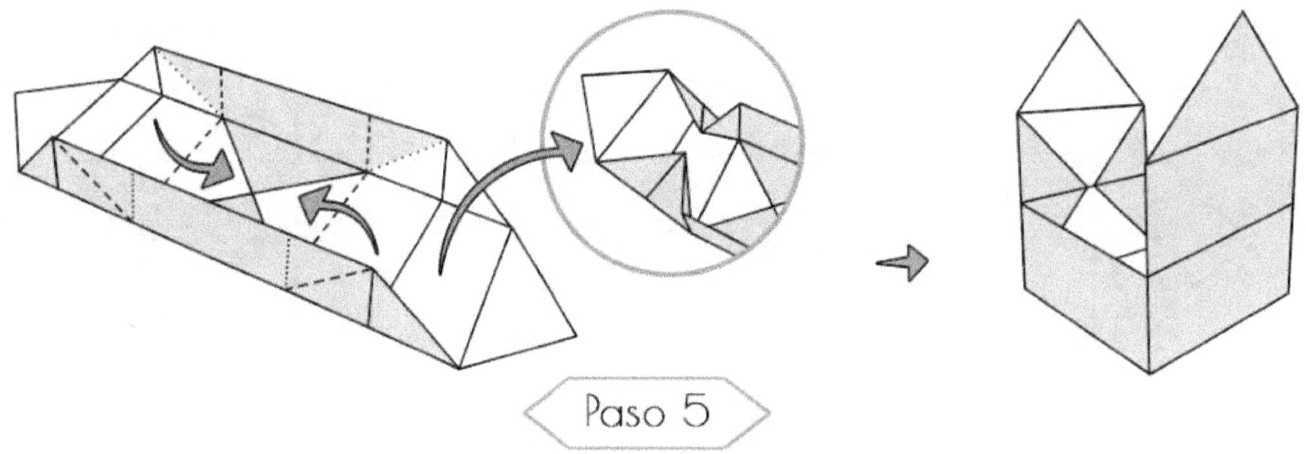

Dobla las esquinas laterales hacia arriba hasta que queden verticales. Mientras lo haces, verás que se forma una solapa entre esas secciones y las que doblaste en el paso 4: dóblalas hacia dentro con un doblez valle diagonal y un doblez montaña vertical. Repite en la otra hoja.

Dobla esas secciones de nuevo hacia abajo, pero por encima de las solapas que acabas de doblar; después dobla las puntas hacia arriba para que queden pegadas al fondo. Repite en la otra hoja y dale la vuelta para usarla como tapa.

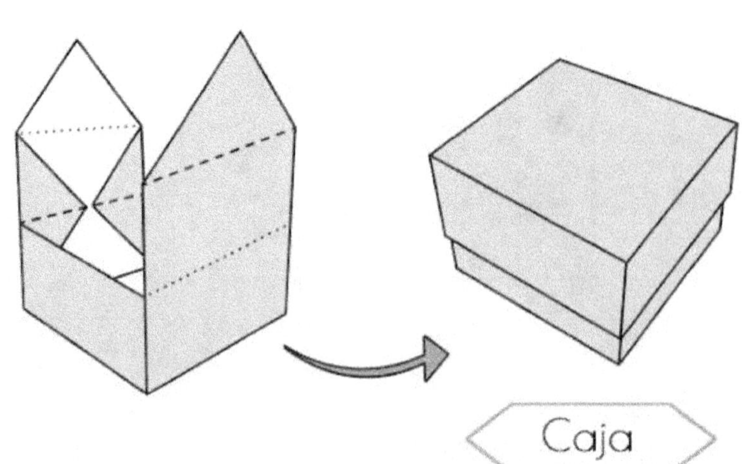

Estrella Ninja

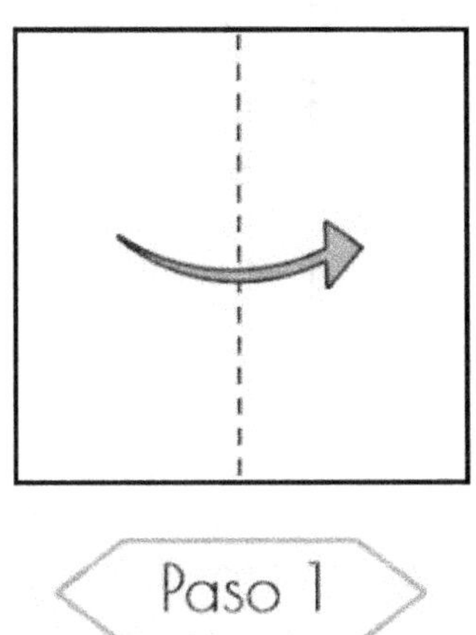

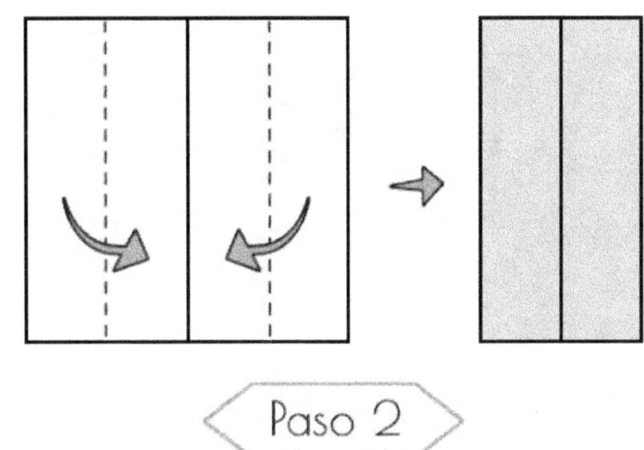

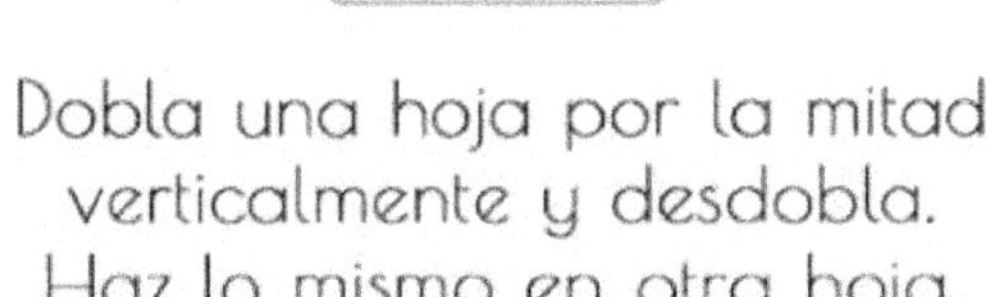

Dobla una hoja por la mitad verticalmente y desdobla. Haz lo mismo en otra hoja.

Lleva los bordes laterales hacia la línea media para doblar cada lado otra vez por la mitad. Repite en la otra hoja.

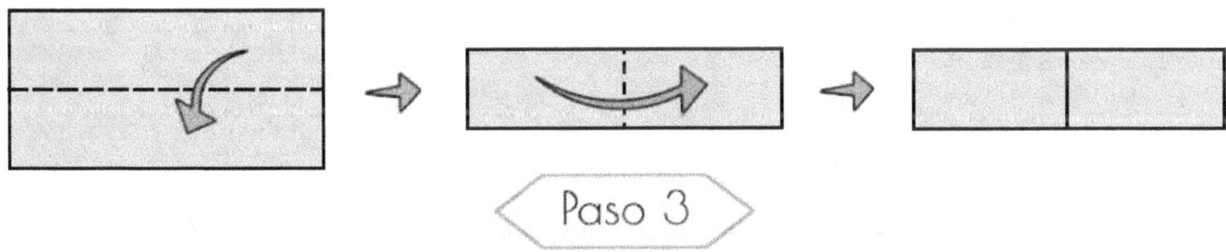

Gira la figura hacia un lado y dobla hacia abajo por la mitad. Después dobla hacia la derecha por la mitad y desdobla.

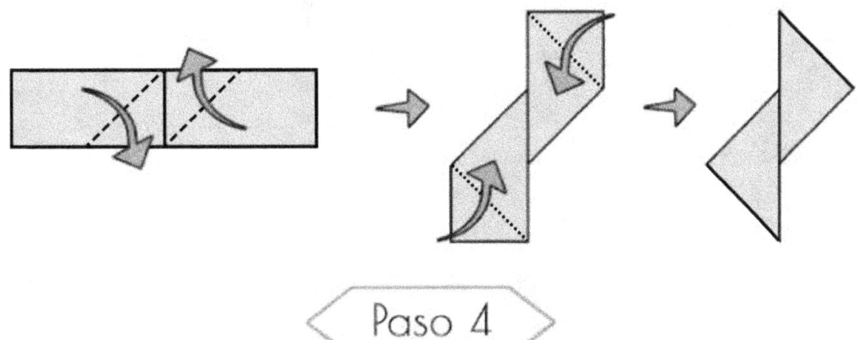

Dobla la mitad izquierda de una hoja hacia abajo y la derecha hacia arriba. Después dobla la esquina superior derecha y la inferior izquierda hacia atrás.

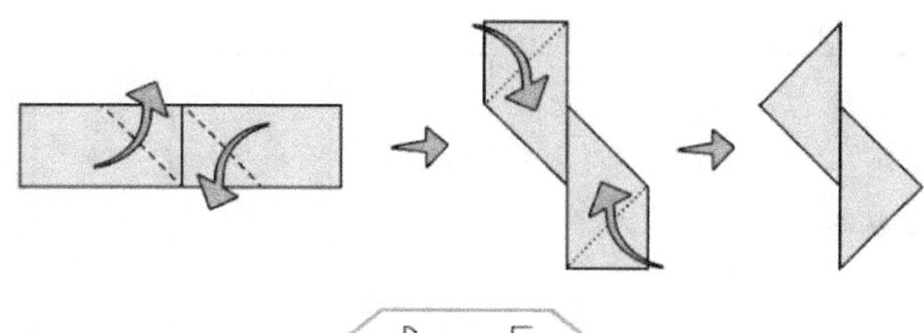

Paso 5

Dobla la mitad izquierda de la otra hoja hacia arriba y la derecha hacia abajo. Después dobla la esquina superior izquierda y la inferior derecha hacia atrás.

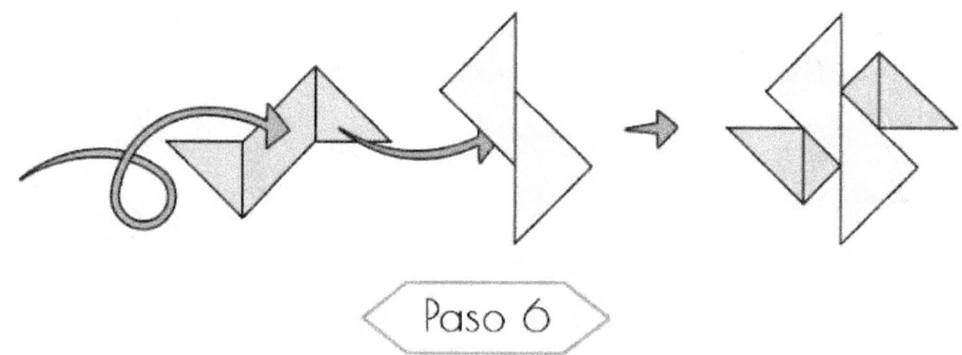

Paso 6

Dale la vuelta a una de las figuras y colócala encima de la otra para que formen una X. A partir de ahora, las figuras serán de colores distintos para que sea más fácil diferenciarlas, pero puedes hacerlas del mismo color.

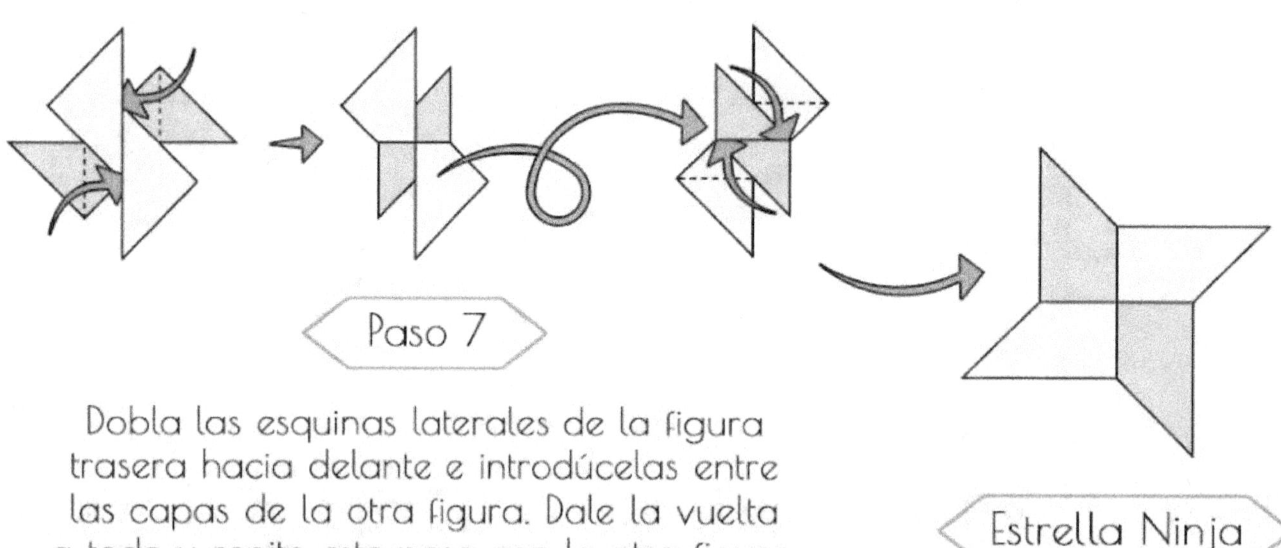

Paso 7

Dobla las esquinas laterales de la figura trasera hacia delante e introdúcelas entre las capas de la otra figura. Dale la vuelta a todo y repite este paso con la otra figura.

Estrella Ninja

Triceratops

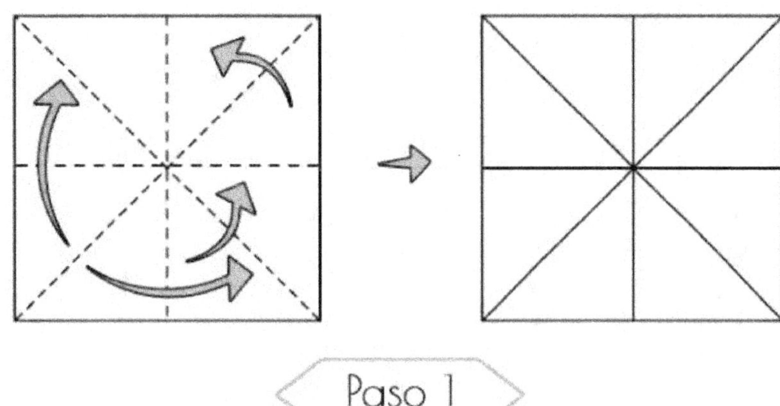

Dobla por la mitad vertical, horizontal y diagonalmente, luego desdobla.

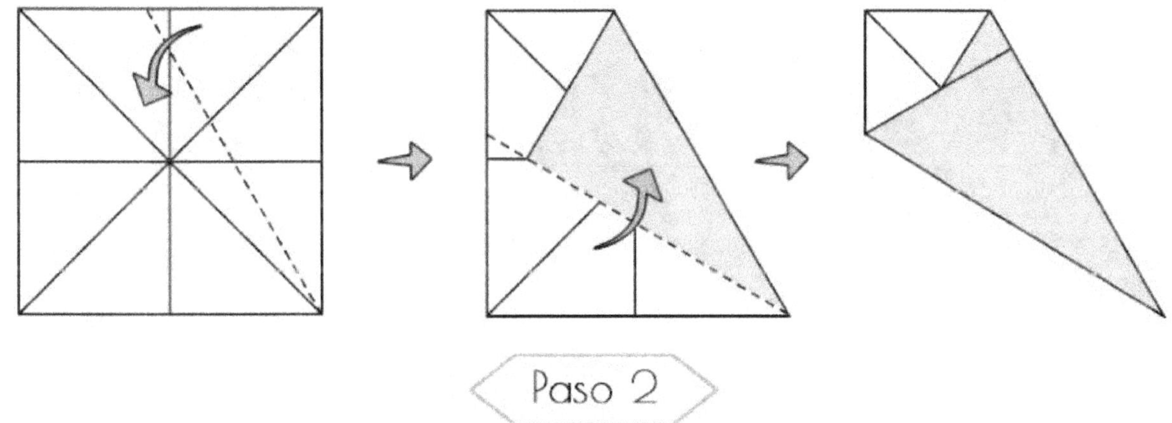

Lleva la esquina superior derecha al lado izquierdo del pliegue horizontal. Después lleva la esquina inferior izquierda hasta el borde de este doblez.

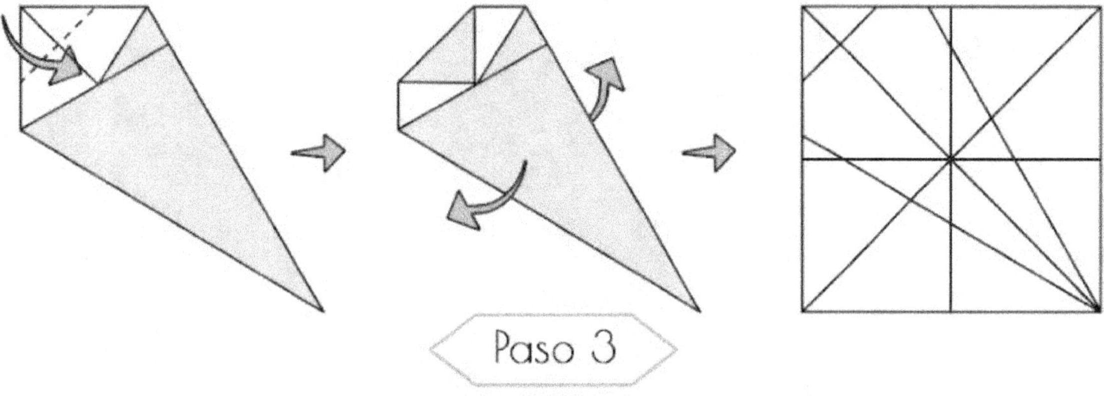

Dobla la puntita de la izquierda hacia abajo hasta el punto donde se unen las solapas del paso anterior. Después desdobla todo.

Triceratops

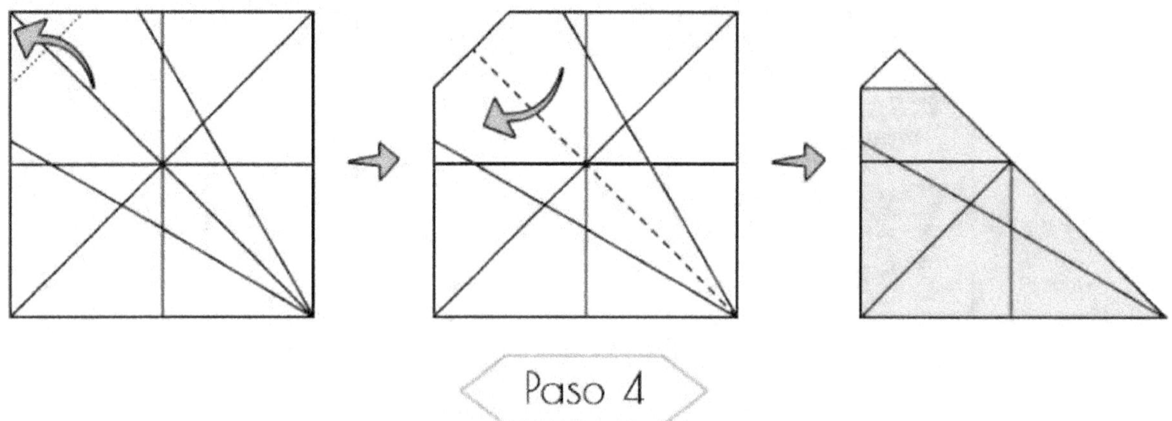

Dobla la puntita de nuevo por el mismo sitio, esta vez
hacia atrás. Después dobla toda la figura diagonalmente.

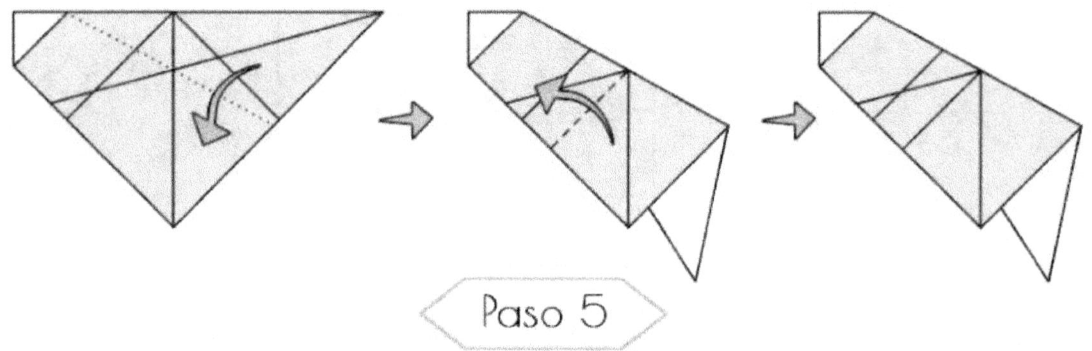

Gira la figura para que el borde superior sea horizontal y haz un doblez inverso
interior en la parte superior donde se indica. Después dobla la figura para unir
las esquinas inferiores derecha e izquierda de la capa superior y desdobla.

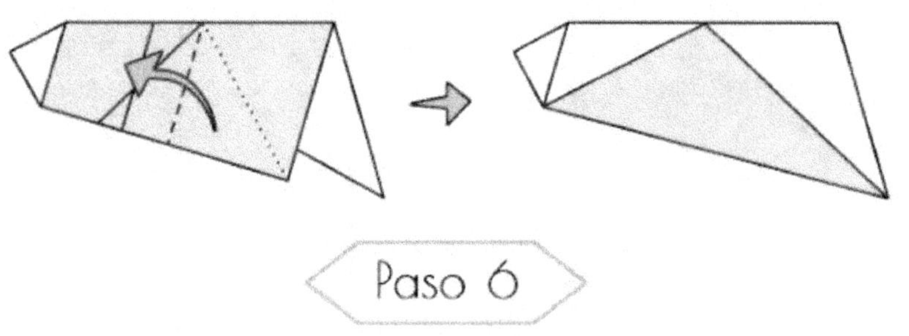

Usa esa línea que acabas de hacer para abrir la
esquina inferior derecha hacia la izquierda. Verás
que parte del doblez inverso interior del paso anterior se
abre, así que aplana hasta tener una solapa triangular.

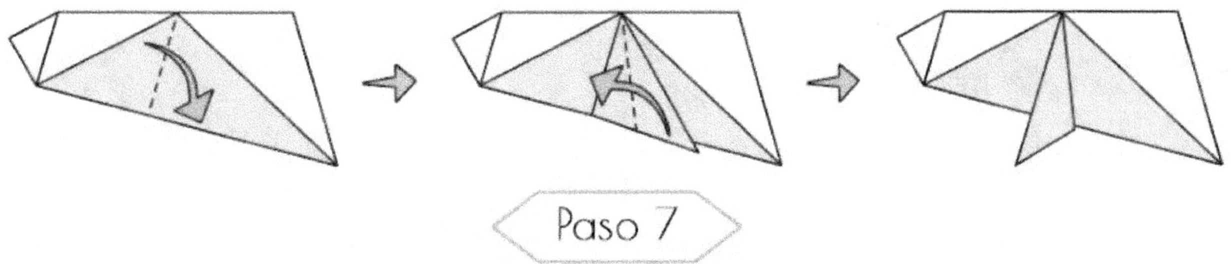

Dobla la solapa triangular de nuevo hacia atrás. Después dóblala por la mitad para que sobresalga por el borde inferior.

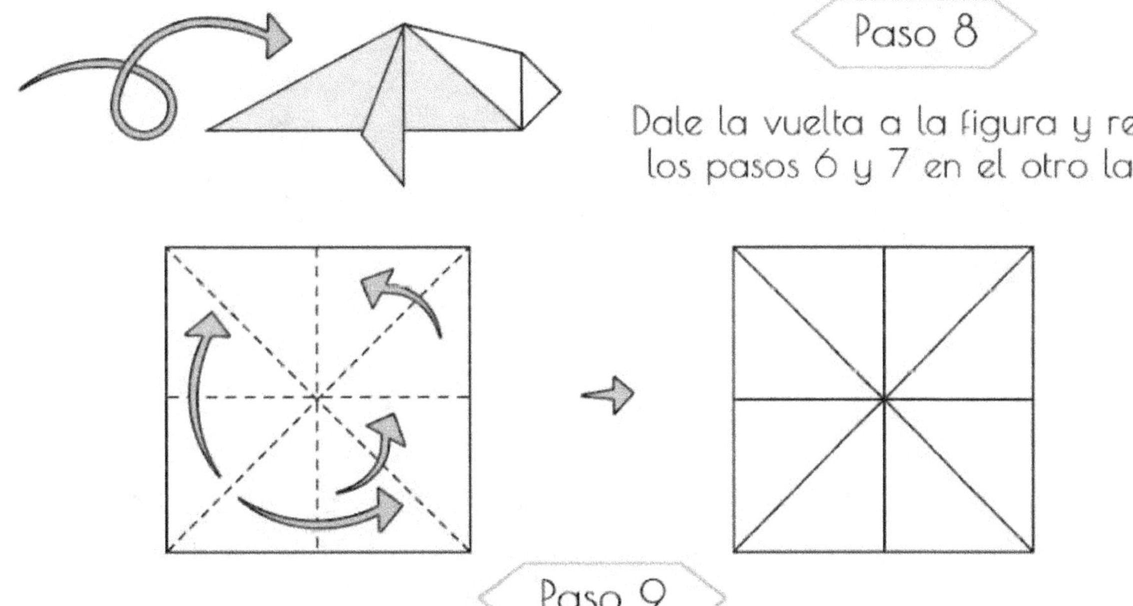

Dale la vuelta a la figura y repite los pasos 6 y 7 en el otro lado.

Dobla otra hoja por la mitad en vertical, horizontal y diagonal, luego desdobla.

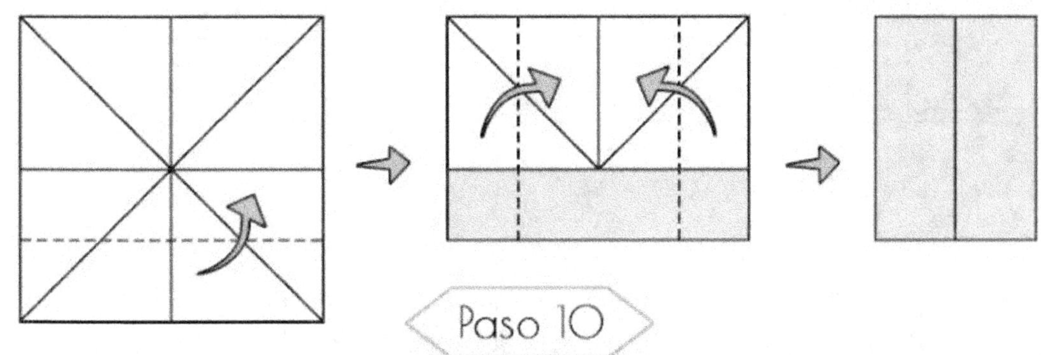

Dobla el borde inferior hacia arriba y después los lados hacia la línea media.

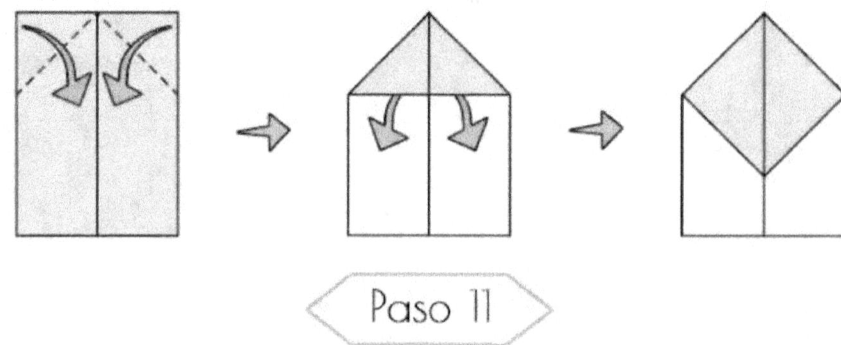

Dobla las esquinas superiores hacia abajo en diagonal, después desdobla la capa que está justo debajo para obtener un triángulo en cada lado.

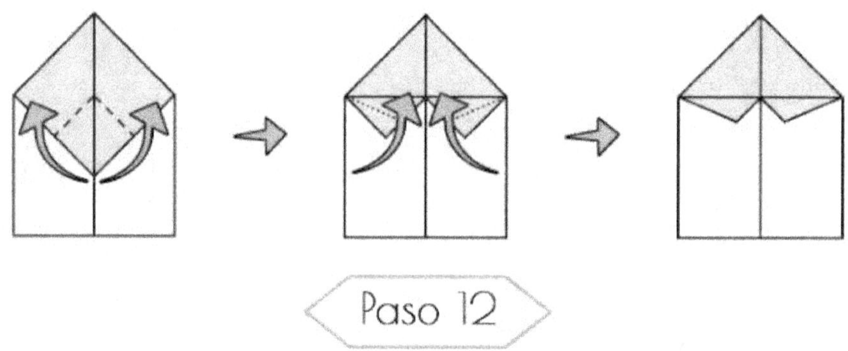

Dobla cada lado diagonalmente hacia arriba. Después haz un doblez inverso interior en cada una de esas solapas.

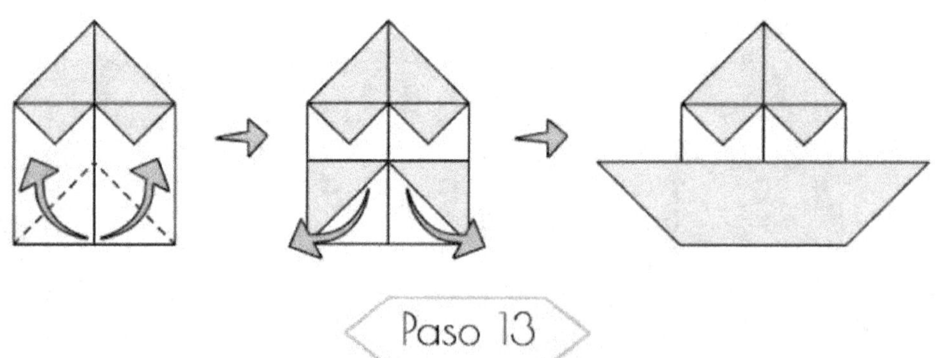

Dobla las esquinas inferiores hacia fuera en diagonal. Ahora separa con cuidado los dos lados de la capa superior, desdobla la capa inferior y presiona (ahora la capa inferior debe estar encima del resto de la figura).

Triceratops

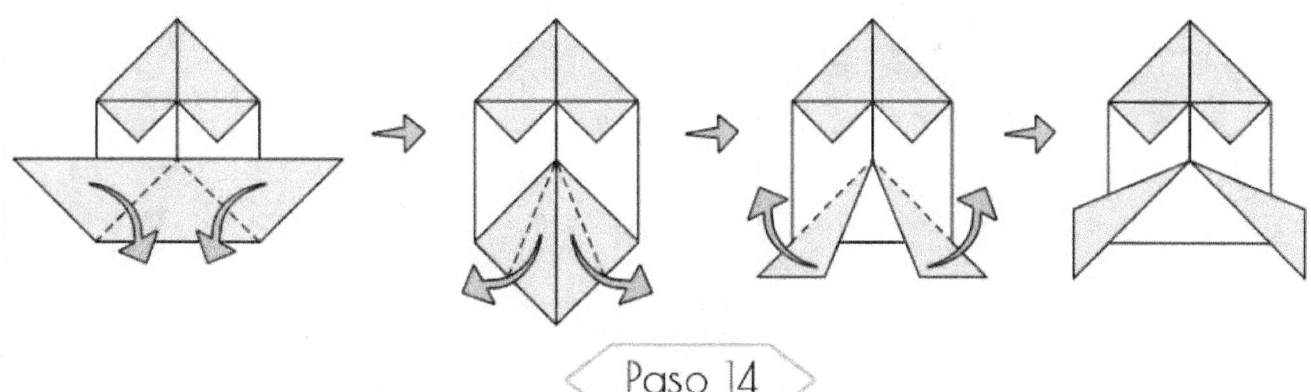

Paso 14

Dobla las esquinas laterales hacia abajo en diagonal. Después dóblalas hacia arriba dos veces seguidas como se muestra.

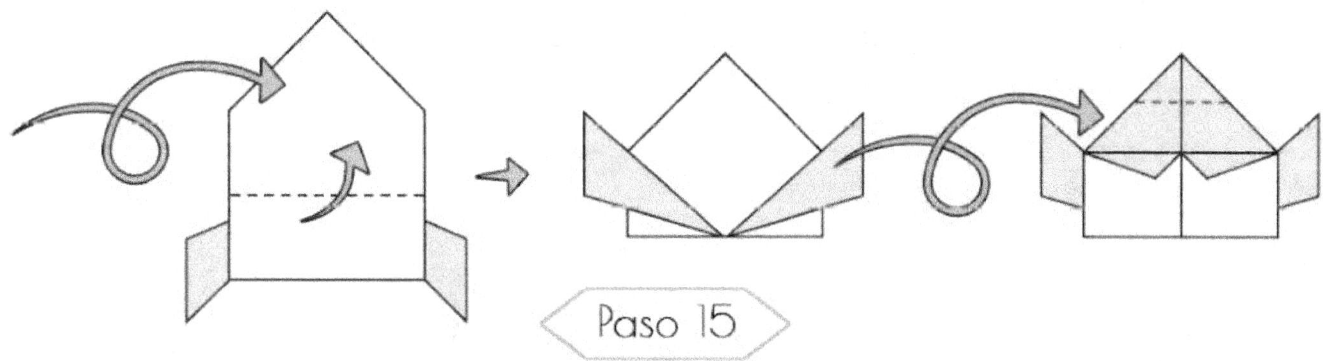

Paso 15

Dale la vuelta a la figura, después dobla el borde inferior hacia arriba hasta donde empieza el triángulo de la parte de arriba y vuelve a darle la vuelta.

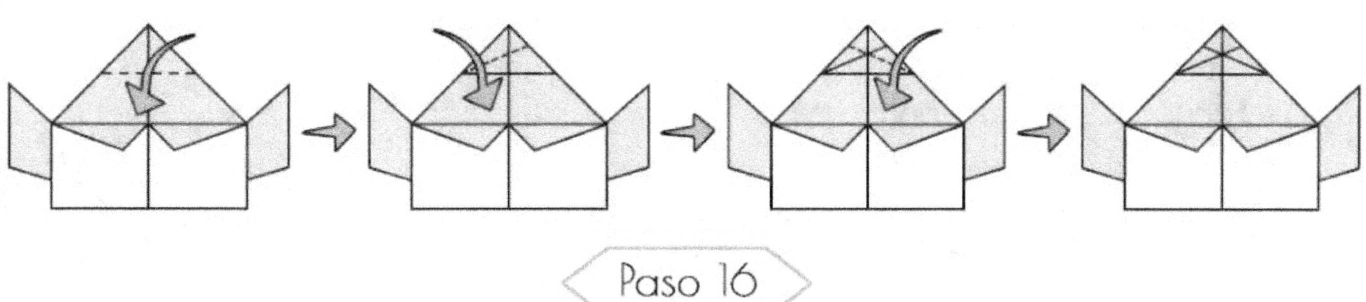

Paso 16

Dobla la parte superior hacia abajo por la mitad y desdobla. Después dóblala hacia la derecha, desdobla, hacia la izquierda y desdobla como se muestra.

Triceratops

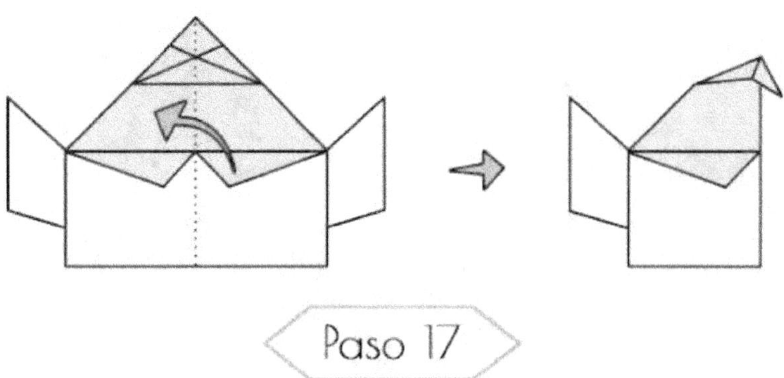

Paso 17

Dobla la figura por la mitad en vertical. A la vez, dobla la punta hacia delante por los pliegues del paso 16, pero solo un poquito y sin presionar demasiado.

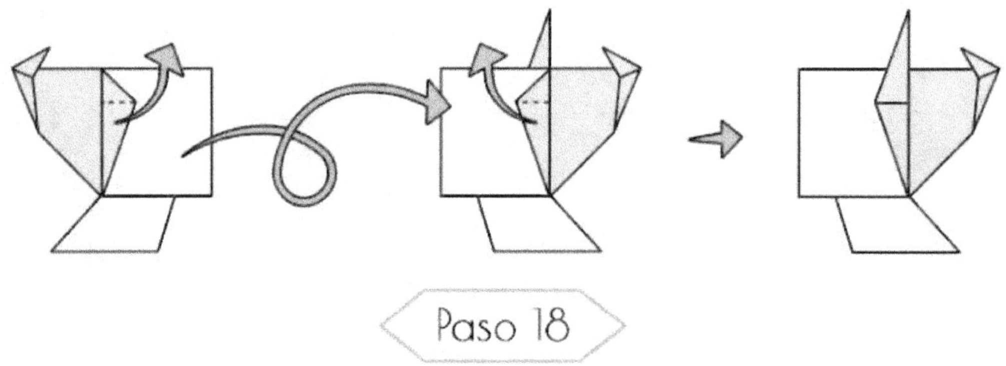

Paso 18

Gira la figura hacia un lado y dobla hacia arriba la solapa triangular del paso 12. Después dale la vuelta a la figura y dobla la solapa del otro lado.

Inserta el pliegue que hay dentro de la cabeza en la solapa del extremo derecho del cuerpo para unirlos!

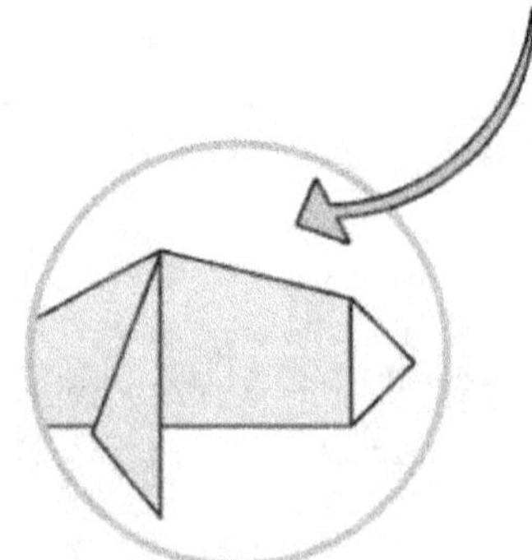

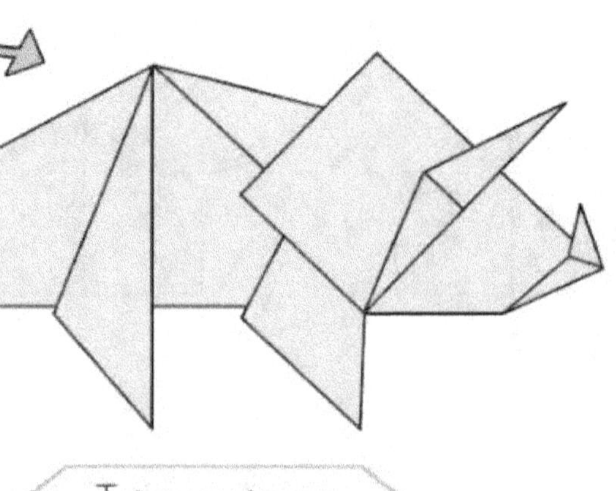

Triceratops

Estrella Ninja

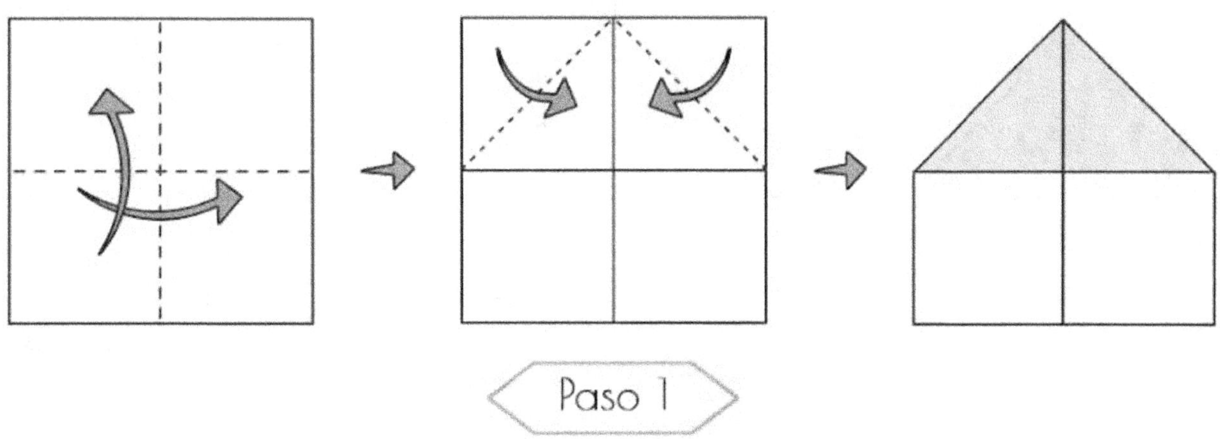

Dobla por la mitad vertical y horizontalmente y desdobla. Después dobla las esquinas superiores en diagonal hacia abajo. Repite en 7 hojas más.

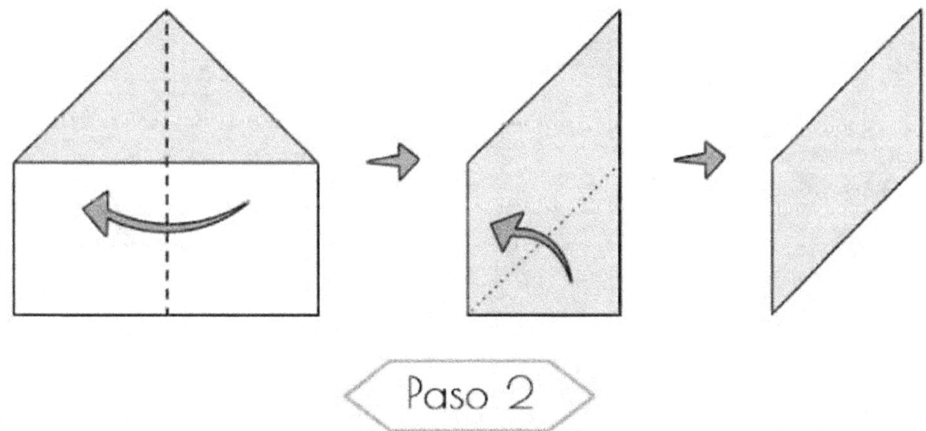

Dobla por la mitad. Después haz un doblez inverso interior para dejar la esquina inferior derecha entre las dos capas. Repite en las demás hojas.

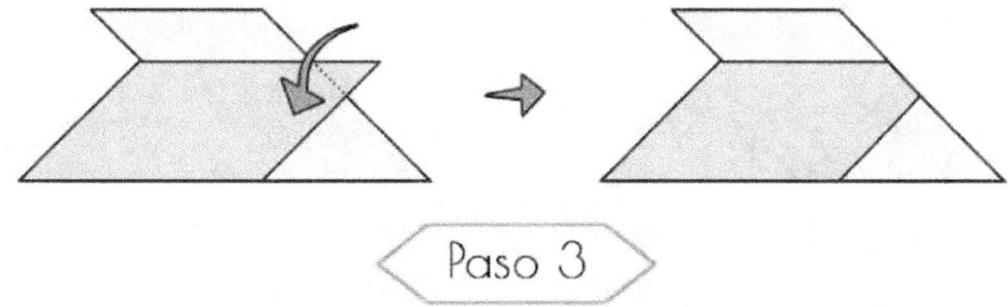

Gira la figura hacia la izquierda e inserta una 2ª figura entre las solapas del lado derecho para que sus bordes inferiores queden alineados. Dobla las puntas de la 1ª hacia dentro de las solapas de la 2ª para que no se mueva.

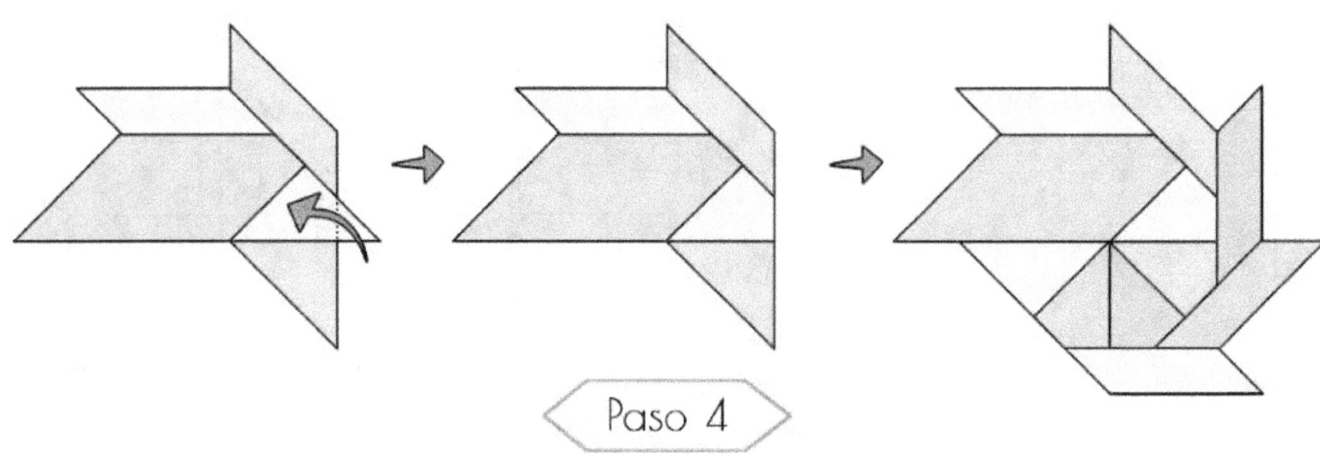

Paso 4

Repite el paso 3 con otra figura. Sigue añadiendo hasta que solo queden dos.

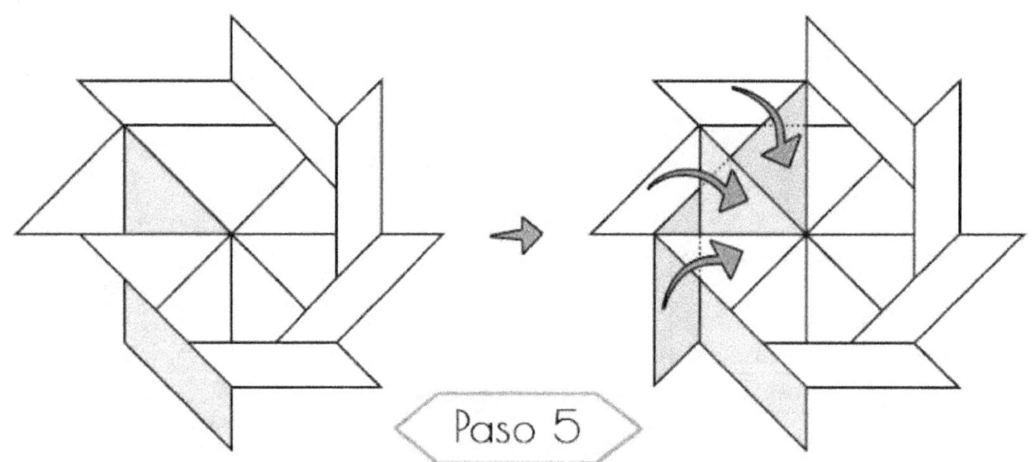

Paso 5

Ahora la parte difícil: coloca la 7ª figura entre las solapas de la 6ª, pero abriendo sus propias solapas para que acaben alrededor de la 1ª figura que colocaste. Repite con la 8ª: colócala entre las solapas de la 7ª y separa las suyas para que acaben alrededor de la 1ª y la 2ª figura. Después dobla las puntas de ambas figuras hacia el interior de las solapas correspondientes.

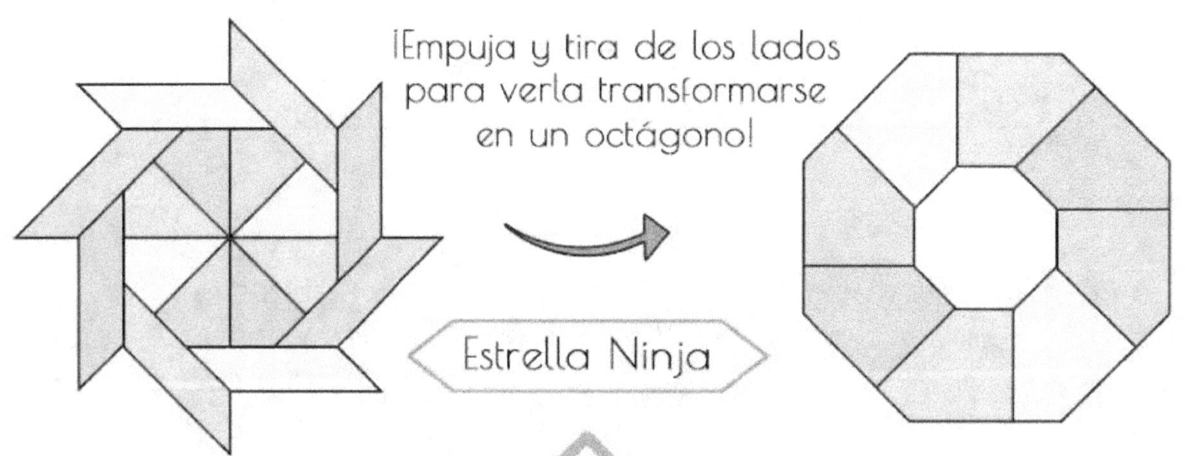

Estrella Ninja

Círculo Mágico

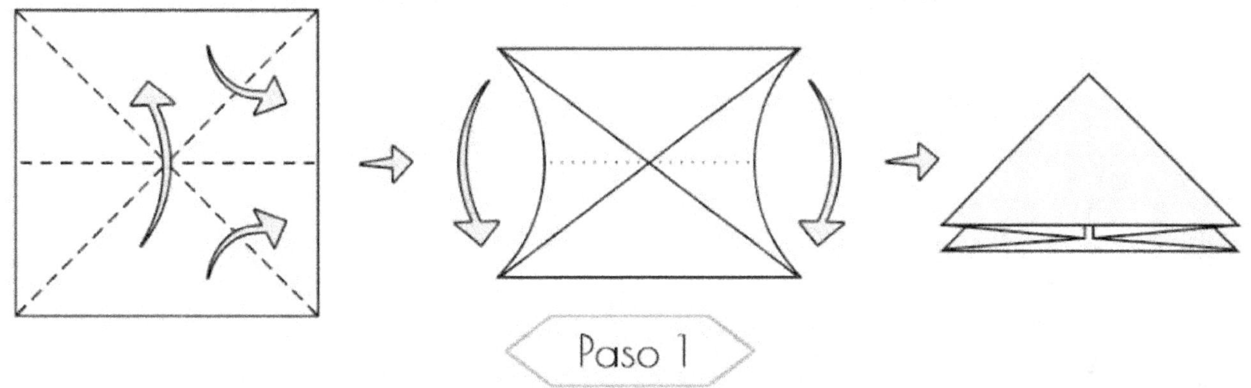

Dobla por la mitad horizontalmente y a lo largo de ambas diagonales y desdobla. Después lleva ambos lados hacia el centro de la figura y presiona los bordes para formar un triángulo

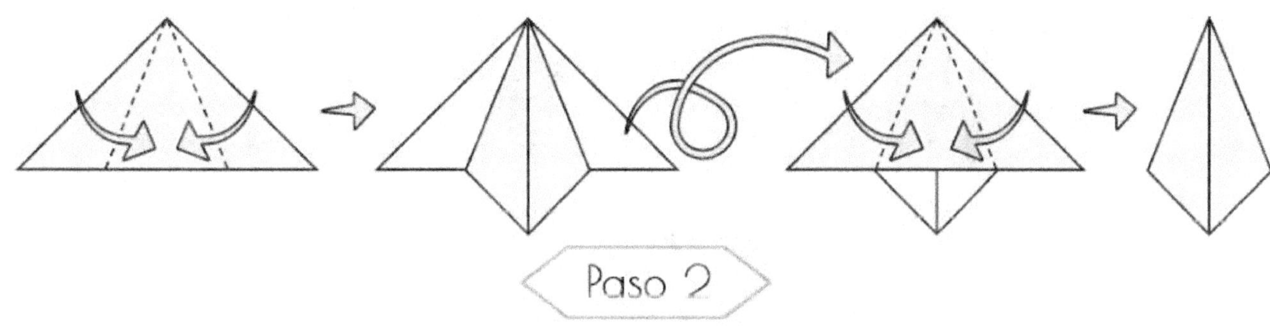

Dobla los lados de la capa superior hacia abajo hasta la línea media. Dale la vuelta a la figura y repite en el otro lado.

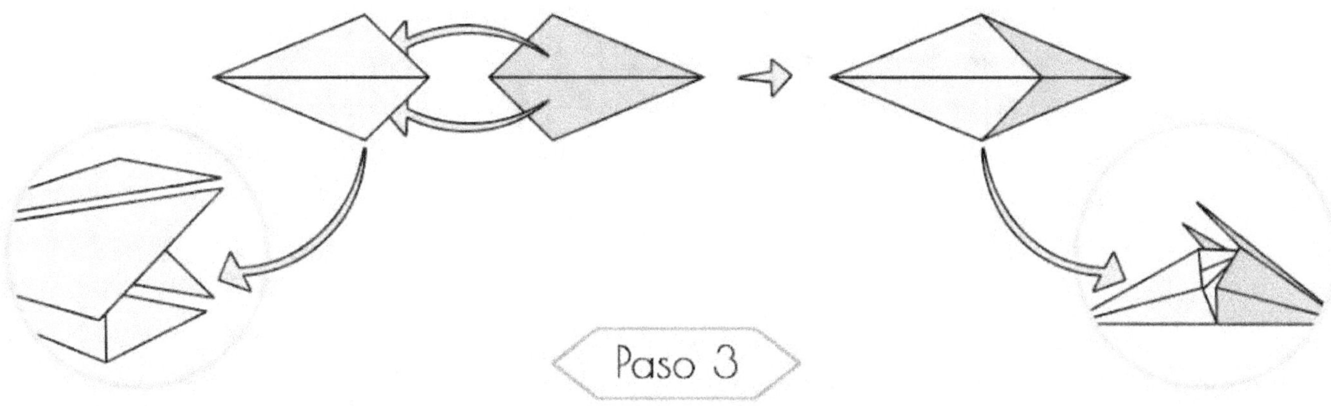

Repite los pasos 1 y 2 hasta tener 8 piezas iguales. Coge dos de ellas de forma que la esquina inferior de una quede frente a la de la otra. Verás que cada esquina está formada por dos secciones con dos capas cada una: inserta las puntas de cada sección de la figura de la derecha entre las capas de la figura de la izquierda. Hazlo en un solo lado de las figuras, dejando el otro tal cual.

Círculo Mágico

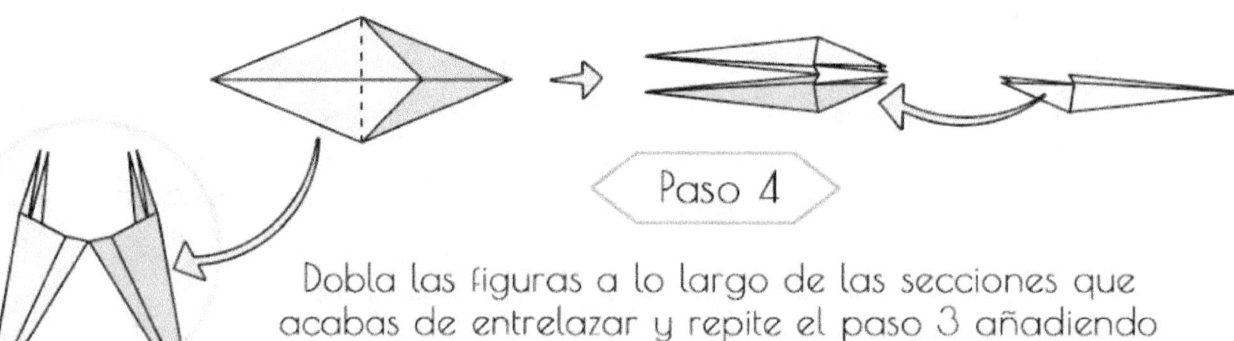

Dobla las figuras a lo largo de las secciones que acabas de entrelazar y repite el paso 3 añadiendo otra figura a uno de los extremos que sigue libre.

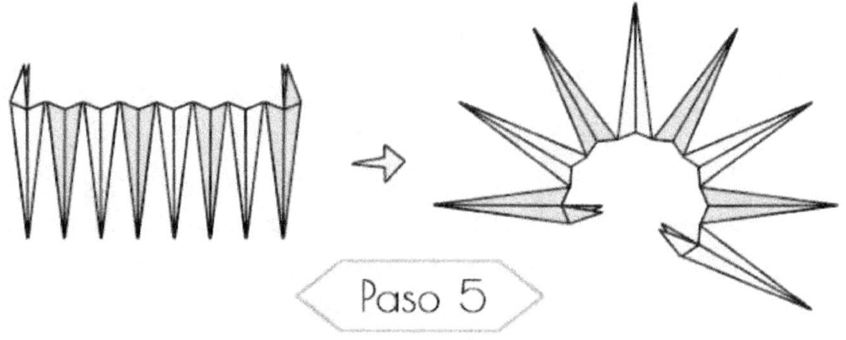

Sigue añadiendo piezas hasta que tengas una fila con los extremos libres. Después forma un círculo y entrelaza los extremos libres entre sí.

¿Listo? ¡Gira el círculo desde el centro hacia fuera para ver un poco de magia!

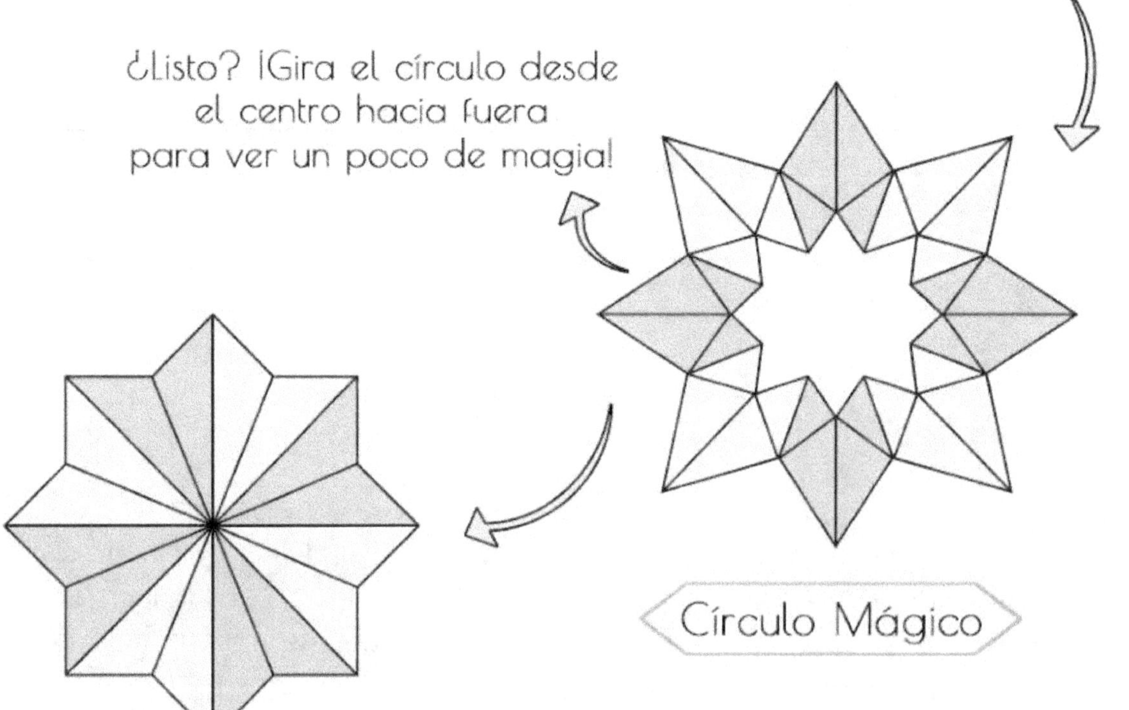

Nenúfar

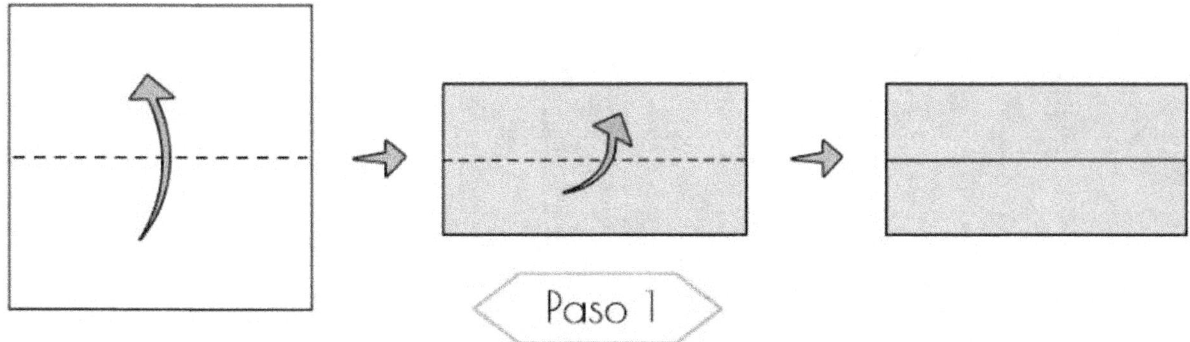

Dobla por la mitad en horizontal. Después dobla por la mitad en horizontal otra vez y desdobla esta parte. Repite este paso hasta tener 16 piezas, 8 de ellas un poco más grandes que las otras 8.

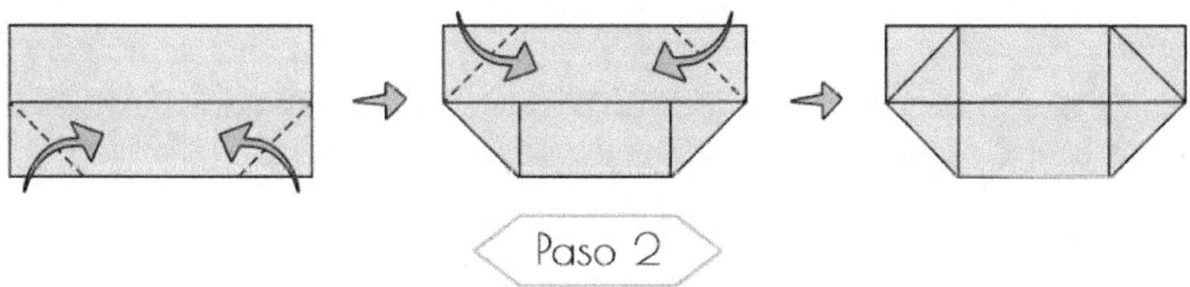

Dobla las esquinas inferiores en diagonal hacia arriba y las esquinas superiores de la capa superior en diagonal hacia abajo. Haz lo mismo en las 16 piezas.

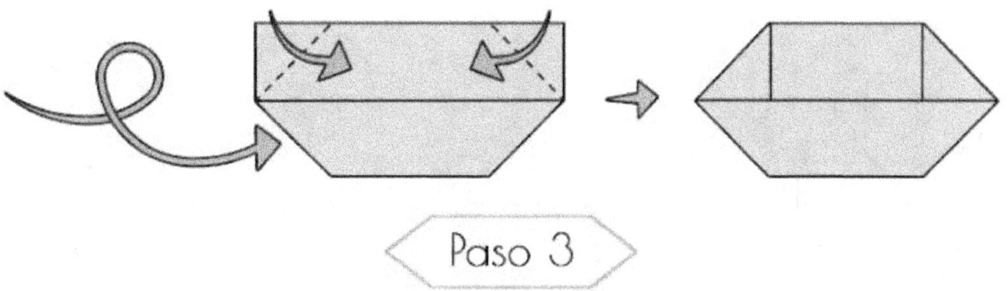

Dale la vuelta a la figura y dobla las esquinas superiores de la capa trasera en diagonal hacia abajo. Haz lo mismo en las 16 piezas.

Nenúfar

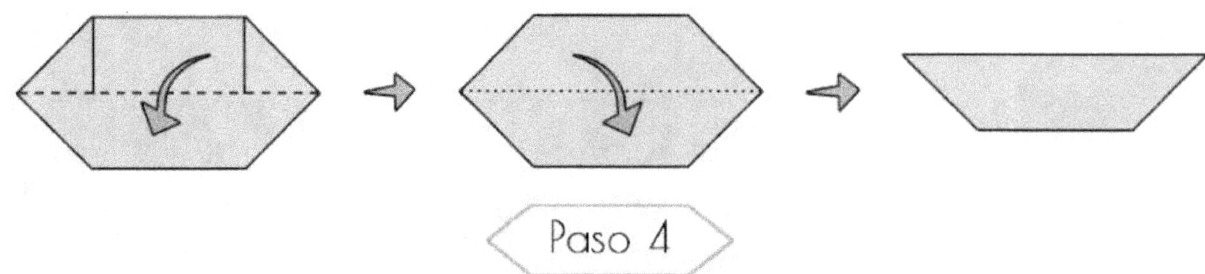

Paso 4

Dobla la capa superior hacia delante por la mitad. Después dobla la capa posterior hacia atrás también por la mitad. Haz lo mismo en las 16 piezas.

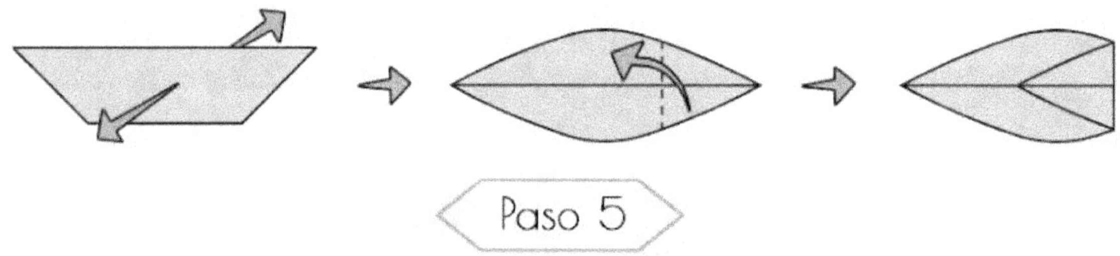

Paso 5

Separa los dos lados de la figura a lo largo del borde superior. Después dobla una de las esquinas laterales hacia dentro y presiona. Repite en todas las piezas.

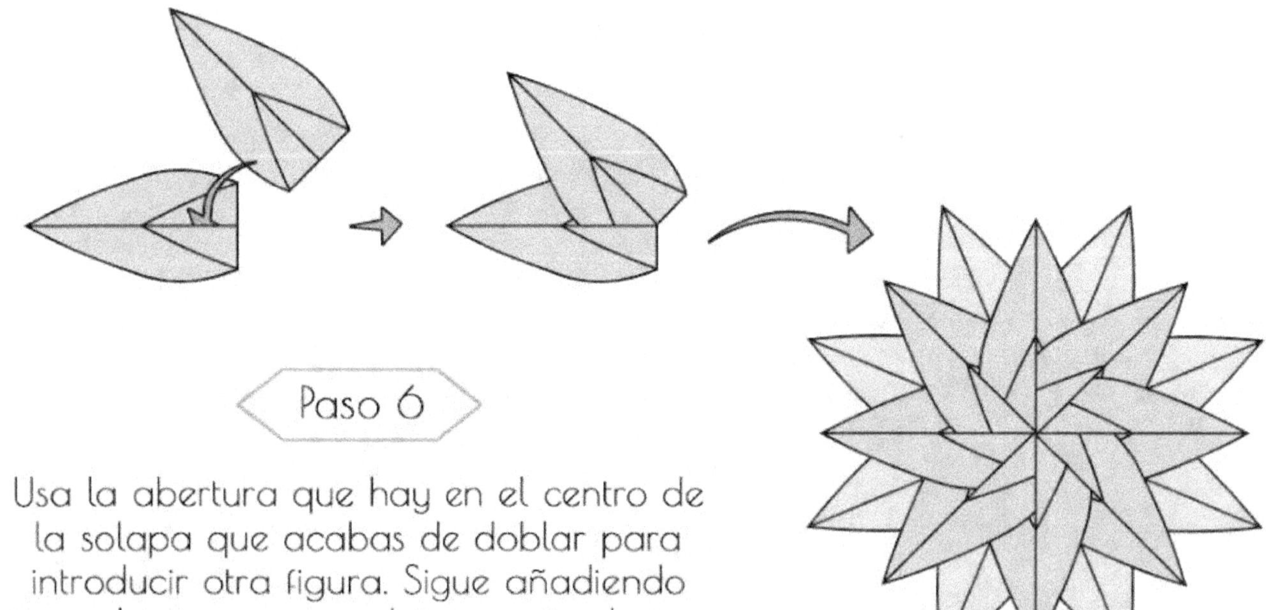

Paso 6

Usa la abertura que hay en el centro de la solapa que acabas de doblar para introducir otra figura. Sigue añadiendo piezas hasta que completes un círculo con 8 figuras iguales. Después haz otro círculo con las otras 8 piezas de distinto tamaño y coloca el círculo más pequeño encima del más grande.

Nenúfar

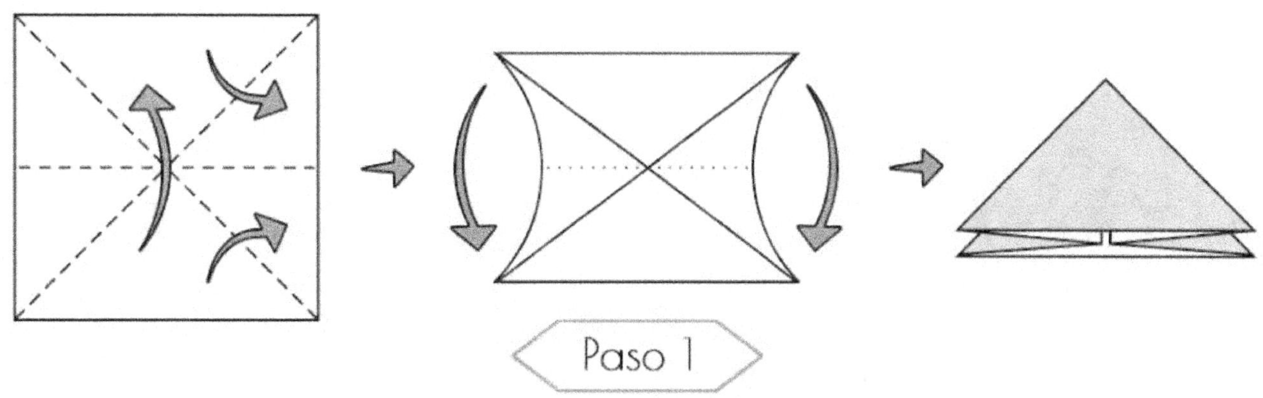

Dobla por la mitad en horizontal y a lo largo de ambas diagonales y desdobla.
Después lleva ambos lados hacia el centro de la figura para formar
un triángulo. Repite en 3 hojas más, cada una más pequeña que la anterior.

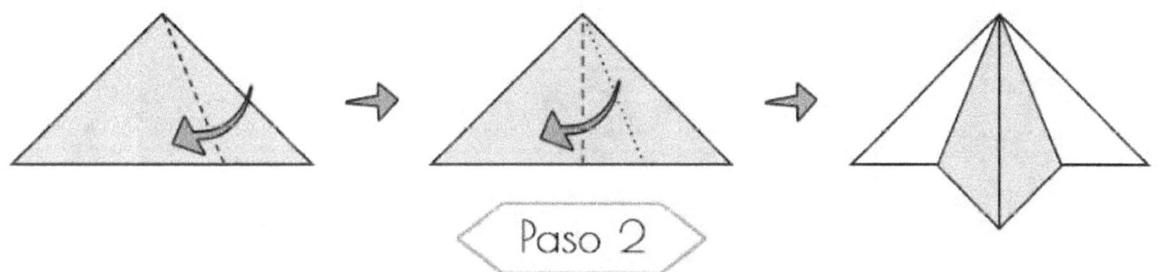

Dobla el lado derecho hacia la línea media y desdobla. Después usa esa línea
para separar las capas de ese lado hacia la izquierda. Repite en todas las hojas.

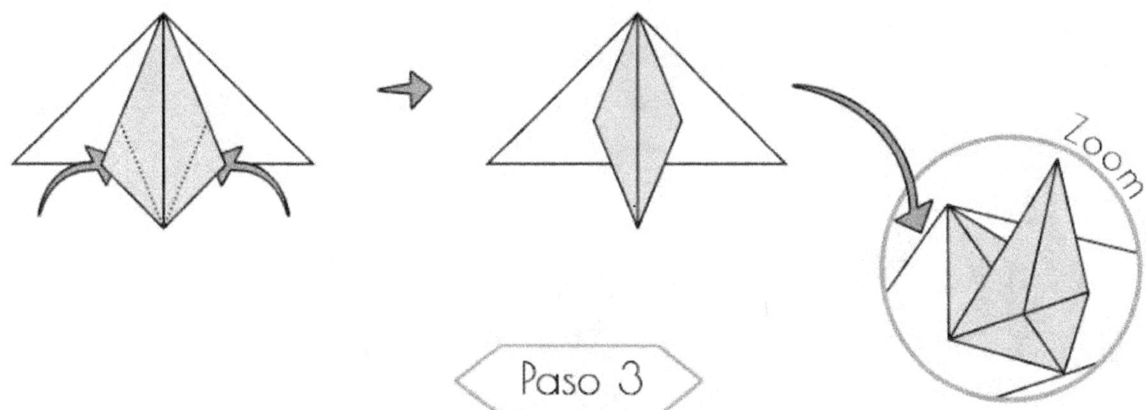

Dobla los lados hacia dentro, de forma que el borde superior quede horizontal.
En el zoom puedes ver cómo se vería si levantaras esa sección. Esto solo es
para que compruebes que ha quedado bien plegado. Repite en todas las hojas.

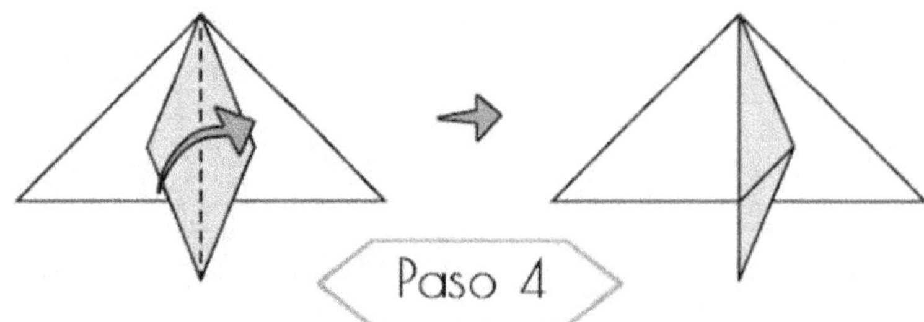

Paso 4

Dobla esa sección por la mitad hacia la derecha. Repite en todas las figuras.

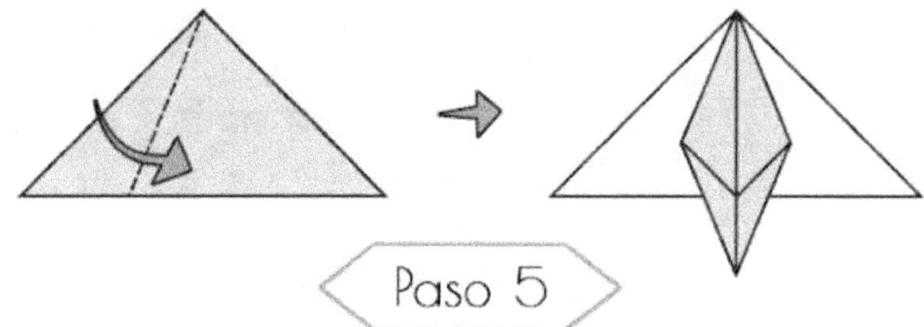

Paso 5

Repite los pasos 3 y 4 en el lado izquierdo. Haz lo mismo en las demás hojas.

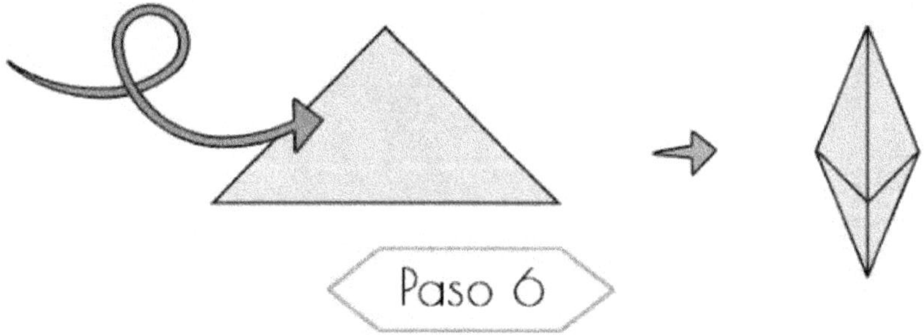

Paso 6

Dale la vuelta a la figura y repite los pasos del 2 al 5
en el otro lado. Haz lo mismo en las demás figuras.

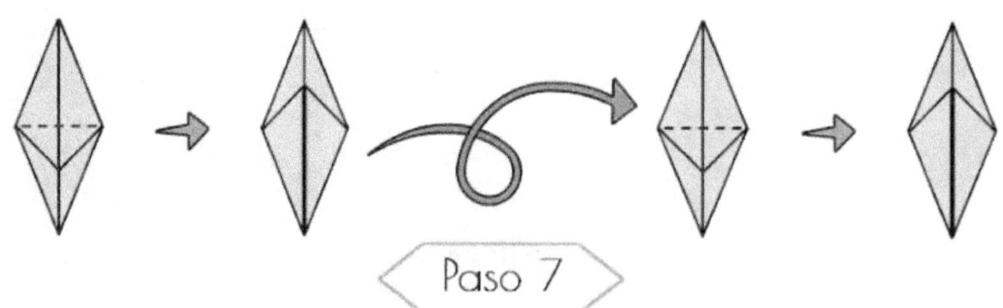

Paso 7

Dobla hacia arriba el pico que hay en el centro. Después dale la vuelta
a la figura y haz lo mismo en el otro lado. Fíjate en que hay una abertura
en la parte inferior en ambos lados de la figura. Repite en las demás piezas.

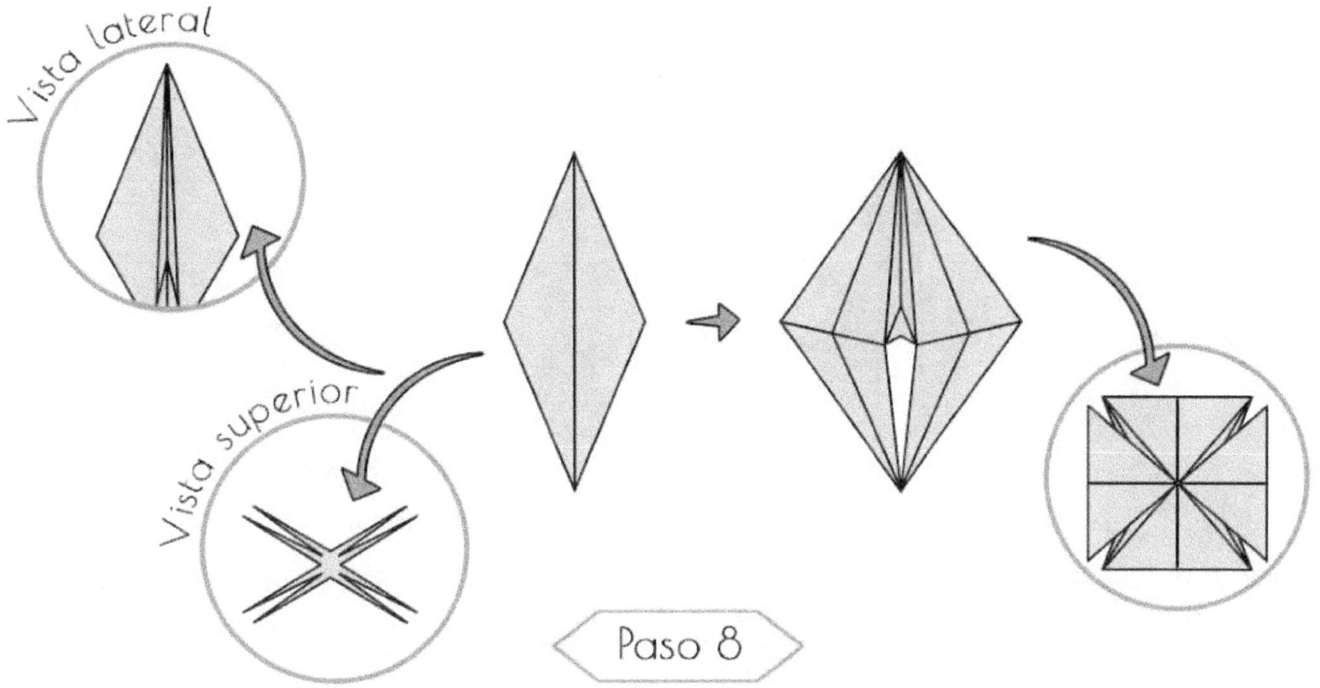

En este punto, la figura tiene 4 lados con una solapa en el centro y 4 lados vacíos. Sujétala de forma que los lados con solapas estén plegados y los lados vacíos estén abiertos. Usa un palito o un lápiz con cuidado para insertarlo por la abertura inferior y empujar los lados vacíos hacia fuera en todas las figuras.

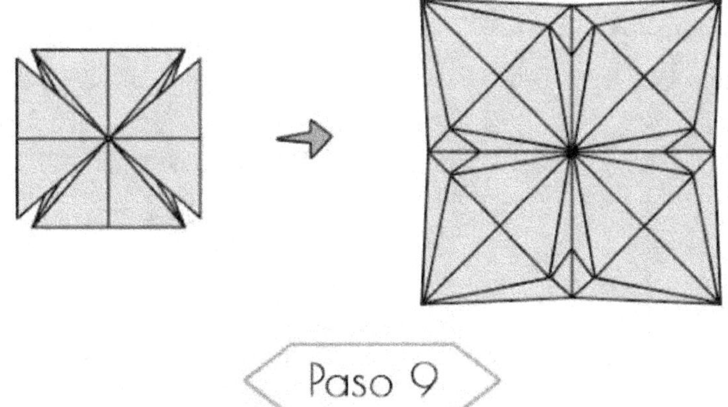

Mirando la figura desde arriba, presiona el centro hasta que colapse: esa esquina superior acabará apuntando en la dirección opuesta y las esquinas inferiores apuntarán hacia arriba y hacia fuera. Repite en todas las figuras.

Árbol de Navidad

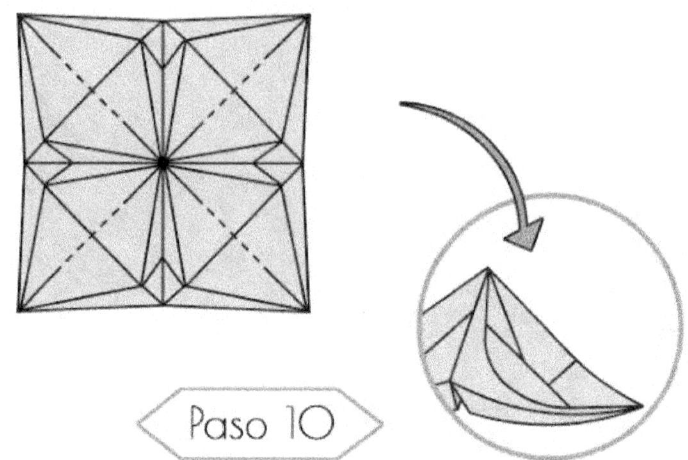

Presiona el centro de las diagonales de la figura para que formen una cresta
que sobresalga por el lado opuesto. Repite en todas las figuras, dales la
vuelta y colócalas una encima de otra, de la más grande a la más pequeña.

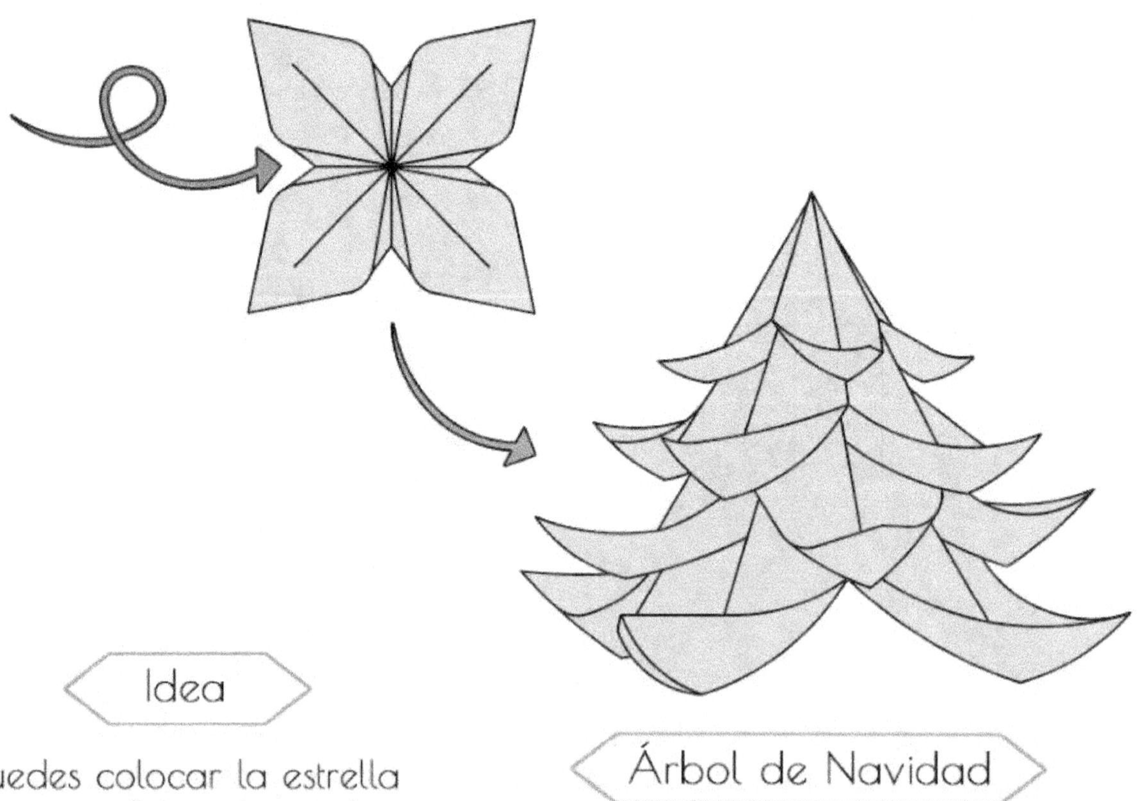

Puedes colocar la estrella
que aprendiste a hacer hace
algunas páginas en la parte
superior del árbol para decorarlo.

Triángulo Pop-It

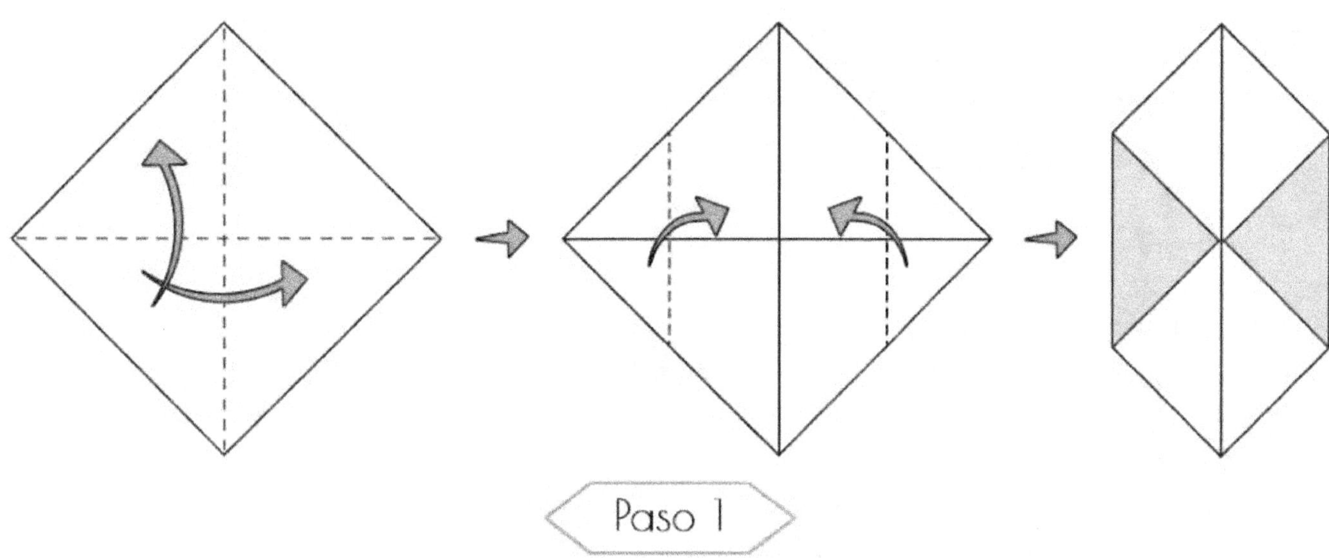

Dobla a lo largo de ambas diagonales, desdobla y lleva las esquinas laterales hacia la línea media. Repite en dos hojas más.

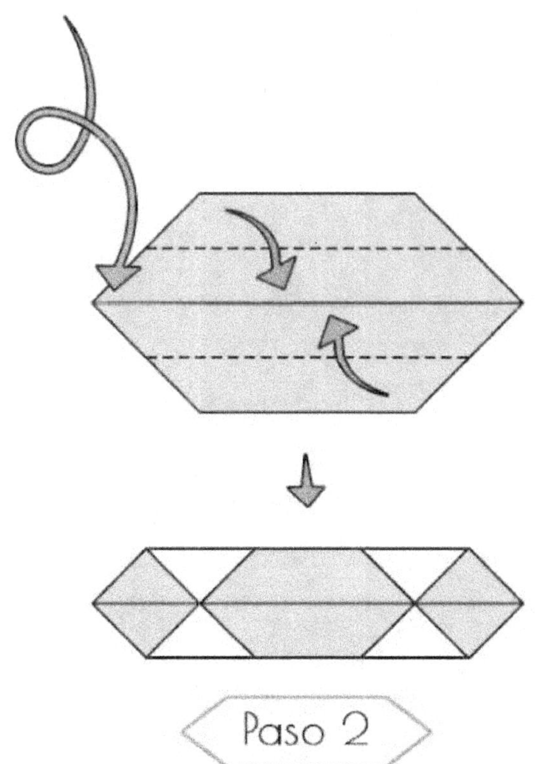

Dale la vuelta a la figura y lleva los bordes supeior e inferior hasta la línea media.

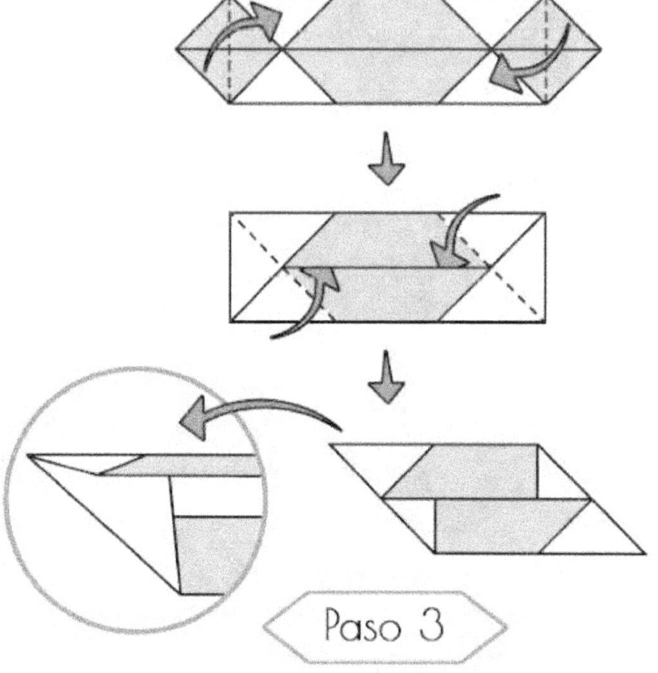

Dobla las esquinas laterales hacia dentro. Después dobla las esquinas superior derecha e inferior izquierda en diagonal y mételas debajo de la capa superior del lado opuesto. Repite en dos hojas más.

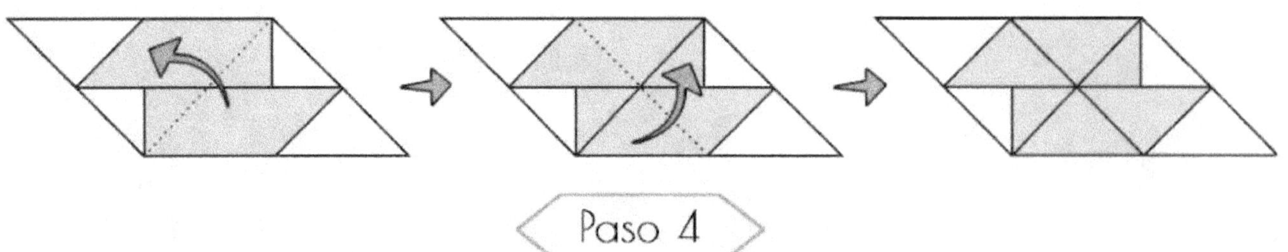

Paso 4

Dobla la figura en diagonal hacia la izquierda y desdobla. Después dóblala hacia la derecha y desdobla. Repite en las otras figuras.

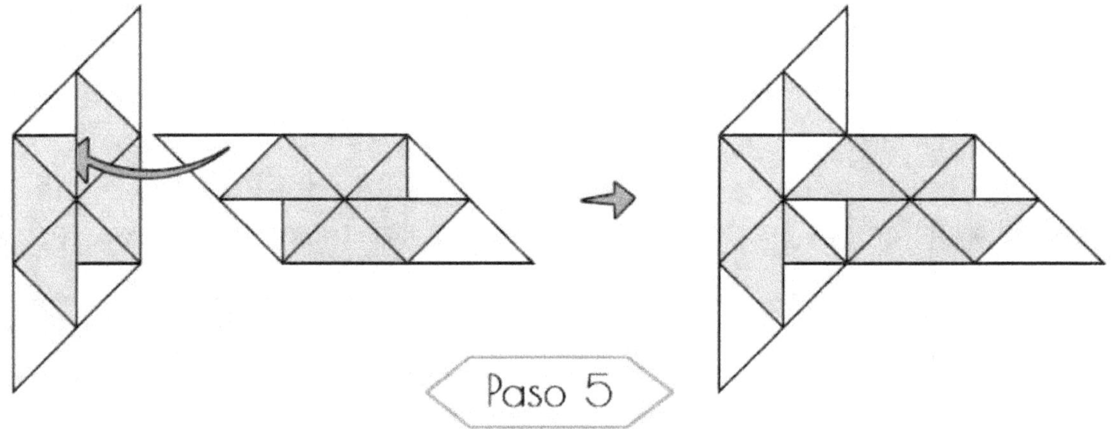

Paso 5

Introduce la esquina de una figura debajo de la capa superior de otra figura para que queden perpendiculares entre sí como se muestra.

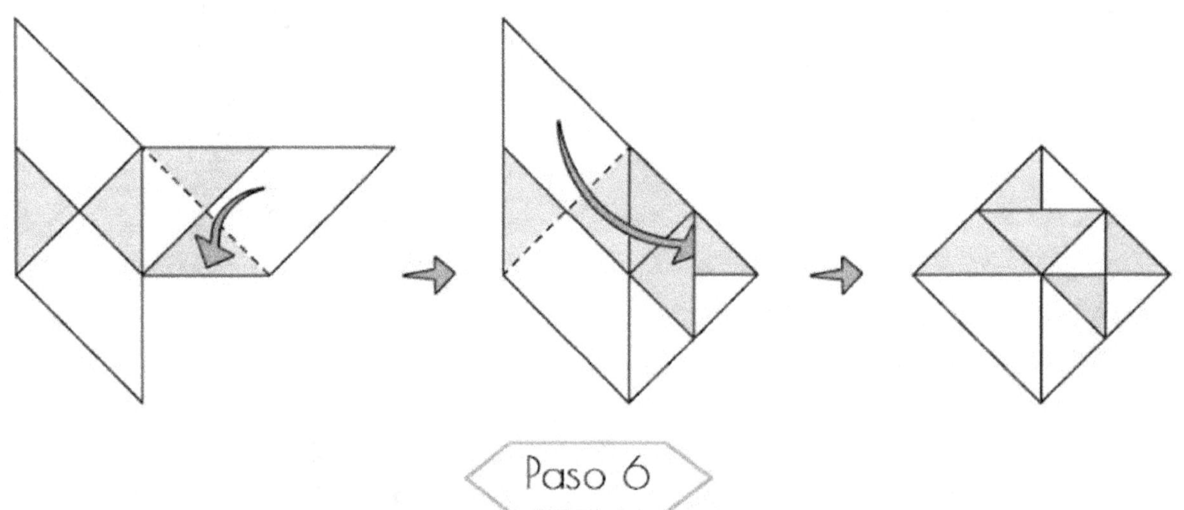

Paso 6

Dale la vuelta y dobla la figura de la derecha en diagonal hacia abajo. Inserta la esquina superior de la figura de la izquierda debajo del pico de la otra figura que se indica. Al final de este paso la figura ya debe tener forma 3D.

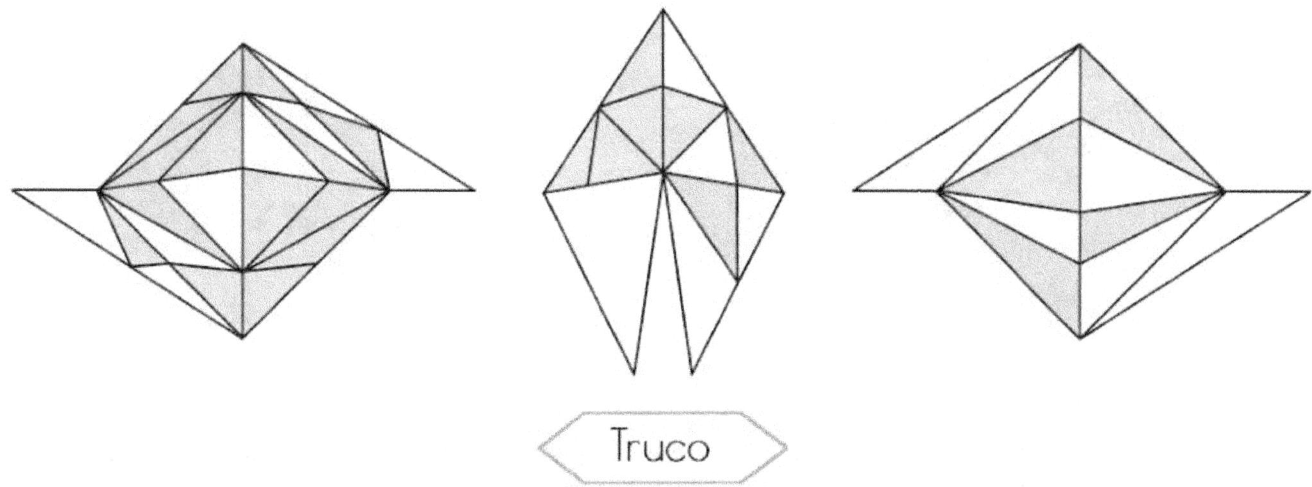

Antes de añadir la tercera figura, asegúrate de que las dos primeras se ven así, de izquierda a derecha: vistas desde arriba, desde un lado y desde abajo.

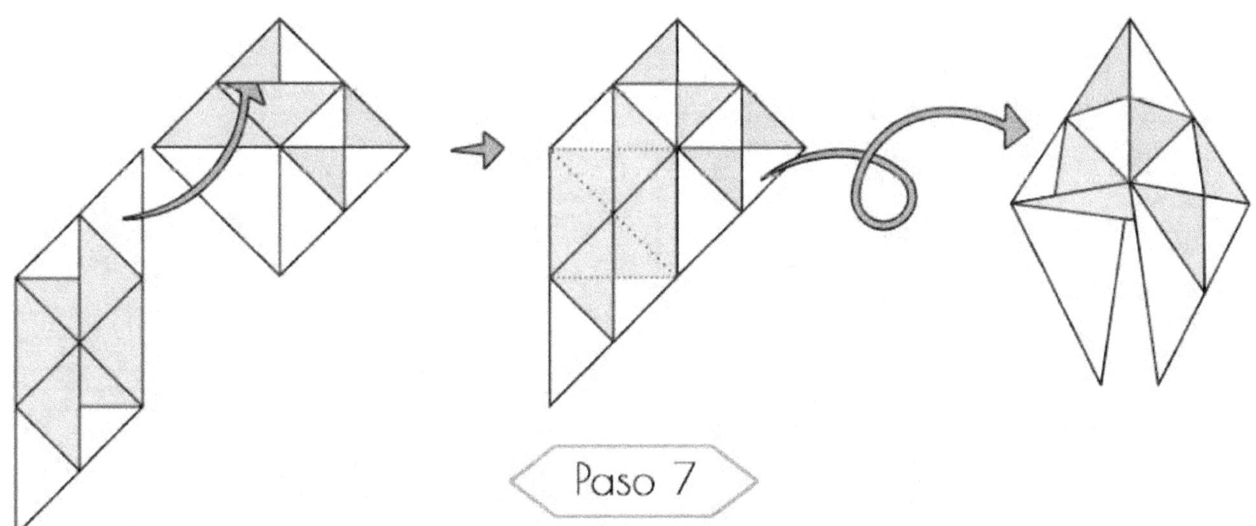

Inserta la parte superior de la tercera figura en la esquina superior de lo que ya tienes armado. Después dóblala de forma que puedas insertar la esquina inferior debajo de la esquina superior pero del otro lado de la figura.

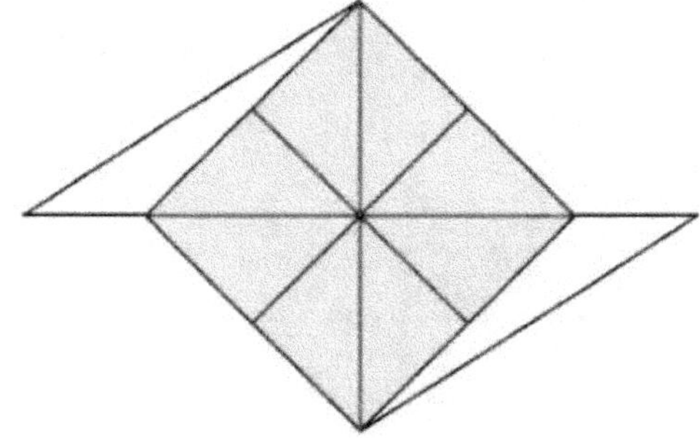

Antes de seguir, asegúrate de que la figura se ve así si la miras desde abajo.

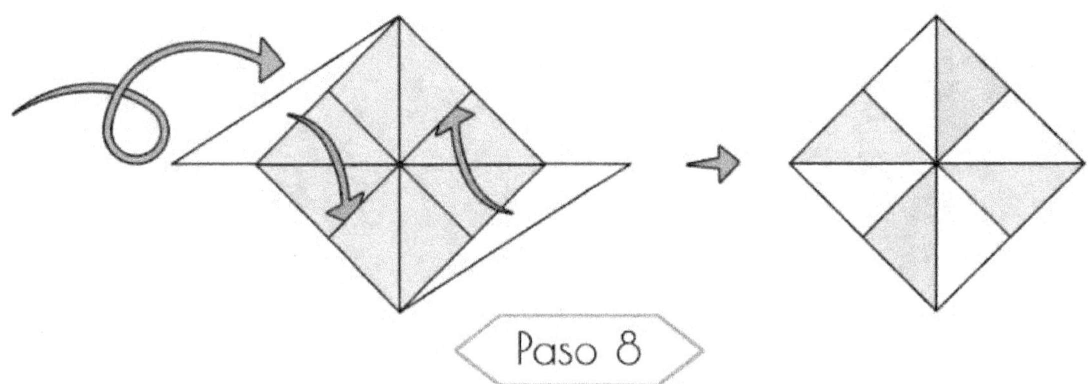

Dale la vuelta a la figura y, mirándola desde abajo, inserta la solapa superior izquierda en el lado izquierdo de la esquina inferior y la solapa inferior derecha en el lado derecho de la esquina superior.

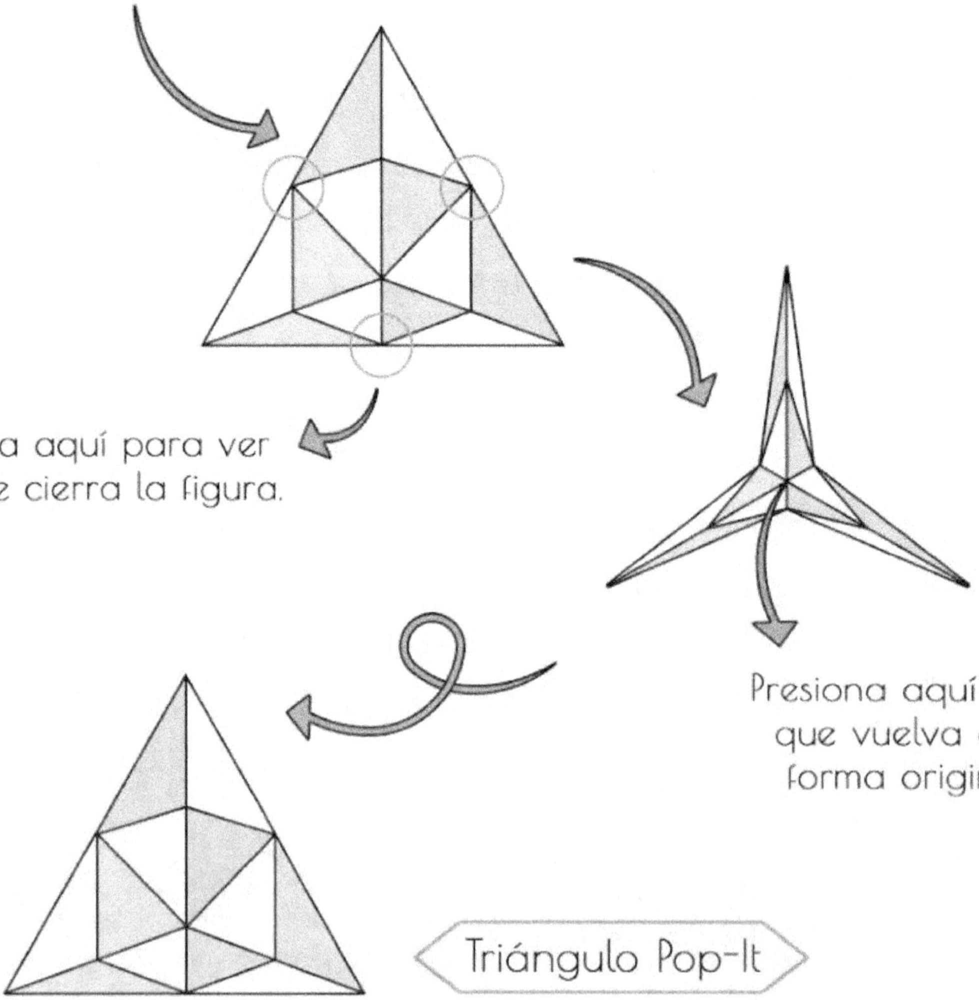

Presiona aquí para ver cómo se cierra la figura.

Presiona aquí para que vuelva a su forma original.

Conclusión

Enhorabuena por llegar al final de este libro de papiroflexia. ¡Estamos seguros de que ya eres todo un experto en el arte de doblar papel! Después de aprender a plegar los animales, vehículos, flores y juguetes que llenan estas páginas, ya puedes lanzarte a la aventura de diseñar y hacer tus propias creaciones para compartirlas con tu familia y amigos.

Espero que este viaje haya sido divertido y hayas encontrado un pasatiempo emocionante y relajante al mismo tiempo en el origami. ¿Ya tienes un nuevo proyecto en mente? ¡Nosotros sí! Es por eso que si has disfrutado de este libro, estaríamos muy agradecidos si nos dejaras tu opinión en Amazon, ya que es nuestra forma de aprender y crecer contigo para seguir ofreciéndote libros entretenidos y de calidad como este.

¡CREZCAMOS JUNTOS!

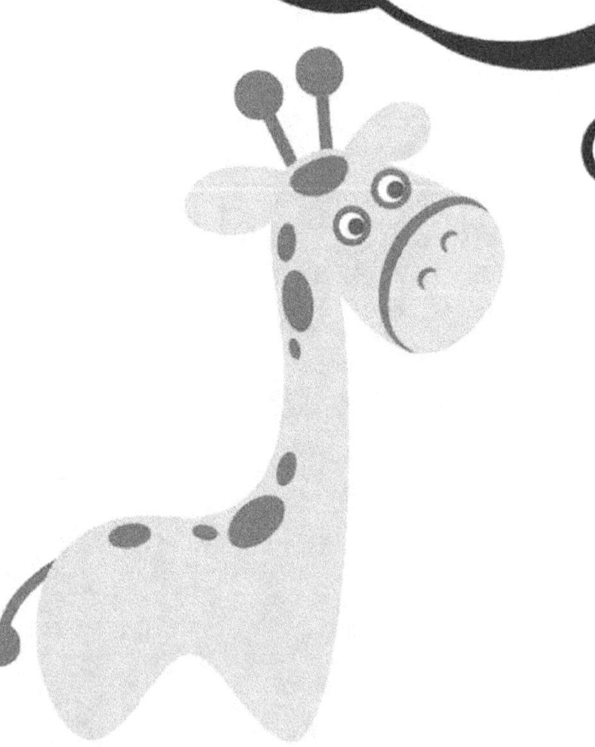